HEYNE FILMBIBLIOTHEK

W0073762

Charles Laughton

CHARLES LAUGHTON

Seine Filme – sein Leben

von ANDREAS MISSLER

Originalausgabe

WILHELM HEYNE VERLAG
MÜNCHEN

HEYNE FILMBIBLIOTHEK
32/141

Herausgeber: Bernhard Matt

Redaktion: Cornelia Zumkeller

Copyright © 1990 by Wilhelm Heyne Verlag GmbH & Co. KG, München
Umschlagfoto: Archiv Dr. Karkosch, Gilching
Rückseitenfoto: Archiv Dr. Karkosch, Gilching
Innenfotos: Archiv Lothar Just, München; Süddeutscher Verlag, Bilderdienst,
München; Keystone Pressedienst, Hamburg; Deutsche Presse Agentur, München;
Bildarchiv Engelmeier, München; Deutsches Institut für Filmkunde, Frankfurt;
Interfoto, München; Stiftung Deutsche Kinemathek, Berlin
Umschlaggestaltung: Atelier Ingrid Schütz, München
Printed in Germany 1990
Satz: Fotosatz Völkl, Germering
Druck und Verarbeitung: Ebner Ulm

ISBN 3-453-03777-4

Inhalt

Auf der Suche nach dem wahren ›Ich‹: Laughton, photographiert von William Walling (1932).

15. Dezember 1962

Als Charles Laughton starb, bedeckte Schnee die Gärten von Kyoto, die einsamen Steine und den sorgfältig in Linien gezogenen Sand, den er einst so bewundert hatte. Mehrere Stunden lang hatte er regungslos, wie eine voluminöse Statue, auf den schmalen Holzbrettern gesessen, die ein kleines Feld umgaben, und hatte auf die steinernen Inseln geblickt, die aus diesem Meer herausragten, trotzig und gelassen zugleich. Er hatte nichts gesagt, und was er gedacht hatte an diesem Tag, das erfuhr niemand. Er hatte einfach dagesessen.

Vielleicht ging er mit diesem Bild in den Tod.

Als Charles Laughton am 15. Dezember 1962 im Probenraum seines Hauses starb, umgeben von Pflanzen und den Gemälden von Dufy, Utrillo und Matisse, die er geliebt hatte, lag er schon seit mehreren Tagen im Koma. Die Bilder seines Lebens müssen sich mit den Bildern seiner Träume vermischt haben, mit den Gestalten seiner Rollen und deren Wahrheiten. Bis zuletzt hatte er sich noch immer an die Hoffnung geklammert, wieder als Schauspieler arbeiten zu können – seinen verhaßten und geliebten Beruf auszuüben, sich dahinter zu verstecken und dabei gleichzeitig zu erkennen.

Wie kaum ein anderer hatte Charles Laughton in vierzig Jahren Arbeit als Schauspieler seinen Beruf ausgelotet und ausprobiert, sich dabei die größten Tricks zugelegt und zu den ehrlichsten Wahrheiten gefunden – und dabei wohl vor allem auch zu sich selbst.

»Jeder Schauspieler, der seinen Schweiß wert ist«, so hat er es selbst formuliert, »muß den Charakter, den er spielt, aus seinem Kopf heraus, aus seinem Vorstellungsvermögen, seiner Erfahrung heraus kreieren – andernfalls ist er überhaupt kein Schauspieler. Große Schauspieler sind wie große Maler. Bei den großen Meistern der Malerei kann man die kleinste Geste eines Fingers sehen und erkennen, die Drehung eines Kopfes, einen gehässigen Blick, ein glasiges Auge, einen pompösen Mund, einen Rücken, der sich unter der gefürchteten Last beugt. In jedem dahingeschleuderten Pinselstrich eines Malers steckt der Überfluß des Lebens. Große Künstler erkennen das Göttliche im Menschen, und jeder Charakter, den ein Schauspieler spielt, muß diese Form der Schöpfung besitzen. Keine Imitation – das wäre bloß Karikatur –, jeder Narr kann nachahmen! Denn die Schöpfung ist ein Geheimnis. Je besser – und wahrer – die Schöpfung, um so eher wird sie dem unsterblichen Gemälde eines Malers ähneln.«

Wie kein anderer auch hatte Charles Laughton gelernt, in sich nach den Materialien für eine »Schöpfung« dieser Art zu suchen – und herausgekommen sind dabei die merkwürdigsten Gestalten: Krüppel, Verbrecher, Fanatiker, Egozentriker, Ausgestoßene – allesamt an Seele und Körper verwundete Menschen, die mit einer Schuld oder einem Fluch zu kämpfen scheinen. Nero, Hobson, Bligh, Claudius, sie alle sind Außenseiter und Sonderlinge, kurz: Narren. »Der Narr«, zitiert Simon Callow dazu William Willeford, »hat Vorfahren und Verwandte unter einer großen Anzahl von Menschen, die auf verschiedenste Weise das menschliche Image vergewaltigen und die deshalb zu einem ›modus vivendi‹ mit der Gesellschaft gelangt sind, indem sie aus dieser Vergewaltigung eine Show gemacht haben.« Das paßt zu dem Gefühl, das Charles Laughton Elsa Lanchester zufolge selbst gehabt hat: daß er nicht wirklich zu der menschlichen Rasse gehörte. Er sah dennoch aus wie ein Mensch, wie ein großes, etwas häßliches Baby, das, nie wirklich erwachsen geworden, sich an die Illusion klammerte, mit seinen Spielen und Maskeraden könne es dem Rest der Welt beweisen, es sei noch ein Kind. Charles Laughton litt unter der Tatsache, homosexuell zu sein – er verdrängte sie zunächst, dann, als es keinen Ausweg mehr gab, war sie ihm die Schuld, die er in seinen Rollen verarbeitete. Überhaupt dienten ihm seine Rollen oft als eine Art von psychoanalytischer Therapie: Was er in ihnen verarbeitete, das belastete auch sein Leben nicht mehr in einem solchen Maße wie zuvor. Das führte schließlich dazu, daß er etwa in der Mitte seines beruflichen Lebens das Interesse am Film verlor: Seine Schuld war abbezahlt, die Schauspielerei nicht mehr Ersatz für Psychoanalyse. Seine Darstellungen verloren das Quälende des Beginns – nun spielte er aus

Freude, aus einer überbordenden Kenntnis des Lebens und des Spielens heraus, was oft genug dazu führte, daß man ihm »overacting« vorwarf: Schmierenkomödiantentum. Nichts, was je über einen Schauspieler gesagt wurde, ist so falsch wie dies: Nur wer zuviel kann, kann es sich leisten, auch zuviel zu geben.

Immer mehr fand Laughton in den letzten Jahren zur Bühne zurück, und dort war er am stärksten, wenn er allein war, ohne Dekoration und Kostüm, und alle Rollen spielte: von Gestalt zu Gestalt sprang, von Stimme zu Stimme wechselte, ein ganzes Universum von Charakteren und Stimmlagen auffächerte und mit seiner Phantasie die des Zuhörenden anregte.

Charles Laughton konnte vieles gleichzeitig sein und war doch nur eines allein: ein Mensch auf der Suche nach seiner eigenen Wahrheit, seinem Karma. Laughton wollte, wie vielleicht jeder Mensch, immer und ständig geliebt werden – und für diese Liebe nahm er jede erdenkliche Last auf sich. Doch genauso, wie er selbst geliebt werden wollte, gleich wie häßlich er auch sein mochte, genauso liebte er auch die Menschen, die ihn umgaben, überschüttete sie mit seiner Zuneigung und seinen Gunstbeweisen.

Simon Callow schreibt, Charles Laughton sei ein »schwieriger« Schauspieler gewesen, im selben Sinn, wie es auch »schwierige« Bücher oder Gemälde gibt: Sie erfordern einen genaueren Blick und sind oftmals nicht das, was sie auf den ersten Blick zu sein scheinen. Dies vorausgesetzt, geht unser Blick zurück von jenem 15. Dezember 1962 zu einem Sommertag des Jahres 1899, in einen kleinen Badeort an der englischen Ostküste: nach Scarborough.

Scarborough 1899–1924

»Er war eines jener Kinder, die einen geradezu auffordern, es in den Hintern zu treten«, hat ein früherer Schulfreund von Charles später geschrieben. Kind sein, das war für Charles offenbar gleich eine anstrengende Erfahrung. Geboren wurde er am 1. Juli 1899, im Zeichen des Krebses, in Scarborough, in einem kleinen Hotel gegenüber dem Bahnhof: dem Victoria, das von Robert und Elizabeth Laughton geführt wurde. Charles hatte zwei jüngere Brüder, Tom und Frank, und wie sie wuchs er in diesem Hotel auf, der wechselnden Fürsorge verschiedenster Mitglieder der Belegschaft überlassen. Mutter und Vater waren damit beschäftigt, das Hotel zu einem respektablen Haus für die Erholung und Vergnügung suchenden Feriengäste zu machen, und so konnten sie sich nicht auch noch um die Erziehung ihrer Kinder kümmern. Doch Scarborough, damals ein im Aufblühen begriffenes englisches »Seaside Resort«, bot auch ohne Eltern genügend Ablenkung: Nicht nur die vornehm und bemüht die Promenaden entlangstolzierenden Gäste, die gelegentlich vorsichtig ihr Hosenbein hochwickelten, um die Zehen ins Wasser zu tauchen, waren ständiges Amüsement, auch die der See zugewandten Spielhallen, die Theater, die neuen Bioskope und das »Mirrorama«, so etwas wie eine szenische Reise um die Welt, konnten die Zeit aufs angenehmste verkürzen. »Scarborough the Splendid«, so warb die Stadt für sich selbst, und eine Beschreibung in A. & C. Black's Führer des Jahres 1899 gibt darüber hinaus einen zusätzlichen Eindruck dieser damals achtunddreißigtausend Einwohner zählenden Stadt: »Eine Mischung aus Dover und Folkestone, dabei etwas größer, mit einem Schuß Ramsgate, einem Touch Tenby, einer Prise Trouville, übertragen nach Yorkshire, und gelegentlich, um die Wahrheit zu sagen, mit einem Hauch von Nordpol.« 1908 konnten die Laughtons dann das große Pavilion Hotel übernehmen, das erste Hotel am Platz – ein gesellschaftlicher Aufstieg ersten Ranges, verbunden mit einem enormen Arbeitsanstieg und noch weniger Zeit für die Kinder. Dieser

PAVILION HOTEL
SCARBOROUGH

Pavilion Hotel, Scarborough, Ltd.
Directors:
E., C., T. & F. Laughton
Telephone - 1040-1

A.A. ★★★★   R.A.C.

Das erste Hotel am Platz: ›The Pavilion‹ in der Ägide Laughtons.

Aufschwung war vor allem Charles' Mutter zu verdanken, einer Irin, die als Mädchen von zu Hause fortgelaufen war und sich aus niedrigsten Verhältnissen emporgearbeitet hatte. Sie organisierte die jeweiligen Hotels mit eiserner Hand, war Manager und Besitzer, Empfangschef und Vorarbeiter zugleich. Robert Laughton kümmerte sich mehr um das leibliche Wohl der Gäste – er kaufte ein, ging selbst auf die Jagd, versorgte mit den Ergebnissen die Küche und stellte die

12

Speisenfolgen zusammen. Simon Callow meint, die häufige Abwesenheit der Eltern sei für Kinder oft eine Ermutigung zur Wahl zweier Leidenschaften: der des Schauspielers und der des Homosexuellen. Charles Laughton war beides.

Charles' Liebe zur Natur erwachte früh: Mit der Schwester seines Vaters, Mary, zog er durch die Moore Yorkshires, sammelte Pflanzen und lernte die Namen von Vögeln. Das war nun nicht gerade eine besonders typische Beschäftigung für einen Jungen, ebenso wie das Lesen von Büchern: Unmännlich nannte man das. Hinzu kam, daß Charles ein wenig dicklich war, weichlich aussah und sich unsportlich zeigte: So entstehen Urteile wie das oben zitierte.

Charles ging zunächst in eine katholische Volksschule, auf Wunsch seiner Mutter, dann in eine französische Klosterschule in der Nähe von Filey, wo er Französisch lernte, und schließlich nach Stonyhurst, in ein berühmtes Jesuiten-College. Gefangen im katholischen Ritual von Sünde, Strafe und Vergebung war diese Zeit für den dreizehnjährigen Charles der Abstieg in die Hölle: und die moralische Schulung, die dazu führen sollte, daß er sich später der Sünde der Homosexualität schuldig fühlte und glaubte, diese Sünde nur durch Selbstbestrafung wieder wettmachen zu können.

Mit vierzehn trat er zum ersten Mal in einem Theaterstück auf: »The Private Secretary« von Charles Hawtrey, was in seinem Schulzeugnis vermerkt wurde: »Seine Schauspielerei nahm uns sehr für ihn ein ..., seine Rolle war viel zu kurz: Wir hätten gerne mehr davon gesehen, denn sie schien exzellent zu ihm zu passen.« Im Juli 1915 verließ er, glücklich und erleichtert, die Schule.

Verschiedene Berufe wurden erwogen. Doch angesichts der Tatsache, daß das Pavilion Hotel immer besser ging, »in Mode kam«, Elizabeth Laughton inzwischen nur noch als Chief Executive tätig war und allabendlich in großer Manier durch die Ballsäle rauschte, während ihr Mann sich mehr und mehr in die Natur zurückzog und von seinen Jagden oft tagelang nicht zurückkehrte, schien es eine naheliegende Lösung, Charles mit all seiner Sorgfältigkeit für das Hotelgewerbe aufzubauen. Charles, der seine Mutter ebenso fürchtete wie liebte, schien nichts dagegen zu haben. Also wurde er nach London geschickt, auf die unterste Stufe der Leiter, als »Bellboy« ins Claridge. Das aber wiederum schien Charles zu gefallen: Die Arbeit war einfach, der Show-Wert groß: Das Claridge wurde von Stars frequentiert, und Charles, unauffällig und mit einem Gesicht wie »die Rückseite eines Elefanten« oder »just a pudding« (Laughton über Laughton), konnte sie in aller Ruhe beobachten. Nicht daß er damals Schauspieler hätte werden wollen, zumindest gibt es kein Anzeichen dafür, doch Menschen interessierten ihn schon immer. Abends ging er oft ins Theater und entwickelte eine besondere Leidenschaft für Gerald du Maurier, der seine Zeitgenossen mit einer neuen Art von Schauspielerei, einer unterkühlten und unpathetischen, verblüffte. Maurier sollte Charles' Vorbild werden, sein immer wiederkehrender Bezugspunkt während der ersten Jahre seiner Karriere.

1918 erreichte der Krieg den gerade achtzehn Jahre alt gewordenen Charles dann doch noch: Aus London nach Scarborough zurückgekehrt, meldete er sich als gewöhnlicher Soldat beim Royal Huntingdonshire Regiment, im letzten Jahr des schon völlig ausgebluteten Krieges. Eine merkwürdige Verwandtschaft zu T. E. Lawrence fällt auf: So wie dieser sich nach seiner Zeit im arabischen Reich als einfacher Soldat unter falschem Namen im Heer einschrieb, so verzichtete auch Laughton auf alle Privilegien seiner Erziehung und wollte nur ein gewöhnlicher Soldat sein. Nach Frankreich, nach Vimy, verschickt, brachte er ein Jahr damit zu, mit einem Bajonett am Gewehr in einem Graben zu sitzen und darauf zu warten, andere Achtzehnjährige auf Befehl oder in Verteidigung des eigenen Lebens abzustechen. Wenige Tage vor dem Ende des Krieges hatten die Gräben dann ein Ende: Charles wurde bei einem Gasangriff schwer verwundet und ins Hospital eingeliefert.

In seinen Briefen, bezeichnenderweise nicht an seine Eltern, sondern an Hepsebiah Thompson, die Rezeptionistin des Pavilion, schrieb Laughton: »Entschuldige den Schmutz auf diesem Brief, denn gerade als ich schrieb, erhielten wir Order, zu packen und aufzubrechen. Die Moskitos und andere Tiere bringen mich fast um den Verstand ..., in Ermangelung eines besseren Wurfgegenstandes habe ich Deinen Eiertopf einer Ratte hinterhergeworfen, die gerade dabei war, die Seife eines Kameraden aufzufressen. Diese verdammten Ratten nehmen alles, von Papier bis hin zu Ölflaschen. Was denkt Mutter von meinen Briefen? Denkst Du, ich sollte mehr über dieses oder jenes schreiben oder alles ein wenig positiver darstellen?« Und: »Meine einzige Furcht im Hinblick auf all dies ist, daß es mir die Freude am Leben verderben könnte.«

So war es dann auch: Zurück in Scarborough, schien Charles seinen Eltern und Bekannten fremd, verschlossen und eigenbrötlerisch. Stundenlang schloß er sich in seinem Zimmer ein. Er sagte: »Ich bin niemandem von Nutzen« und verschwand. Die Eltern, die eine schnelle Rückkehr zur Tagesordnung wünschten, betrachteten diese Veränderungen voller Mißtrauen. Doch nach einem halben Jahr trat Charles die Arbeit im Hotel wieder an, und das entschlossener als je zuvor. Er nahm den Platz seines Vaters ein, der sich ganz aus dem Geschäft zurückgezogen hatte, und kümmerte sich vor allem um den äußeren Schein des Hotels: Er dekorierte es neu, installierte eine neue Bar, engagierte eine Band. Das Hotel, sowieso schon »fashionable«, erhielt eine neue Anziehungskraft. Sir Osbert Sitwell, Ehemann der berühmteren Edith Sitwell und häufiger Gast des Hotels, beschrieb die Wirkung des neuen Hoteldirektors: »Eines Abends kam ein junger Mann, der Sohn des Hauses, aus seinem Büro und fragte mich, ob er mir die Verbesserungen zeigen dürfe, die das Hotel kürzlich erfahren habe ... Er war so sehr der ölige junge Hoteldirektor, daß es kaum wahr schien und alles in allem so aussah, als würde er eine Variation dieser Rolle vorspielen.«

Außer durch diese hauptberufliche Darstellung eines Hoteldirektors trainierte Charles seine schauspielerischen Fähigkeiten auch in einer der lokalen Theatergruppen von Scarborough. Er spielte Rollen in »Trelawney of the Wells« und in »Hobson's Choice«, wo er den Willie Mossop darstellte – mit riesigem Erfolg. Er selbst erkannte wohl auch, daß nun, im Alter von vierundzwanzig Jahren, seine Zeit als Hoteldirektor abgelaufen war – wie Simon Callow sagt: »Selbst eine so gute Rolle wie diese hat einmal ein Ende.« Von einem auf den anderen Tag teilte Charles seiner Familie mit, daß er Scarborough verlassen würde, um nach London zu gehen und dort Schauspieler zu werden. Gerald du Maurier hatte doch gewonnen.

Die Familie tobte, doch Robert Laughton, der wohl in solchen Fällen immer zur rechten Zeit auftauchte, stärkte seinem Sohn völlig überraschend den Rücken. Charles' Bruder Tom würde nun eben das Hotel führen. »Ich werde niemals wieder nach Hause zurückkehren, um das Hotel zu übernehmen«, sagte Charles zu Tom, »lieber verhungere ich in der Gosse.«

Das Pavilion Hotel steht noch heute in Scarborough. Über dem Haupteingang hängt ein Photo von Charles Laughton, fest eingemauert in die Wand.

London 1925–1931

Die Ähnlichkeiten eines Hotels mit einem Theater sind unübersehbar: In beiden Fällen gibt es eine Bühne, Zuschauer
und Techniker, die, meistens unsichtbar, die entscheidenden
Fäden ziehen. Somit war Charles' Sprung aus dem Pavilion
Hotel zur Royal Academy of Dramatic Art gar nicht so groß.
Am 6. Mai 1925 ging Charles zum Vorspielen, von Nervosität
geschüttelt, spielte den Shylock aus Shakespeares »Kaufmann von Venedig« und fand Gefallen bei den Juroren, unter
ihnen Claude Rains. Am 8. Mai begann er mit seinen Stu-
dien, als einer von vier Männern unter zwanzig Schülern. Die
Ausbildung beinhaltete Fechten, Tanzen, Gestik und Sprach-
unterricht, die Arbeit an Shakespeare-Szenen und mehreren
Einaktern. Charles' bevorzugte Lehrerin war Alice Gachet,
eine Französin, die ihm zu Beginn ihrer Arbeit gesagt haben
soll: »Ich werde dir das Herz brechen, aber ich werde auch
einen Künstler aus dir machen.« Trotz seiner Figur und seines
»Puddings« zwang sie ihn, Liebhaber und Helden zu spielen.
Charles genoß diese Behandlung ganz offensichtlich, denn
nach neun Monaten schon endete seine Ausbildung mit einer
Abschlußvorstellung, in der Charles den Sganarelle in Mo-
lières »Don Juan« und den Falstaff spielte, sowie mit einer
Vorstellung mit Szenen aus Shaws »Pygmalion«. »Sie waren
einfach grauenvoll als Higgins«, soll Shaw nach der Vorstellung zu Charles gesagt haben, »aber ich sage Ihnen eine bril-
lante Karriere innerhalb eines Jahres voraus.«
Am 6. Juni 1926 erhielt Charles Laughton als vielverspre-
chendster Student des Jahres die Bancroft-Medaille. In seinem Zeugnis stand: »Laughton ist manchmal zu brillant. Er
hat mit Mankos zu kämpfen, und er weiß es. Er wird behar-
lich weitermachen und lernen.«
Direkt nach der Royal Academy erhielt Charles Laughton
sein erstes Theaterengagement: Theodore Komisarjevsky,
russischer Emigrant und umjubeltes *enfant terrible* der englischen Theaterszene jener Jahre, besetzte ihn als Osip in Go-
gols »Der Revisor«. Komisarjevsky, für den auch berühmte

Schauspieler oftmals fast ohne Gage auftraten, hatte sich ein Forum für seine Inszenierungen im Barnes Theatre geschaffen, einem ehemaligen Kino außerhalb des West-End-Theater-Sektors. Er war ein Universaltalent: Nicht allein als Regisseur machte er Karriere, auch als Ausstatter waren seine Dienste gefragt, und sein Ruf als Frauenheld war legendär (»Come and seduce me« war, laut John Gielgud, sein Spitzname). Komisarjevsky scheint Charles vertraut zu haben, denn gleich nach dem Osip besetzte er ihn als Yepikhodov in Tschechows »Kirschgarten« und als Solonij in »Drei Schwestern«, beide noch im Barnes, sowie schließlich in einer West-End-Produktion von Franz Molnárs »Liliom«. Zunächst in einer kleinen Rolle besetzt, erhielt Charles durch den Ausfall eines Schauspielers die Chance, den Dieb Fiscur, Lilioms bösen Geist, an der Seite von Ivor Novello zu spielen. Trotz des Unmuts im Team und Novellos Mißfallen setzte sich Komisarjevsky durch – und Charles feierte einen großen Erfolg. Er war der »Neue«, der kommende Mann – und anläßlich seiner nächsten Rolle, der eines russischen Gouverneurs in Fagans Drama »The Greater Love« an der Seite von Sybil Thorndike, erhielt Charles eine kleine Sonderbesprechung von einem der führenden Kritiker seiner Zeit, James Agate: »Nun muß ich kurz pausieren«, schrieb dieser, »und etwas zu jenem bemerkenswerten jungen Schauspieler Charles Laughton sagen. Meines Wissens hat Mr. Laughton bislang nur drei Rollen in London gespielt. In jeder Rolle war dieser Schauspieler gleichermaßen superb und unübersehbar: Er machte die jeweiligen Unterschiede nicht bloß durch unwesentliche Veränderungen der Maske und des Kostüms deutlich, sondern er erfaßte die Essenz des Charakters und paßte seinen Körper entsprechend an. Dies ist Charakterspiel, so wie es die großen Meister dieser Kunst verstanden haben. Zu beobachten, wie dieser ölige, höfliche, überfressene Tyrann aus eupeptischem Schlaf erwacht, um dann einen möglichen Attentäter ins sibirische Exil zu lächeln – das erzählt etwas absolut Authentisches über den zaristischen Terror. Allzu feine Vergnügungen und übermäßig barbarische Grausamkeiten waren in jedem Flattern seiner schläfrigen Augenlider zu erkennen, in den Modulationen seiner trägen, liebevoll schmeichelnden Stimme, den langsam sich bewegenden, samtigen Händen. Wann immer dieser Schauspieler auf der Bühne war, haben ihn meine Augen nicht verlassen, und Mittwoch nacht haben seine schweigenden Abstraktionen mehr über Rußland erzählt als alle Worte der anderen Schauspieler zusammen.«

Starke Worte über einen Anfänger, zumal es während der Proben zu »The Greater Love« gar nicht nach einem solchen Triumph ausgesehen hatte. Laughton hatte nämlich zum ersten Mal seine »Exzentrizität« bei den Proben demonstriert: Unmöglich gekleidet, leicht schmuddelig, mit schmutzigen Fingernägeln (eine Angewohnheit, die er sich schon in Scarborough zugelegt hatte), hatte er wochenlang jede Regieanweisung mißachtet, seine Texte vergessen und, wenn er sich doch einmal an sie erinnerte, sie nur genuschelt. Zum erstenmal wurden seine Kollegen Zeugen der qualvollen Suche Laughtons nach dem »Schlüssel« zu der Figur, die er spielte: nach dem Gang, dem Ausdruck, dem besonderen Geheimnis, das sie umgab. Laughton suchte dieses Geheimnis nicht im Text, sondern in sich selbst: »Niemals betrachtete er etwas als technisches Problem, er schien seine Rollen nicht unter dem Aspekt der zu lösenden Probleme oder der zu klärenden Schwierigkeiten zu sehen, sondern als Möglichkeiten der Selbstfindung«, schreibt Simon Callow, selbst Schauspieler, dazu. »War es ihm möglich, den Teil seiner selbst zu öffnen, der dem Charakter Sinn und Leben geben würde?« Jede seiner Rollen war also auch eine Begegnung mit sich selbst, mit der eigenen Psyche – und daß er die während der Proben so lange wie nur möglich vor anderen verbarg, war eine logische Folge dieser Art der Arbeit. Für viele Regisseure, mit denen Laughton später gearbeitet hat, war und blieb er deswegen auch nur ein begabter Amateur, kein »Pro« – für Laughton selbst war diese Bezeichnung eher Lob als Tadel: »Bedeutet es nicht Liebhaber? Ich liebe meine Arbeit, natürlich!«

Eine der nächsten Rollen Charles Laughtons im Jahr 1927 machte ihn dann endgültig in England berühmt: Er verkörperte die Titelrolle in der Erstinszenierung von Arnold Bennetts Stück »Mr. Prohack«. Bennett, damals eine der berühmtesten literarischen Figuren der Londoner Society, mußte bei der Premiere erkennen, daß Laughton die Hauptrolle, einen kleinen Angestellten, der plötzlich reich und Opfer von allerhand Problemen wird, nach ihm selbst modelliert hatte. »Der Autor war nicht sonderlich amüsiert, London schon.« (Callow). Laughton imitierte die äußere Gestalt eines ihm bekannten Mannes und gelangte darüber zu dessen innerer Haltung – quasi rein logisch. Die Kritik von *Theatre World* faßte zusammen: »Eine Vorstellung von außerordentlicher Kunstfertigkeit, sie befördert Mr. Laughton endgültig in die erste Reihe unserer Schauspieler.«

Seit seinem ersten Auftritt auf einer Londoner Bühne waren erst achtzehn Monate vergangen.

Mit »Mr. Prohack« änderte sich auch das Privatleben von Charles Laughton: Bisher ein eher asexuell erscheinender Mensch, lernte er während der Proben zu diesem Stück die Schauspielerin Elsa Lanchester kennen, die seine Sekretärin spielte. Lanchester war in jeder Hinsicht das genaue Gegenteil von Laughton: Schmal, hübsch, mit großen, dunklen Augen und einem leichten, kleinen Schmollmund, hatte sie sich schon früh den Ruf einer »Bohemian« erworben. Ihre Eltern, unverheiratet, waren irisch und marxistisch (!), die Mutter war in der Frauenbewegung engagiert, damals ein unerhörter Schritt, und beide galten als Radikale. Elsa war ausgebildete Tänzerin, hatte bei Isadora Duncan studiert, ein Kindertheater geleitet, für »künstlerische Nacktphotos« posiert, Gerüchten zufolge auch in Scheidungsprozessen mitgewirkt (gegen Bezahlung als Objekt der Untreue) und sich schließlich einen Ruf als Sängerin in Cabarets und Clubs erworben. Zu ihren Hits gehörten Songs wie »Please sell no more drink to my father« und »I've just danced with a man who danced with a girl who danced with the Prince of Wales«. Elsa war lebenslustig, sprunghaft, exotisch und erotisch – und sie hatte flammend rote Haare. Sie paßte zu Charles wie die Faust aufs Auge.

Getreu dem Sprichwort »Gegensätze ziehen sich an« funkte es zwischen Charles und Elsa: Beide schienen jeweils im an-

Ein gewöhnliches ungewöhnliches Paar: Laughton und Elsa Lanchester im Jahr ihrer Hochzeit (1929).

deren ein beruhigendes Element zu sehen. Wortlos scheinen die beiden sich manchmal verstanden zu haben. Zwei im Grunde Einsame hatten sich gefunden. Ob's Liebe war, ist wieder eine andere Sache. Nach einiger Zeit zogen sie trotz völlig unterschiedlicher Freundeskreise zusammen: in eine

21

Wohnung in der Dean Street in Soho, in ein Haus, in dem schon Karl Marx gewohnt hatte. Elsa und Charles waren nun ein ganz gewöhnliches ungewöhnliches Paar.

In den nächsten Jahren wuchs der Ruhm von Charles mit der Zahl seiner Auftritte auf den Londoner Bühnen. Nach der Frau mit den roten Haaren folgte das Hugh-Walpole/Benn-Levy-Stück »A Man with Red Hair«, in dem Laughton zum erstenmal eines seiner verbrecherischen Monster, »bigger than life«, spielte. Walpole selbst schrieb über die Transformierung seiner Figur durch Laughton: »Mein Held (oder Verbrecher, wenn Sie so wollen) war ursprünglich als eine ganz simple Figur gedacht. Niemals hätte ich mir träumen lassen, daß irgend jemand diese Figur ernst nehmen könnte. Laughton aber hat sie ganz einfach ernst genommen, hat hier und dort ein bißchen etwas hinzugefügt, eine falsche Augenbraue hier, eine verlängerte Nase dort, in Kenntnis dessen, daß die so entstandene Person, lange eingekerkert, nur darauf wartete, befreit zu werden und wie ein Geist in einem Strawinsky-Ballett aus dem Schornstein zu fahren.« Laughtons Darstellung muß so eindrucksvoll erschreckend gewesen sein, daß der London Public Morality Council erwog, das Stück zu verbieten. Laughton selbst scheint mit dem Crispin an die Grenzen seiner damaligen psychischen Möglichkeiten gegangen zu sein: »Diese Interpretation fordert mir so viel physische und psychische Kraft ab, daß ich glaube, ich brauche erst einmal eine Pause«, sagte er in einem Interview mit dem *Daily Sketch*.

Simon Callow führt aus, daß angesichts der hymnischen Kritiken, in denen Laughtons Leistungen immer über die seiner Mitspieler hinausgehoben wurden, seine Auftritte etwas von Solos an sich hatten, daß er mehr für die Galerie spielte als mit den anderen Akteuren zusammen. Während der Proben versteckte sich Laughton, zeigte nur wenig von dem, was später während der Aufführungen zu sehen sein sollte: »Andere Schauspieler spielen während der Proben für den Regisseur, Mr. Laughton wartet ab«, hieß es dazu in einem zeitgenössischen Pressebericht. Diese Art des Spiels schafft nicht nur Freunde – und sicher führte sie zu noch größerer Einsamkeit

*›The Making of an Immortal‹ (1928): Laughton spielt – nicht sich
selbst, sondern Ben Jonson.*

und Verbissenheit, als Laughton sie sowieso schon an den Tag legte. Sozial, intellektuell, auf Proben – immer war Laughton ein Außenseiter, oder wie Agate schrieb: »Charlie Not Their Darling!« und: »Jedes Lob dieses Schauspielers macht alle anderen Schauspieler wütend«. Laughtons Außenseiterrollen waren also nicht mehr als ein Spiegel des eigenen Fühlens. 1928 spielte Laughton in »The Making of an Immortal«, in »Alibi«, einem Thriller, in dem er unter der Regie seines früheren Idols Gerald du Maurier den Hercule Poirot darstellte, in drei kurzen, einaktigen Filmen, *Bluebottles, Day-Dreams* und *The Tonic,* die Elsas Freund aus radikaleren Tagen, H. G. Wells, zum Spaß für sie geschrieben hatte, und in »Mr. Pickwick«, seinem ersten kleineren Mißerfolg. Dennoch war Laughton ein Star des West-Ends, eingeladen zu den Festen der High-Society, nach jeder Vorstellung am Bühneneingang von Autogrammjägern umlagert. Am 9. Februar 1929 schien sich dann auch das Privatleben endgültig dem Erfolg der Bühne anzupassen: Elsa und Charles heirateten in aller Stille, zogen in eine neue Wohnung in der Percy Street 15 und begaben sich auf Hochzeitsreise in die Schweiz und nach Italien, seltsamerweise eskortiert von Elizabeth und Frank Laughton. Elsa muß etwas irritiert gewesen sein von diesem Beginn ihrer Ehe.

Um noch einiges mehr muß sie aber von Ereignissen irritiert gewesen sein, die nach zwei offensichtlich unspektakulären, erfolgreichen Ehe- und Berufsjahren 1931 auf sie einstürzten: Charles hatte, nachdem er halbwegs überzeugend den Krüppel Harry Heegan in O'Caseys »The Silver Tassie« und sehr überzeugend (»Ein kolossaler Erfolg«, sagte Elsa) ein Jahr lang den Gangster Tony Perelli in Edgar Wallaces innerhalb von vier Tagen verfaßtem Stück »On the Spot« gespielt hatte, im Frühjahr 1931 die Proben zu »Payment Deferred« aufgenommen. »On the Spot« hatte ihn zu einem neuen Höhepunkt seiner Karriere geführt. Laughton hatte bewiesen, daß er wirklich alles spielen konnte, und er hatte seinem Ruf, ein Exzentriker zu sein, mit mehreren Geschichten neue Nahrung verschafft: Bei der ersten Leseprobe war er zunächst nicht erschienen, um dann, abgerissen und ungepflegt ausse-

Ein Jahr lang ein masturbierender Gangster: ›On the Spot‹ von Edgar Wallace (1930).

hend, auf der Straße entdeckt zu werden – der Pförtner hatte ihn ganz einfach für einen Penner gehalten. Und Malcolm Muggeridge erzählte er auf die Frage, wie er sich in Stimmung bringe für einen Mafiosi wie Perelli: »Ich versuche mich daran zu erinnern, wie ich als Schuljunge geglaubt habe, meine Finger würden abfallen, weil ich masturbiert hatte.«

Mr. Muggeridge zeigte sich schockiert. Nach »On the Spot« war Laughton endgültig eine Berühmtheit, die von anderen Berühmtheiten in der Garderobe aufgesucht wurde, die die Leute auf der Straße erkannten und deren Rollencharakteristiken sie imitierten. Wären die Zeitungen ebensogut informiert gewesen wie heute, hätte auch sein Privatleben Anlaß zu Klatsch bieten können: Eines Abends, 1931, kam Charles in Begleitung eines Polizisten sowie Jeffrey Dells, der »Payment Deferred« adaptiert hatte, in beginnender Hysterie nach Hause. Kaum mit Elsa allein, beichtete er ihr, daß ihn ein junger Mann erpreßte, mit dem er vor einigen Tagen für Geld geschlafen habe. Charles Laughton homosexuell! Elsa schrieb später, sie könne sich an kein Anzeichen erinnern, daß Charles schon vor dieser Zeit junge Männer geliebt habe. Sie schüttelte den Schock ab, als sei nichts gewesen. »Es ist alles völlig in Ordnung. Es macht nichts. Ich verstehe«, soll sie gesagt haben. Dann verlor sie für eine Woche ihr Gehör. Das Sofa, auf dem Charles mit dem Jungen geschlafen hatte, wurde aus dem Haus geschafft – und man verlor des weiteren kein Wort mehr über die Affäre. Bei Gericht wurde der Fall mit einer Warnung an Charles Laughton, »seine Generosität nicht am falschen Platze einzusetzen«, niedergeschlagen. Alles war in Ordnung – doch nichts mehr wie zuvor. »Wenn ich all dies vor unserer Hochzeit gewußt hätte, wäre sicher alles anders geworden – so oder so«, schrieb Elsa, »aber am schlimmsten verletzte der erlittene Betrug.« Das Sexualleben der Ehe Laughton-Lanchester reduzierte sich in den folgenden dreißig Jahren auf Null – wenngleich Charles behauptete, er hätte gerne Kinder gehabt, doch Elsa habe dies mit der Begründung verweigert, sie wolle nicht, daß ihre Kinder einen homosexuellen Vater hätten. Ihr Kind wurde Charles, und der hat sich in dieser Abhängigkeit ohne Zweifel wohl gefühlt.

Ironischerweise spielte Charles Laughton in »Payment Deferred« einen Mann, den ein unausgesprochenes Geheimnis in eine aussichtslose Schlinge aus Schuld und psychopathischer Verstrickung treibt. – »Armer, beschränkter Mr. Marble«, schrieb Laughton an einen Kollegen, der die Rolle übernahm, »das Publikum kreuzigt ihn, doch am Ende des Stükkes weiß es, daß es aus geheimer Furcht vor den eigenen versteckten Liebesaffären unter der Maske der Tugend ge-

Laughton zu Zeiten von ›Payment Deferred‹: Theater und Realität sind eins. Fast könnte man meinen, Laughton würde abgeführt ... (Paris, 1931).

schah.«Wieder einmal führten eigene Ängste und Schuldge-
fühle zu einer Darstellung, die über das gewöhnliche Engagement eines Schauspielers in einer Rolle hinausging – die
Rolle als Mittel zur Psychoanalyse. Laughton litt unter der
Bürde der Rolle, in ihr zahlte er seine Schuld allabendlich ab,
und das Publikum bewunderte ihn dafür.

Beruflich war Laughton 1931 an einem Punkt angelangt, an
dem er eine neue Stimulanz benötigte – und das Privatleben,
so ruhig und unaufwendig es auch weiterging nach dem ver-
miedenen Skandal, schloß sich dem Wunsch nach neuer Stimulanz gerne an. Da die Filmindustrie in England sich in den
Dreißigern erst langsam entwickelte, das Londoner Theater-
publikum nun Charles kannte und umgekehrt, blieb eigentlich nur eine Möglichkeit, und die hieß: Broadway & Hollywood.

Broadway & Hollywood 1931–1932

Die Gelegenheit, in den USA aufzutreten, bot sich mittels eines Gastspiels der Londoner Produktion von »Payment Deferred« in New York. Charles und Elsa, die seine fünfzehnjährige Tochter in diesem Stück spielte, reisten gemeinsam – und spielten in der Öffentlichkeit weiterhin das Ehepaar. Für beide war die USA ein Ereignis: Beide hatten sie sich nie mit dem snobistischen Teil Englands anfreunden können, und so

›Payment Deferred‹ im Lyceum Theatre in New York: mit Dorice Fordred (1931).

kam ihnen die auf den ersten Blick einfachere und von weniger Vorurteilen belastete Mentalität der Amerikaner wohl entgegen. »Payment Deferred« erhielt zwar gute Kritiken in New York und Chicago, doch war es kein Erfolg – schon nach drei Wochen mußte es wegen mangelnden Zuschauerinteresses abgesetzt werden. Dennoch schrieb John Mason Brown: »Mr. Laughtons Gesicht ist eine der expressivsten Masken, die ich je im Theater gesehen habe. Seine Hände und Füße und sein ganzer Körper sind willige und expressive Instrumente der Dinge, die er zu sagen hat. Er spricht die Dialoge nicht, er denkt sie. Man kann sie wie Wolken in seinen Augen sehen. Er ist der bemerkenswerteste Charakterschauspieler, den New York seit Jahren zu sehen bekommen hat.«

Nach der kurzen Laufzeit von »Payment Deferred« gelang es Charles durch Vermittlung der Schauspielerin Ruth Gordon, eine Neuauflage von »Alibi« – unter der Regie des amerikanischen Theaterwunderknaben Jed Harris – auf die Beine zu stellen. Doch auch dieser Produktion war, trotz guter Kritiken, nur eine vierwöchige Laufzeit beschert. Elsa, die niemand als Schauspielerin beachtete und die hier nun nur noch Mrs. Charles Laughton war, trat schon während dieser Zeit die Heimreise an – nachdem sie Charles durch eine kleine Affäre mit Joseph Losey, dem damaligen Abendregisseur von »Payment Deferred«, eine erste Revanche-Wunde zugefügt hatte. Der Kleinkrieg, der trotz aller Zuneigung zueinander unvermeidlich schien, hatte begonnen.

Auch Charles fuhr nach dem Ende von »Alibi« wieder nach Hause – unbeeindruckt von den Produzenten, die zwar vor seiner Tür Schlange gestanden und ihm Berge von Geld versprochen hatten, aber nicht in der Lage gewesen waren, ihm auch nur eine einzige klare Rolle anzubieten. Doch schon auf der Heimreise erreichte ihn ein Telegramm von Benn Levy, mit dem er einige Jahre zuvor »The Man with Red Hair« gemacht hatte und der nun bei Paramount im Story Department arbeitete. Levy bot ihm einen Drei-Jahres-Vertrag, zwei Filme pro Jahr, mit dem Recht, seine Rollen selbst auszuwählen. Dem ersten Telegramm folgten gleich weitere hinterher, und so kehrte Laughton, nur zwei Tage nach seiner Rückkehr

Vom Mörder zum Detektiv: als Hercule Poirot in ›Alibi‹ (1932).

nach England, mit Elsa wieder um: zurück in die USA, dieses Mal nach Hollywood, zum Film und zum Geld.

Charles' Erfahrung mit dem Film, diesem erst knapp dreißig Jahre alten Medium, war bis dahin eher begrenzt: Er hatte an der Seite von Elsa in einigen kurzen Filmen nach Skripts von H. G. Wells gespielt, in drei sogenannten *quota quickies,* schnellen, billigen Filmen, die nur dazu dienten, die vom Parlament geforderte jährliche Filmquote zu erfüllen, sowie in *Piccadilly,* einem von dem Deutschen Ewald A. Dupont inszenierten Stummfilm, in dem er die erste seiner vielen berühmten Freßszenen spielte. Dennoch adaptierte Charles schon bald das Kino als ein für seine Zwecke günstiges Medium: »Filmschauspielen ist einfach«, sagte er selbst, »man muß es nur in den Därmen fühlen und dann ganz einfach hinaufklettern lassen bis zu den Augen.« Endlich war jede kleine Regung, jedes Zucken des Auges, jede Geste des Fingers zu sehen – die barocke Schauspielkunst des Charles Laughton fand im Film das ihr gemäße Medium. »Ihn zu beobachten, heißt einen Film über das Leben der Pflanzen zu beobachten: das Königreich der Natur im Menschen. Die Geradlinigkeit, die Laurence Olivier in den meisten Fällen zu einem so enttäuschenden Filmschauspieler und gleichzeitig zu einem so faszinierenden Theaterschauspieler macht, fehlt Charles Laughton völlig, sowohl als Schauspieler wie als Mensch. Bei ihm gibt es keine geraden Linien: Alles besteht aus Myriaden von winzigen Pfeilen, die alle in verschiedene Richtungen zeigen. So entsteht die Illusion des Lebens selbst.« (Callow)

Charles Laughton meinte: »Ich habe einfach Glück. Stellen Sie sich vor: ausgerechnet ein Gesicht wie das meine ist so gut zu photographieren. Meine Gesichtszüge schneiden durch die Leinwand wie ein Messer durch Käse. Es ist einfach riesiges Glück: Wer hätte das gedacht?«

In Hollywood hatte zu jener Zeit, Anfang der dreißiger Jahre, der Tonfilm endgültig seinen Siegeszug angetreten – die Studios schwammen im Geld, überall im Land entstanden neue Kinos und verdrängten oft die Theater. Film war das große Geschäft und seine Zukunft mehr als rosig. Greta Garbo feierte gerade einen großen Erfolg mit Vicki Baums

»Grand Hotel«, der 1931/32 den damals noch wenig renommierten Oscar als bester Film gewann. Frederic March war der große männliche Star jener Tage, Frank Borzage, George Cukor, King Vidor, Ernst Lubitsch, Josef von Sternberg, William Wellman, John Ford und Rouben Mamoulian machten gleichzeitig so viele gute Filme, wie man sie heute allenfalls in einem Zeitraum von zehn Jahren zu sehen bekommt. Hollywood war – für viele – der schönste Platz auf Erden: voller Erwartungen, Talente, Hoffnungen und Pläne. Charles Laughtons Hoffnungen auf den ersten Film hingegen wurden erst einmal hingehalten: Das Skript von Benn Levy wurde nicht rechtzeitig fertig, und so lieh Paramount Laughton unter der Bedingung, daß ihr eigener Film zuerst uraufgeführt würde, an Universal aus: für den Horrorfilm *The Old Dark House* von James Whale, der in London schon mit Elsa zusammengearbeitet und Laughtons Sohn in »The Man with Red Hair« gespielt hatte. Whale hatte sich inzwischen dem Lebensstil Hollywoods völlig angepaßt: Er lebte in größtem Luxus, favorisierte den eklektizistischen Baustil von Beverly Hills und holte an Snobismus nach, was er in London versäumt hatte. Whales Film aber war ein durch und durch englisches Produkt in amerikanischer Verpackung: *Gothic Horror,* englische Schauspieler, eine englische Vorlage (Priestley) und ein englischer Drehbuchautor (erneut Benn Levy) sowie ein im Studio nachgebautes Motiv aus Wales – das ist der Stoff, aus dem Hollywood-Fernreisen entstehen. Laughton war ungewöhnlich besetzt: *The Old Dark House* ist einer der wenigen Filme dieser Zeit, in dem er einen ganz normalen, gewöhnlichen Menschen spielt, nicht das Monster oder den Krüppel. Nach Beendigung der Dreharbeiten zu *The Old Dark House* begann Laughton mit dem Film, für den er eigentlich nach Amerika gekommen war: *Devil and the Deep* unter der Regie von Marion Gering, an der Seite von Tallulah Bankhead und Gary Cooper. Laughton wurde an dritter Stelle der Besetzungsliste geführt, mit dem Zusatz: »Und zum erstenmal der hervorragende englische Charakterschauspieler C. L.« Bankhead und Laughton haßten sich von der ersten Minute an – sie weigerte sich wegen seiner schmutzigen Fingernägel, ihm

33

Der Kaiser als extravagante Schwuchtel, als Jammerlappen: Laughton als Nero in ›The Sign of the Cross‹ (1932).

die Hand zu geben, und terrorisierte ihn in den Drehpausen mit der immer gleichen Schallplatte, er hingegen verkündete öffentlich, was für ein begnadeter Schauspieler Gary Cooper sei – und meinte es tatsächlich auch so. »Er findet seinen Weg zur Rolle von innen heraus«, sagte er, »aus seiner eigenen klaren Sicht des Lebens.« Cooper sollte für Laughton immer das Paradebeispiel eines perfekten Filmschauspielers bleiben – eines Stars, nicht eines Charakterschauspielers. Der Film selbst diente dann vor allem Laughton: »Newcomer Steels Show« schrieb die *Los Angeles Times,* und damit ist eigentlich alles gesagt.

Laughton war nun eine »heiße Sache« – und der wiedererstarkte Starregisseur der Paramount, Cecil B. DeMille, bot ihm als dritte Rolle den Nero in seiner nächsten Mammutproduktion *The Sign of the Cross* an. Zwar behauptete DeMille, für diesen Part immer nur an Laughton gedacht zu haben, doch dann war er mit dessen Auffassung des römischen Kaisers überhaupt nicht glücklich, denn Laughton machte aus Nero einen großen Witz, einen weichlichen, homosexuellen Jammerlappen. DeMille, für den Nero der größte Verbrecher aller Zeiten war, tobte, doch Laughton ließ sich um keinen Millimeter von seiner Konzeption abbringen; er verspürte wieder einmal die psychoanalytische Macht der Schauspielerei. Denn der Nero war, so böse es klingen mag, seinem eigenen Charakter so nahe, daß es für Laughton eine Erlösung gewesen sein muß, wieder einmal in der Verkleidung einer Rolle eine für gewöhnlich verschlossene Tür seines Charakters zu öffnen: Elsa Lanchester schreibt, der Nero hätte Charles vermutlich mehr geholfen als ein Jahr in psychiatri-

James Whale (hinter Melvyn Douglas) im Kreise seiner Lieben: Laughton, Raymond Massey, Ernest Thesiger, Lillian Bond, Douglas, Gloria Stuart und ein geblimptes Kameraungetüm (v. l.). ›The Old Dark House‹ (1932).

scher Behandlung, und sie bezeichnet seine Interpretation der Rolle als »Charles' wilder Nero«. James Agate schrieb: »Laughton genießt es sichtlich, den Kaiser als die prunkvoll extravagante Schwuchtel zu spielen, die er vermutlich sogar war.« Das große Baby Laughton: Wie später Chaplin gelang es ihm in *The Sign of the Cross,* einen Diktator lächerlich zu machen und ihm trotzdem etwas von seiner Gefährlichkeit zu lassen. Und als der andere Diktator, DeMille, ihn nach den Dreharbeiten fragte, was er denn als nächstes spielen wolle, sagte Laughton nur: »Sie.«

Daraus wurde dann aber leider nichts, denn Charles' nächste Rolle war der Mörder William Marble in *Payment Deferred,* den er schon auf Londoner und New Yorker Bühnen gespielt hatte: die nächste psychoanalytische Therapie, wenngleich sich auch seine eigene Schuld durch die Beichte vor Elsa wieder auf ein verinnerlichtes moralisches Schuldgefühl reduziert haben dürfte. Für Elsa war *Payment Deferred* auf jeden Fall erst einmal das Ende ihres Hollywood-Aufenthalts, denn die von ihr in London dargestellte Rolle der Winnie Marble ging, trotz Charles' Versuchen, sie dem Produzenten Irving Thalberg vorzuschlagen, an Margaret O'Sullivan. Das war ein bißchen zuviel für Elsa: zuerst in ihrer ehelichen Integrität verletzt, und nun auch noch in der beruflichen. Sie packte die Koffer und fuhr nach Hause, nach London, suchte eine neue Wohnung und pflegte ihre Wunden.

Charles, über den Kine Weekly nach *Payment Deferred* schrieb: »Er beweist, falls ein Beweis nötig gewesen wäre, daß er einer der größten Filmschauspieler ist«, blieb noch einige Monate allein in Hollywood, wo er zwei weitere Filme drehte: Das waren dann insgesamt sechs Filme in einem Jahr! Film Nummer fünf war die Verfilmung einer Novelle von H. G. Wells, *Island of Lost Souls.* Die Dreharbeiten fanden *on location* statt, auf Catalina Island, und stellten sich als außerordentlich anstrengend heraus: Umgeben von einer Meute wilder Tiere, in dauerndem Nebel und Regen, mit einem etwas pompösen Regisseur (Earle Kenton), hatte Laughton eigentlich schon genug mit den äußeren Umständen zu tun, so daß man überrascht ist, daß er auch noch gut

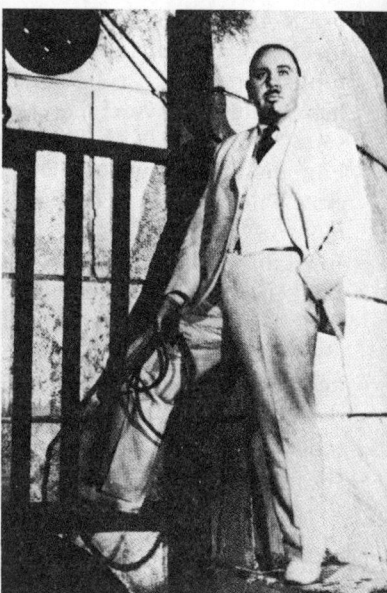

Links: Mit ballettöser Komik auf dem Weg zur Obszönität: Laughton als Buchhalter in ›If I Had a Million‹ von Ernst Lubitsch (1932).

Rechts: Wenn du zum Tiere gehst, vergiß die Peitsche nicht: ›Island of Lost Souls‹ (1933).

spielt. *Island of Lost Souls* ist ein etwas obskurer Film, der jedoch damals für viel Aufsehen sorgte: In England wurde er mit der Begründung verboten, sein Inhalt sei »gegen die menschliche Natur«. Elsa Lanchester meinte, dieser Vorwurf träfe wohl auch auf Mickey Mouse zu.

Zum Ende seines ersten Jahres in Hollywood erhielt Charles Laughton schließlich das Angebot, in einem Episodenfilm mitzuwirken: *If I Had a Million* erzählt die Schicksale von sechs verschiedenen Menschen, die eines schönen Tages plötzlich eine Million Dollar erben. Laughtons Episode ist die kürzeste und gleichzeitig auch die beste: Von Ernst Lubitsch inszeniert, erzählt sie von einem einfachen Angestellten, der wort- und regungslos den gerade erhaltenen Scheck in die Tasche steckt und sich auf den Weg zu seinem Boß macht, um ihm ein für allemal die Meinung zu sagen. Laughton ist hinreißend, vollkommen reduziert (eher ungewöhnlich für ihn) und von einer geradezu ballettösen Komik. Er selbst muß *If I Had a Million* wohl auch für seinen besten Film dieser Zeit gehalten haben, denn er meinte, das ganze erste Jahr in Hollywood habe sich nur wegen Lubitsch gelohnt.

Ein Jahr Hollywood: sechs Filme, Aufstieg zum Star, sechs Jahre nach seiner Abschlußprüfung an der RADA in London. Ein geradezu unglaublicher Aufstieg, der Laughton aber nicht übermütig gemacht zu haben scheint. Er wollte kein Star sein, er wußte offensichtlich gar nicht so recht, was das bedeutete – ihn interessierten allein seine schauspielerische Leistung, die Möglichkeiten, die sich durch eine Rolle für ihn eröffneten: eine weitere Tür zu seinem Charakter zu öffnen und sich selbst näherzukommen. Selbst die Qualität der Filme scheint ihn nur wenig interessiert zu haben – erst durch *If I Had a Million* wurde offensichtlich sein Bewußtsein geweckt, in einem guten Film gespielt zu haben. Von nun an sollte Laughton seine Filmrollen mit größerem Bewußtsein für die Qualität des gesamten Films auswählen. Näher als das Kino, das zwar hervorragende Gagen zahlte, künstlerisch aber, zumindest aus dem Blickwinkel eines Londoner Theaterschauspielers, doch eher noch in den Kinderschuhen steckte, war Laughton zunächst einmal wieder die Bühne – und so packte auch er seine Sachen, schloß das Haus an der La Brea Terrace in den Hollywood Hills zu, warf den Schlüssel in den Briefkasten und fuhr nach Hause zu Elsa, in die neue Wohnung am Gordon Square in Bloomsbury, London.

Old Vic 1933–1934

Als Charles Laughton wieder in London ankam, war die allgemeine Stimmung in England schlecht: Die Arbeitslosigkeit war gestiegen auf über zwei Millionen, Hungermärsche waren an der Tagesordnung, und die Einwohnerzahl Londons nahm trotz der sich täglich verschlechternden Lage weiter zu. So war es kein Wunder, daß auch die Theater über Geldknappheit klagten, ganz besonders diejenigen, die sich weiterhin als die Bastion der großen klassischen Theaterkultur Großbritanniens verstanden. Wie in allen schlechten Zeiten waren eher Komödien gefragt als die Dramen und Tragödien Shakespeares. Dennoch machten die meisten klassischen Theater unverdrossen weiter, darunter *das* klassische Theater Englands, das Old Vic. Charles hatte bis zu seiner recht überraschenden Involvierung in dieses Theater keinerlei Erfahrung mit dem klassischen Repertoire – weder hatte er jemals Shakespeare gespielt, noch hatte er, wie die meisten anderen Stars jener Zeit, eine ausgedehnte Anfängerzeit in der Provinz hinter sich. Dennoch wollte er sich auf ein neues Feld wagen, neue Dinge ausprobieren, selbst wenn dies die Gefahr eines Mißerfolges mit sich brachte. Also stimmte er relativ enthusiastisch zu, als die Schauspielerin Flora Robson ihn mit einem weiteren *enfant terrible* der englischen Theaterszene, mit Tyrone Guthrie, zusammenbrachte und man gemeinsam beschloß, daß Flora und Charles während der ersten Saison von Guthrie im Old Vic das Ensemble führen sollten. Charles, der in Hollywood noch zweitausendfünfhundert Dollar in der Woche verdient hatte, sollte fünfzehn Pfund verdienen, Elsa die Normalgage von zehn Pfund. Die Saison sollte im Oktober beginnen, mit Shakespeares »Twelfth Night«, und Charles und Elsa würden ihr Debüt im zweiten Stück, in Tschechows »Kirschgarten«, geben. Alles war geplant und besprochen – und Charles blieben bis dahin noch einige Monate Zeit; Zeit, um sich erneut dem Film zuzuwenden.

So war es recht günstig, daß Elsa während Charles' Abwesen-

heit in Hollywood schon erste Kontakte zu einem aufsehener-
regenden neuen Produzenten geknüpft hatte, der in London
gerade in aller Munde war: Alexander Korda, der eigentlich
Sandor Kellner hieß und aus Budapest stammte. Korda war
ein Ungar, wie man ihn sich ungarischer nicht vorstellen
kann: charmant, witzig, voller Ideen, ständig parlierend und
offensichtlich sehr erfolgreich. Das aber stimmte nur in
Maßen: Korda hatte zwar schon eine ganze Reihe von Filmen
in den verschiedensten Ländern gedreht, doch reich und erfolgreich war er deswegen noch lange nicht. Korda war vor
allem erfinderisch – und ein vollendeter Hochstapler: In London hatte er sich im besten Hotel eingemietet, einen Rolls-

*Ein nicht ganz so gewöhnliches Paar, das sich den Anschein von
Normalität gibt: Charles und Elsa, 1934.*

Wie von Holbein gemalt: Laughton als Henry VIII.

Royce geliehen, speiste in den vornehmsten Restaurants, mietete eine Loge in der Oper und kannte nach kürzester Zeit schon die meisten der einflußreichen Filmleute Londons. Dabei stand er in Wirklichkeit kurz vor dem Bankrott: Alle Ausgaben waren auf Kredit getätigt worden. Doch die Masche zog – auch Elsa war von seinem Charme begeistert und drängte Charles, sich mit ihm zu treffen. Laughton hatte zwar eigentlich nur wenig Lust, doch dann fand auch er Korda höchst amüsant, und Korda wandte sich zu Elsas Enttäuschung ganz schnell ausschließlich ihm zu. Beide heckten zusammen mit Kordas bevorzugtem Drehbuchautor Lajos Biro mehrere Projekte aus, von denen eines sich bald konkretisierte: die Geschichte Heinrichs VIII., des englischen Königs, der seine Frauen bevorzugt auf den Block des Henkers brachte. Laughton engagierte sich ungewöhnlich stark schon in der Vorbereitung dieses Projektes: Er schleppte Korda immer wieder nach Hampton Court, um ihm einen Hauch von Authentizität nahezubringen, saß stundenlang vor dem berühmten Porträt Holbeins und verwandelte sich langsam in Heinrich – äußerlich und innerlich.

Obwohl die Zeiten für Kostümfilme schlecht waren, gelang es Korda schließlich doch, einen finanziellen Grundstock zusammenzubringen, der für den Anfang reichte. Sein Bruder Vincent, der des Englischen nur rudimentär mächtig war und sich mit den Bühnenarbeitern mittels Zeichen verständigte, baute die Dekorationen, wobei er oftmals während des Drehens alte Dekorationsteile auseinanderbaute und aus ihnen neue Motive errichtete. Arbeiter sollen erzählt haben, er habe sie sogar angewiesen, die Nägel aus dem alten Holz zu ziehen und sie wiederzuverwenden. Korda benutzte *Henry VIII* dazu, seine ganze Kollektion von Darstellerinnen einzusetzen – von Merle Oberon über Binnie Barnes bis hin zu Elsa Lanchester, die endlich einmal wieder eine ihr angemessene Rolle fand. Laughton selbst befand sich während der fünfwöchigen Drehzeit in bester Stimmung, war gelöst und offensichtlich ganz in seine Rolle eingetaucht, obwohl Korda meckerte: »Charles braucht eine Hebamme und keinen Regisseur.« Gelegentlich schrien sich Korda und Laughton – beide auf ihre Weise Perfektionisten – am Set an, und einmal eskalierte der Streit sogar so sehr, daß die Dreharbeiten sich um drei Tage verzögerten: Grund war allein die ungeklärte Frage, in welcher Hand der König den königlichen Hut tragen sollte ...

Auch Charles und Elsa fanden in *Henry VIII* endlich eine

Szene, die auf ironische Weise ihre Ehegeschichte erzählte, denn Elsa, die Henrys sechste Frau, die Deutsche Anna von Kleve, darstellt, sitzt in der Hochzeitsnacht mit ihm im Bett und spielt Karten. Sex kommt nicht vor in ihrer Beziehung, und obwohl sie den König beim Spiel übers Ohr haut, ist sie die einzige seiner Frauen, die nicht auf dem Schafott landet und dem König eine gute Freundin bleibt. Manchmal muß man fast annehmen, daß die beiden sich auch in Realität immer besser mit der einmal geschaffenen Situation arrangiert haben.

Selten ist Laughton in einem Film besser gewesen als in *Henry VIII:* Wie er mit den Fingern ein Hühnchen ißt und zer-

Anna ›plays for cash‹, zieht dem König die Hosen aus und hält den-noch nichts von Sex: Elsa und Charles in ›The Private Life of Henry VIII‹ (1933).

43

reißt, die abgenagten Knochen hinter sich in den Raum wirft und noch dazu die ganze Zeit redet (über den Verfall der guten Manieren, das obendrein!), das zeugt von einer geradezu lustvollen Identifikation mit seiner Rolle – ein Mann, der aus dem vollen lebt, der geliebt werden will und großer Emotionen fähig ist, der ein Baby sein kann und ein Diktator gleichzeitig, das alles ist Laughton, so wie er sich selbst wohl am liebsten sah.

Auch mit seinen anderen Mitspielerinnen – neben Elsa – har-

Zunächst nagt Henry an Frauen herum (Binnie Barnes als Katherine Howard) ...

44

... später nur noch an Hühnerbeinen: Die einen landen unter dem Beil, die anderen im Magen. ›The Private Life of Henry VIII‹.

monierte Laughton in *Henry VIII* ganz ausgezeichnet: vor allem mit Binnie Barnes, der es ebenso wie Elsa gelingt, ihm wirklich eine ebenbürtige Partnerin zu sein. Endlich einmal lieferte Laughton nicht nur eine Solovorstellung, sondern ergänzte sich auch mit seinen Mitspielern aufs beste: Laughton der Ensemblespieler, und das in einem Film!
The Private Life of Henry VIII erwies sich an der Kinokasse und bei der Kritik als riesiger Erfolg – trotz ernsthafter Probleme, überhaupt einen geeigneten Verleiher zu finden. In New York, Paris und London innerhalb weniger Tage nacheinander aufgeführt, spielte der Film schon nach einer Woche seine Produktionskosten von circa fünfzigtausend Pfund wieder ein. Korda wurde zur neuen Hoffnung der englischen Filmindustrie, Charles Laughton zu ihrem internationalen

Aushängeschild. Hinzu kam noch, daß Laughton für den Oscar nominiert wurde und ihn – bei damals nur zwei Gegenkandidaten: Leslie Howard und Paul Muni – auch gewann, was ihn jedoch nicht mit besonderer Ehrfurcht erfüllt zu haben scheint: Zu jener Zeit spielte er schon am Old Vic und war ganz und gar in Shakespeare und das Theater verstrickt. Vor seinem ersten Auftritt aber hatte Laughton erneut seinen Vertrag mit der Paramount zu erfüllen. Man holte ihn für *White Woman,* einen Film des »Malaysia-Gin-und-Schweiß-Genres« (*New York Times*), eine Conradsche Geschichte aus dem Dschungel, mit menschenfressenden Wilden, einer betörenden Blondine (Carole Lombard – mit der Charles überhaupt nicht zurechtkam), rauhen Männersprüchen und einem blutrünstigen Ende, welches in diesem Fall wenigstens Laughton die Chance für einen letzten Witz gab: Als sein Kumpel Charles Bickford während einer Partie Poker von einem Speer durchbohrt wird, röhrt Laughton: »Und hier sitz' ich nun, mit einem Royal Flush in der Hand, zum ersten Mal in meinem Leben« – und wohl auch zum letztenmal …

»Ohne Arbeit kann ich nicht sein, ich weiß dann nicht, was ich mit meinen Händen machen soll«, sagt Lopachin im vierten Akt von Tschechows »Kirschgarten«, und definiert damit ganz gut ein Motto, das auch für Charles in dieser Zeit gelten konnte. Tschechows Stück, das zweite der Old-Vic-Spielzeit 1933/34, scheint eines von Laughtons Lieblingsstücken gewesen zu sein, denn er trat insgesamt viermal darin auf – und immer in verschiedenen Rollen. »Sein Lopachin im ›Kirschgarten‹ war eine superbe Charakterstudie im besten Sinne dieses Wortes, und daß sie nicht als die beste Leistung eines Schauspielers in der Stadt gepriesen wurde, was sie ganz unzweifelhaft war, liegt wohl ausschließlich an der Tatsache, daß die Rolle nicht spektakulär genug ist«, schrieb James Agate über Laughton. Ganz im Gegenteil: Laughton scheint alles vermieden zu haben, was nach Exzentrik oder Spekulation aussehen hätte können – er spielte ganz einfach realistisch, nahm die Rolle beim Wort und stellte sie dar: nicht mehr und nicht weniger, als man von einem ernsthaften Schauspieler erwarten kann.

Laughtons alias Lopachins Hände halten ein Buch und ein Glas – also weiß er sehr wohl etwas damit anzufangen. In Tyrone Guthries Inszenierung von Tschechows ›Kirschgarten‹ (1933).

Im November spielte Charles Laughton dann seinen ersten Shakespeare: »HenryVIII«. Jeder erwartete den Film auf die Bühne transponiert, und so konnte das Ergebnis nur eine kleine Enttäuschung sein – auch wenn alle gespannt zu sein schienen, ob Laughton Shakespeare überhaupt würde rezitieren können: »Wir haben alle gehört, daß du mit Shakespeare unter deinem Kissen schläfst, mein Lieber«, meinte Lilian Baylis, die Chefin des Old Vic zu Laughton. »Was wir aber wirklich wissen wollen: Kannst du seine schönen Worte auch sprechen?!« Daß er es konnte, bewies seine nächste Rolle: der Angelo in Shakespeares selten gespieltem Stück »Maß für Maß«. Laughton formte diesen monströsen, unter seinen unterdrückten Begierden leidenden Menschen zu einer schwar-

47

zen Seele um, mit leicht faschistoiden Horrorphantasien, dennoch jederzeit verstehbar und realistisch. Die Zeitgenossen schauderte es: Auf der Bühne stand wirklich ein Abbild aller gewesenen und kommenden Diktatoren, ein Mensch und gleichzeitig ein Monster. Wieder einmal fand sich Laughton in einer Rolle, die ihm zur Befreiung von eigenen Obsessionen, Problemen und Schuldgefühlen diente. »Indem er sich mit den einander widerstrebenden Kräften Angelos herumquälte, schien Charles tatsächlich eine Art von Problem zu klären, das er in sich trug und das wahrscheinlich durch seine religiöse Erziehung oder den Krieg verursacht worden war«, meinte Elsa Lanchester dazu in »Charles Laughton and I« (1938). Charles' nächster Shakespeare-Auftritt in »The Tempest« wurde dann aber überschattet von einem Triumph Elsas als Ariel: »Darf ich sagen«, schrieb Agate, »daß bis zum Tag, an dem Miß Lanchester den Ariel spielte, diese Rolle nie wirklich gespielt worden ist ...?« Laughton selbst, der Benita Armstrong zufolge lieber den Caliban als den »unterhaltsamen Langweiler« Prospero gespielt hätte (James Mason behauptet das Gegenteil), kam hingegen nicht allzu gut weg: »Eine Mischung aus Ingredienzien von Blake, Devrients Lear, Michelangelos Noah, wahrscheinlich Noah selbst und ganz sicher dem Weihnachtsmann.« Auch sein nächster Auftritt in einem Shakespeare-Stück – nach Intermezzi in der Komödie »Love for Love« und in Wildes »The Importance of Being Earnest« (Bunbury) – als Macbeth war, wie seltsamerweise bei so vielen berühmten Schauspielern (Alec Guinness, Peter O'Toole), nicht von sonderlichem Erfolg gekrönt: »Er tendiert zu Monotonie in Ton und Geste (zweifelsohne wäre er ein großer Schauspieler, könnte er den Mund geschlossen halten!)« *(Sketch),* »Ich muß bezweifeln, ob Mr. Laughton den Macbeth überhaupt verstanden hat« *(Daily Telegraph)* und »Ich glaube nicht, daß Shakespeare den Macbeth als einen quengelnden, nörgelnden Schuljungen gesehen hat« *(Daily Mail).* Endlich hatte die Kritik ihr Opfer – »blutdürstig« (Callow) stürzte sie sich über Laughton und genoß es, ihm seine Berühmtheit endlich einmal heimzuzahlen. »Macbeth« war der Flop der Saison und Laughton der

große Verlierer. Guthrie hingegen erzählt, noch in der Gene-
ralprobe sei Laughtons Darstellung elektrisierend gewesen:
»Seine Darstellung trug in dieser Nacht den Stempel
›Genie‹.«

*Oscar Wildes ›The Importance of Being Earnest‹: Laughton als
Canon Chasuble, Elsa Lanchester als Miss Prim (1934).*

Als ahne er die schaurigen Kritiken: Laughton mit Flora Robson in Shakespeares ›Macbeth‹ (1934).

Dennoch scheint Laughton der Rolle des Macbeth nicht gewachsen gewesen zu sein: Was sie benötigte, steckte nicht in ihm, und so konnte er nicht auf seine gewohnten psychoanalytischen Grundlagen zurückgreifen.

Mit dem Mißerfolg des »Macbeth« endete Laughtons Zeit am Old Vic recht unglücklich und nicht sehr typisch, selbst wenn Agate meinte, Laughton solle nicht weiter versuchen, ein großer Tragöde zu werden, denn dies sei »eine Verschwen-

An Bord der ›Berengaria‹, auf dem Weg nach Hollywood: Charles und Elsa am 5. November 1934.

dung von Zeit und Genie«. In der Geschichte des Old Vic hat Laughtons Gastjahr zwar keine großen Spuren hinterlassen, für Laughton selbst scheint dieses Jahr jedoch wichtig gewesen zu sein: als vage Bestätigung dafür, daß er, wenn er nur lange genug daran gearbeitet hätte, wohl doch ein Shakespeare-Schauspieler geworden wäre. Für die nächsten zwanzig Jahre aber mied Laughton nun erst einmal jede öffentliche Beschäftigung mit seinem großen Idol, das statt dessen immer mehr zu seiner großen, unerfüllten Obsession werden sollte, zu seinem »weißen Wal« (Callow): Nur für sich allein las er Shakespeare-Werke, hämmerte sich mit einem tickenden Metronom die jambische Sprache ein, suchte nach Satzmelodien und Rhythmen. Shakespeare, das Idol, wurde zu Shakespeare, der unerfüllten Leidenschaft.

Zugleich war dieses Jahr am Theater für Laughton aber auch eine Art Heimkehr: zurück in einen großen Verbund aus Schauspielern, Bühnenarbeitern und Regisseuren, in eine Art Familie, die nicht nur zusammen arbeitete, sondern oftmals bis weit in die Nacht hinein auch zusammen lebte und die auf eine unklare Weise der Familie seiner Jugend in jenem kleinen Hotel in Scarborough entsprach. »Während der Saison sagten wir oft«, schrieb Elsa Lanchester, »in späteren Jahren werden wir dies hier rückblickend als eine unserer glücklichsten Zeiten sehen. Zu jener Zeit wußten wir, daß wir gerne lebten – und das ist ungewöhnlich.« Das war es in der Tat: Der kleine, fette Mann, der seinen Körper haßte und sich seiner Seele schämte, dessen Ehe eine Lüge und dessen nach außen zur Schau gestelltes Bild eine Erfindung war, hatte für kurze Zeit wieder einmal den Eindruck, Wirklichkeit und Vorstellung könnten eine Verbindung miteinander eingehen: Er würde geliebt und beachtet, wäre umgeben von der Kunst und Künstlern. Doch selbst dies war ein Trugschluß, denn auch im Old Vic wurde Laughton allenfalls bewundert, nicht aber geliebt. Laughton war und blieb ein Außenseiter, ein *enfant terrible,* ein Monster. Einer, der vom West-End-Krimi kam und besser wieder nach Hollywood gehen sollte, was er schließlich auch tat.

The Garden of Allah 1934–1937

La Brea Terrace war längst verkauft, als Charles und Elsa wieder in Hollywood ankamen. Die beiden zogen in ein Hotel mit dem beziehungsreichen Namen »The Garden of Allah« – entliehen aus einem Film von Richard Boleslawski mit Marlene Dietrich und Charles Boyer. Charles bereitete sich dort auf seine neue Rolle vor: den Vater Barrett in der Verfilmung des Bühnenstückes *The Barretts of Whimpole Street,* eine Rolle, die Cedric Hardwicke auf der Bühne gespielt hatte und für die Charles fünfzig Pfund abnehmen mußte. Seltsamerweise fiel Laughton diese Anstrengung nie besonders schwer – er, der seinen Körper so sehr haßte, scheint sich also die normale Üppigkeit immer aus einem Gefühl von »ist doch sowieso egal« angefressen zu haben, nicht aus unbedingter psychischer Notwendigkeit. Barrett war erneut ein Monster – diesmal allerdings ein psychisch verklemmtes, nicht ein körperlich deformiertes: Barrett leidet unter der viktorianischen Moral, befolgt sie aber, sozusagen als Selbstbestrafung, ganz besonders rigide. Er tyrannisiert seine Familie, unterdrückt die Freiheit seiner Kinder und liebt, beinahe inzestuös, seine älteste Tochter. Laughton, den sein Regisseur Sidney Franklin fürchtete und, wenn möglich, mied, spielte so zurückgenommen und reduziert wie selten: »Ich habe den Barrett an eine mir bekannte Person angelehnt«, sagte er in einem Interview mit *Film Weekly,* »dessen Sadismus, Prüderie und lang anhaltende Predigten ich in meiner Jugend oft erdulden mußte.« Wieder wurde die Verkörperung der Rolle zu einer Aufarbeitung der eigenen Geschichte – wenngleich diesmal auch nur »second hand«. Das führt zu einer distanzierten, »verfremdeten« Darstellungsweise: Laughton macht frösteln, weil er uns eine Figur vorführt und dabei immer darauf hinweist, daß er sie selbst nicht ist – ein Brechtscher Effekt. Gleichzeitig profitiert Charles davon, daß er offensichtlich die einzige halbwegs intelligente Figur der Geschichte ist: Sein männlicher Widerpart Frederic March wirkt laut Agate »insofern wie ein Witz, als er gezwungen ist, einem Dichter zu

›Wie ein Affe am Stock‹: Laughton als Moultan Barrett in ›The Barretts of Whimpole Street‹ (1934), mit Norma Shearer.

ähneln, man aber das Gefühl hat, als seien selbst die Verwicklungen von ›Mary had a little lamb‹ zu kompliziert für ihn!« Hatte Laughton während der Dreharbeiten zu den »*Barretts*« mit Norma Shearer eine lang andauernde Freundschaft geschlossen, so traf dies während der Dreharbeiten zu *Ruggles of Red Gap* auf Leo McCarey zu, den Laughton selbst für dieses Projekt vorgeschlagen hatte. McCarey war der Entdecker des Teams Laurel & Hardy und hatte sich auf dem Gebiet des Slapstick-Humors einen makellosen Ruf erworben – kein Wunder, daß Laughton, der schon immer ein noch unausgelebtes Faible für diese Form der Komödie gezeigt hatte, gerne mit ihm arbeiten wollte. *Ruggles of Red Gap* gehört zu den besten Filmen Laughtons und soll Elsa Lanchester zufolge auch seine Lieblingsrolle geblieben sein. Umgeben von einem Ensemble slapstickerprobter und McCarey-geübter Schauspieler spielte Laughton einen Butler, der aufgrund einer verlorenen Wette seines Herrn an ein amerikanisches Ehepaar weiterverschenkt wird. Vom europäischen Hochadel kommt Laughton in die Niederungen der amerikanischen Wildnis, sowohl was die Manieren als auch was die Umgebung anbetrifft, doch er gewöhnt sich daran, wird amerikanisiert und schließlich Patriot: Als einzigem gelingt es ihm, die berühmte Rede Lincolns aus Gettysburg auswendig zu zitieren!

Laughton spielt wieder einmal die lebende Theorie des Brechtschen Verfremdungseffektes: Er stellt dar, stellt aus, zeigt, mit einem deutlichen Hinweis darauf, daß dies nur ein Spiel ist, das Bild eines Butlers vor, nicht einen Butler selbst. Das hat zu Irritationen geführt – viele Kritiker nahmen ihm den Butler nicht ab, fanden den Darsteller früherer Versionen, den Lubitsch-Schauspieler Edward Everett Horton, erheblich besser und glaubwürdiger. »Wenn dieser Ruggles mit dem Ausdruck eines ebenso öligen wie spitzbübischen Chadbands sich bei mir um einen Job bewerben würde«, schrieb wieder einmal James Agate, »würde ich ihn verdächtigen, der Anführer einer Bande von Strauchdieben zu sein, die mir meine silbernen Löffel stehlen wollen.« Ungeachtet dieser etwas harschen Beurteilung paßt sich Laughton, bei heutiger Ansicht von *Ruggles,* ganz hervorragend in ein offensichtlich eingespieltes Ensemble ein, dessen hervorstechender Glanzpunkt er dennoch nicht ist: Die sind eher Charlie Ruggles (sic!) als eingefleischter Amerikaner in Paris und Roland Young als Stiff-upper-lip-Adeliger, der Laughton beim Spiel verwettet. Laughton selbst hatte ganz offensichtlich großen Spaß an seiner Rolle – sie muß, ähnlich wie der kleine Angestellte in *If I Had a Million* wie eine Erlösung nach all den schwarzen Seelen und den psychoanalytischen Prozeduren der letzten Jahre gewirkt haben.

Dennoch hatte Laughton nun offensichtlich genug ausprobiert, was die schauspielerischen Verfremdungstechniken der letzten Filme anbelangte: Beim nächsten Film, der Dickens-Verfilmung *David Copperfield* unter der Regie von George

Cukor, fühlte er sich in der Rolle des Pickwick, den er schon mit mäßigem Erfolg auf der Bühne in London dargestellt hatte, überhaupt nicht wohl. Die Rolle hatte nichts mit ihm zu tun, und als Übungsfeld für eine Darstellung seiner Technik schien sie ihm auch zu langweilig. Laughton gab die Rolle nach drei Tagen zurück, W. C. Fields übernahm sie – und brillierte. Laughton, der sich während der Dreharbeiten von *Ruggles* überdies einen schmerzhaften Abszeß im Rektalbereich zugezogen hatte, verspürte wieder einmal einen Wandel in seiner psychischen Verfassung: Die länger erfolgreich verdrängte Schuld wurde mit dieser Krankheit erneut evident, denn eine Krankheit dieser Art schien Laughton eine Form von moralischer Sühne zu sein. Seltsamerweise scheint sich Laughton Josef von Sternberg als Beichtvater ausgesucht zu haben – vielleicht nahm er an, dieser sei bei seiner in seinen Filmen gezeigten Kenntnis einer verdorbenen Welt auch für ein anales Ekzem zuständig. Sternberg sorgte dann auch für Laughtons Einweisung in ein Krankenhaus und eine Behandlung. Wieder einmal hatte Laughton lieber Baby als einen eigenverantwortlichen Menschen spielen wollen.

Im Krankenhaus erreichte ihn dann noch ein gänzlich unmoralisches Telegramm seines Rollennachfolgers W. C. Fields: »Hoffe, das Loch-Ding ist besser!« Laughton mag dies doppeldeutig verstanden haben.

Kaum war das alte Schuldgefühl wieder zurückgekehrt, scheint Laughton auch wieder in der Lage gewesen zu sein, eine dazu passende Rolle anzunehmen – wie Elsa, die im übrigen nun auch in den USA erste Erfolge als *The Bride of Frankenstein* hatte feiern können, sagte: eine, die »ihn reinigte und ihm etwas Frieden gab«.

Die Rolle war die des Javert, des finsteren Bösewichts aus Victor Hugos *Les Misérables,* eines unter seiner unwürdigen Herkunft leidenden Monsters, das sich deshalb an allen anderen Menschen rächt. Regisseur war Richard Boleslawski, ein wie Komisarjevsky und Rouben Mamoulian aus der Moskauer Theaterszene stammender Regisseur, der als erster die Stanislawski-Methode in die amerikanischen Schauspielschulen eingeführt hatte. Boleslawski und Laughton müssen sich

›Ruggles of Red Gap‹ (1935) von Leo McCarey: Ein Butler in Amerika, irgendwo in Idaho, umgeben von Cowboys!

auf Anhieb verstanden haben, denn Laughton gibt als Javert eine seiner eindrucksvollsten Darstellungen: ein dunkler, unter unaussprechlichen Qualen leidender Mensch, der seinen Haß auf sich selbst auf andere projiziert, sich seiner schwarzen Seele bewußt und doch nicht imstande ist, ihrer Herr zu werden. Boleslawski reduzierte Hugos Roman auf den Zweikampf zwischen Valjean, den Frederic March spielte, und Javert: jeder das mögliche Spiegelbild des anderen, und deshalb sein größter Feind. Laughton litt wieder einmal vor der Kamera an seinem eigenen Leben: Er, der sich oftmals selbst haßte, er, der versuchte, seiner »schmutzigen« Charakterzüge Herr zu werden, und dem das nicht gelang, konnte endlich eine Figur spielen, die dasselbe empfand.

»»Was für eineTragödie!‹ wollte ich die Zuschauer denken lassen«, meinte Laughton dazu, »›ein ganzes Leben von einem
fanatischen Sinn für die Pflicht überschattet!?‹« Callow
schreibt darüber: »Es gibt etwas in seiner Darstellung, was
den Nerv so intensiv berührt, daß der Zuschauer sich ihm entweder hingibt oder sich ihm gänzlich entzieht.«

»Hollywood ist ein dämlicher Ort. Doch ich mag ihn. Er ist
das perfekte Heim für Komödianten.Wenn man nicht ein bißchen verrückt wäre, wäre man nicht dort«, sagte Charles in
einem Interview der *New York Times,* kurz bevor er im Februar 1935 nach England segelte, um mit Korda weitere Film-
pläne zu diskutieren. Doch sowohl der schon weit fortge-
schrittene *Cyrano de Bergerac* als auch *Sir Tristram Goes West*
zerschlugen sich und wurden später ohne Charles' Beteiligung verfilmt. So akzeptierte Charles ein neues Angebot von
IrvingThalberg: dieVerfilmung des Bestsellers *The Mutiny on
the Bounty,* in dem er die Rolle des unglücklichen Captain
Bligh spielen sollte. Der Bligh wurde, nach seinem Henry
VIII, Charles Laughtons vielleicht berühmteste Rolle. Der
Bligh war auch ein Beispiel für Laughtons präzise Recherche
– nicht nur, daß er alle verfügbaren Bücher über und von ihm
las, er ging sogar zu dessen Londoner Schneider (ein Mann
namens Gieves, dessen Geschäft schon vor 1789 existierte!)
und ließ sich die damalige Uniform Blighs genauestens nach-
schneidern. So mit den äußeren Insignien seiner Rolle ausgestattet, war es Laughton offensichtlich ein leichtes, die inneren Charakterzüge des unglücklichen Kapitäns nachzuvollziehen: bedingungslose Pflichterfüllung, fanatisches Aushar-
ren und ein latenter Sadismus.Wieder einmal ein einsamer, in
sich verbissener Außenseiter also, den Laughton da mit eigenen Charakterzügen ausstattete. »Wenn ich eine Rolle wie
denVater Barrett oder Bligh spiele, dann hasse ich den Charakter dieses Mannes so sehr, daß ich mich immer bremsen
muß, kein *overacting* zu betreiben, sondern realistisch zu bleiben«, sagte Laughton dazu. »Rollen wie diese machen mich
physisch krank.«

Dennoch müssen die Dreharbeiten, allen Schwierigkeiten
mit der nachgebauten »Bounty«, der Seereise und der damit

verbundenen Verlängerung der Dreharbeiten zum Trotz, angenehm gewesen sein: Laughtons anfängliche Vorbehalte gegen Clark Gable, die wohl aus einer intuitiven Furcht vor dessen Männlichkeit stammten, lösten sich bald in eine Arbeitsfreundschaft auf, so wie auch Gables Ängste vor Laughton einer respektvollen Distanz wichen. Einziges Ärgernis

Laughton als Captain Bligh: ›Rollen wie diese machen mich psychisch krank.‹ Man sieht's. ›Mutiny on the Bounty‹ (1935).

Eine homoerotische Anziehung, die endlosem Haß weicht: Cpt. Bligh und Fletcher Christian – Laughton und Clark Gable.

für Gable war die offensichtliche Weigerung Laughtons, ihm während des Spielens in die Augen zu sehen – eine Tatsache, die auch schon andere Schauspieler beklagt hatten. Gable, dessen ganze Technik auf dieser »Rückantwort« aufgebaut war, muß oftmals verunsichert vom Set gestürmt sein.
Mutiny on the Bounty wurde trotz anfänglicher interner Studiokritik (»Sagt Thalberg, dies ist der schlechteste Film, der je gemacht wurde!«) zu einem riesigen Erfolg: Der Bligh wurde Laughtons bis dahin gerühmteste Rolle, eine, die selbst die Kinder auf der Straße kannten. »Charles Laughtons Vorstellung macht ihn in meinen Augen zu dem mit Abstand besten Schauspieler unserer Zeit«, schrieb Mark van

Doren. Der Bligh versetzte Laughton endgültig in die Position eines Stars, und dessen Nimbus hätte ihn eigentlich auch in die Lage versetzen müssen, eigene Filme produzieren zu können: Das zumindest war es, was Irving Thalberg ihm anbot. Doch die Beziehung Thalberg/Laughton, so erfolgreich sie mit *Mutiny* auch begonnen hatte, hielt nicht lange: Thalberg starb, und Laughton blieb zunächst ein Schauspie-

Immer auf der Suche nach dem idealen Refugium: Laughton und Elsa Lanchester in Amerika, 1935.

ler, der auf die Qualität seiner Angebote angewiesen war und nicht die Möglichkeiten hatte, sie sich selbst zu schaffen.

In der Zwischenzeit hatte Laughton damit begonnen, sein in Hollywood verdientes Geld für ein Hobby auszugeben, das seine große Leidenschaft werden sollte: die Malerei. Schon mit den ersten Einkünften hatte Laughton sich ein Bild des Zöllners Rousseau gekauft, und nun folgte mit einem Renoir der erste große Fischzug: »Charles Laughton wollte unbedingt einen Renoir«, erzählt Jean Renoir darüber in seiner Autobiographie. »Er bat George Keller, ihm welche zu zeigen. Der zeigte ihm zuerst einen winzig kleinen Renoir. Der Preis war erschwinglich, aber das Bild war wirklich zu klein. Dann holte er das ›Urteil des Paris‹ hervor, ein sehr großes Bild. Der Preis entsprach der Größe des Bildes und schreckte Laughton ab. In der folgenden Zeit tauchte er täglich in der Galerie auf und bat Keller, ihm das Bild noch einmal zu zeigen. Oft legte er sich vor dem Bild auf den Boden, blieb eine geschlagene Stunde so liegen und ging dann seufzend wieder weg. Schließlich kaufte er das Bild. Bei jedem anderen hätte ein solches Verhalten als billige Schauspielerei erscheinen können. Bei ihm war es das nicht: Charles Laughton machte dem Bild ganz ernsthaft den Hof.«

So kehrte Laughton Anfang 1936 mit einem Renoir im Gepäck wieder nach London zurück, zu Elsa, die dort schon länger mit der Einrichtung der verschiedensten Wohnungen beschäftigt war. Die Wohnung am Gordon Square hatte der damals berühmte Architekt Wells Coates äußerst geschmackvoll dekoriert – mit bemalten Schiebetüren –, und selbst die Zimmer der Diener und Angestellten waren dem Rest der Wohnung in Stil und Ausstattung angepaßt worden. Diener waren zu jener Zeit Nellie Boxall, die ehemalige Köchin Virginia Woolfs, und ein Hausmädchen, eine »Kommunistin«, die die Laughtons häufig als »die überflüssigen Reichen« titulierte, worauf Elsa sie mit »Sklavin« ansprach. Wie die Laughtonsche Ehe war auch die sie begleitende Umgebung bizarr – das scheint Laughton und Elsa ihr Leben lang verfolgt zu haben. Ein weiteres Refugium war ein vor Jahren erworbenes Baumhaus in Stapledown, ein im Wipfel eines Obstbaumes liegendes Haus, das nahezu ohne Luxus und ohne sanitäre Einrichtungen Charles' Traum von einem Leben inmitten der Natur am nächsten kam. Dort bereitete er sich auf seine neue Rolle vor – wieder mit Alexander Korda, seinem, neben Thalberg, zweiten Lieblingsproduzenten. Der war nach dem Scheitern der *Cyrano*-Pläne wieder zu einer anderen Idee zurückgekehrt: der Verfilmung von Biographien berühmter Männer, ein Unterfangen, das zur selben Zeit auch Warner mit seiner Paul-Muni/William-Dieterle-Biographie-Serie anging. Korda wollte die Amerikaner mit ihren eigenen Mitteln besiegen, und er wollte an den Erfolg seines *Henry VIII* anknüpfen – und so entwarf er mit Hilfe eines Drehbuches von Carl Zuckmayer ein neues Vehikel für Charles: *Rembrandt.*

Leider ist *Rembrandt,* trotz guter Ansätze und einiger guter Darstellerleistungen (vor allem von Elsa als Hendrikje Stoffels, Rembrandts letzte Frau), nicht so unterhaltsam wie sein Vorgänger. Zu schwerfällig schleppt sich die Geschichte dahin, zu unschlüssig scheint sich der Film, ob er nun die Geschichte einer Künstlerobsession oder eine Sittenschilderung erzählen soll. Auch Laughton, für den nach seinem Renoir-Kauf der Rembrandt eigentlich die geeignete Rolle hätte sein können, wirkt blaß: Simon Callow nimmt an, der Rembrandt sei ein idealisiertes Selbstporträt von Laughton, in dem er seine eigene Liebe zu Schönheit, Humanität und Kreativität hätte feiern wollen. Weihrauch hat noch immer den Sinn für die Realität verschleiert, und so fehlt Laughton als Rembrandt auch jeder Biß und jede präzise Schärfe: Sein Selbstporträt ist weich, sehr schlicht und nett – und ein bißchen langweilig. Dennoch ist es auch hier interessant zu beobachten, was Laughton ausprobiert: die übernaturalistische Schauspielerei, ohne jeden Anflug von Pathos oder Theaterdonner. Das an sich ist sehr spannend und ein Hinweis auf eine künftige Entwicklung, die sich schon in seinen jeweiligen Tschechow-Auftritten angekündigt hatte.

Für Elsa und Charles scheint die Zeit der Dreharbeiten zu *Rembrandt* besonders glücklich gewesen zu sein – sie hatten sich arrangiert. Elsa, die mit *The Bride of Frankenstein* einen eigenen großen Erfolg errungen hatte, fühlte sich zu dieser

Ein idealisiertes Selbstporträt: Laughton als ›Rembrandt‹ (1936).

Zeit weniger als Anhängsel von Charles als als eigenverant-
wortliche Schauspielerin, die auch die ganz offenkundige
Mißachtung durch Korda relativ gelassen ertrug. Beide spiel-

ten direkt im Anschluß an die Dreharbeiten zu *Rembrandt* in dem Musical »Peter Pan« im West End: Elsa den Peter Pan, Charles den Hook – mit überraschenden Ergebnissen. Ursprünglich war befürchtet worden, Charles als Hook könne die Kinder erschrecken, und erst ein Anruf von Elisabeth Bergner beim Produzenten verschaffte dem Ehepaar Laughton gemeinsam diesen Auftritt. Doch dann trat genau das Gegenteil ein: »Hook, ein schwergewichtiger Don Quixote, wurde der Held des Abends. Erst als Peter Pan auf die Bühne kam, bargen kleine Kinder ihre Gesichter in den Rockschößen der Mütter, und starke Männer fröstelten vor Furcht«, schrieb Guthrie über die Produktion. Elsas Konzept, Peter Pan als »noch so einen kleinen Diktator« – angesichts der Bedrohung durch Hitler – zu spielen, ging also offensichtlich voll auf ...

Die Beziehungen zwischen Korda und Laughton waren nach dem Mißerfolg von *Rembrandt* leicht abgekühlt, und so suchte Korda, der zudem von finanziellen Krisen geschüttelt wurde, nach einem Ausweg. Er entwarf einen großen Monumentalfilm für Charles (nach dem Motto: entweder mit fliegenden Fahnen untergehen oder gewinnen) und verpflichtete den berühmten Josef von Sternberg.

I, Claudius, nach dem Roman von Robert von Ranke Graves, wurde dann sowohl für Korda als auch für Sternberg und erst recht für Laughton *das* Desaster schlechthin. Dabei hatte alles gut angefangen: Sternberg interessierte der Stoff, denn er wollte zeigen, wie »ein Niemand ein Gott und dann wieder ein Niemand werden kann«. Korda interessierte sich für Sternberg, denn er schuldete Marlene Dietrich aus einem früheren Film noch hunderttausend Dollar und wollte diese Schuld nun durch ein Engagement ihres früheren Mentors abtragen. Und Laughton interessierte sich sowohl für Sternberg, der ihm in Hollywood einmal beigestanden hatte, als auch für Claudius, eine weitere jener gequälten Seelen, die er so gerne spielte. Doch dann fand Charles bis zu Drehbeginn nicht den Schlüssel zu seiner Figur – für kurze Zeit schien ihm zwar die Abdankungsrede des Königs Edward VII einen Anhaltspunkt zu liefern, doch Korda untersagte eine Parodie auf einen lebenden britischen König. Die Katastrophe nahm ihren Lauf: Sternberg wanderte in Reitstiefeln und Turban durch den Set, Laughton latschte in Sandalen und Toga in entgegengesetzter Richtung und suchte den »key«. Sternberg, offensichtlich nicht in der Lage, Laughton zu helfen, verlor langsam die Geduld. Wenige Szenen, meistens ohne Laughton, wurden gedreht. Sternberg, der anfangs noch gesagt hatte: »Wer war dieser vergleichsweise mickrige Schauspieler, dessen Mätzchen ernst genommen werden mußten? Ich verstand zwar, daß Korda nicht länger mehr mit ihm zurechtkam, doch für mich sollte er nicht zum Problem werden!«, kam selbst zu der Überzeugung: »Es war kein Alptraum, sondern ein Tag-Alp!«

Laughton, weiß der Himmel, was in ihn gefahren war, wurde seinem Ruf als schwieriger, extravaganter Schauspieler mehr als gerecht: Morgens, bei Drehbeginn, kam er an den verabredeten Set, sah sich die Dekoration an und verkündete, hier könne er nicht spielen, die »Atmosphäre« sei nicht günstig. Ein neuer Set, eine andere Szene wurden aufgebaut, dann begann dieselbe Prozedur von vorne. Die Crew brachte Tage damit zu, Laughton durch mehrere fertig ausgeleuchtete Sets zu folgen, immer in der Hoffnung, er fände die richtige Atmosphäre. Doch Laughton war ganz offensichtlich auf der Flucht vor den Geistern, die er selbst gerufen hatte – es konnte keine stimmige Atmosphäre mehr geben bei diesem Film. Der Höhepunkt der nahezu masochistischen Leidensgeschichte von Laughton kam in einer Szene, in der Claudius, von Caligula mit Messalina verkuppelt, von betrunkenen Dienern durch eine Tür geworfen wird und vor seiner künftigen Frau auf dem Boden landet. Sternberg, frostig wie immer, ließ die Kameras anlaufen, Laughton flog durch die Tür zu Füßen von Merle Oberon und blieb wie tot liegen. Auf Nachfragen von Sternberg bat er, richtig durch die Tür gekickt zu werden. Die Szene wurde wiederholt: Laughton, von Mal zu Mal von Sternbergs Assistent härter durch die Tür getreten, flog auf den Boden, hob den Kopf »mit einem Ausdruck, als wolle er irgend jemanden fragen, wo das Postamt sei« (Sternberg) und verschied. Die Szene wurde wiederholt, un-

Vor dem Desaster: Merle Oberon faltet schon die Hände und schaut skeptisch, und auch Laughton ist nicht ganz wohl. ›I, Claudius‹ (1936).

zählige Male. Die Luft im Studio war zum Schneiden, Eisesruhe hatte sich über den Set gesenkt. Auch das Mittagessen konnte nichts helfen, und am Abend wurde die Szene ohne Ergebnis abgebrochen. Korda und Sternberg waren ratlos.

Doch die Götter hatten ein Einsehen: Noch in derselben Nacht verunglückte die spätere Mrs. Korda, Merle Oberon, mit dem Auto und zog sich leichte Verletzungen zu. Der Film wurde abgebrochen, Laughton war erlöst, Sternberg ging für einige Zeit ins »Charing Cross Hospital, Psychiatric Unit«, und die Versicherung wurde um einiges ärmer.

Was war geschehen: Angesichts des wenigen erhaltenen Materials kann man nur ahnen, daß Sternberg, ungeachtet seiner witzigen Erinnerungen an diese Dreharbeiten, die Hauptschuld an dem Debakel trägt – ein egozentrischer,

›Ein vergleichsweise mickriger Schauspieler‹: Laughton – nachdenklich – als Claudius.

selbstherrlicher Regisseur, der wie ein Feldherr Befehle gab und nicht in der Lage war, Laughton auf eine ganz normale Weise zu helfen. »Pros sind Huren, Amateure Liebhaber«, hat Laughton später einmal zu Garson Kanin gesagt – danach war Sternberg die Oberhure, die einen Sexualakt kalt und masturbierend exekutierte, während der Liebhaber Laughton vergeblich versuchte, Gefühl in die Beziehung einzubringen. Die verbliebenen Szenen jedenfalls zeigen, daß Laughton auf einem richtigen Weg war – ob er sein Ziel erreicht hätte, kann man nicht sehen. Daß Sternberg ihm aber den Weg verbaute, ließ ihn verzweifeln, unsicher werden und versagen – hinzu kam vielleicht auch ein tatsächlich vorhandenes masochistisches Potential, das bei Laughton während dieser Dreharbeiten zu einer Art Agonie führte.

Laughtons Absturz vom hohen Seil, verursacht durch die Kälte der Produktion und des Regisseurs, die schließlich zu seinem Rückzug auf ein babyhaftes Verhalten und zu einer Verweigerung der Sprache und der Erinnerungsfähigkeit geführt hatte, ließ ihn über seine Zukunft als Schauspieler nachdenken: Es schien immer mehr evident, daß er eine eigene Produktionsgesellschaft gründen mußte, um Filme mit den Regisseuren und Schauspielern zu produzieren, die an ihn glaubten und ihn mochten. Lange genug hatte sich Laughton von schlechten Büchern in die Defensive treiben und von unsensiblen Regisseuren als schwierig bezeichnen lassen – nun ergriff er die Chance, um seine Filmkarriere in eigene Hände zu nehmen: Gemeinsam mit dem deutschen Emigranten Erich Pommer und John Maxwell von den Associated British Pictures gründete er 1937 die Mayflower Pictures.

Mayflower 1937–1939

»Er ist ein Phänomen, ein ›geheimnisvoller Mann‹; das Publikum kennt ihn nicht, und selbst diejenigen, die am engsten mit der Politik der Studios verbunden sind, finden es schwer, sich über den Stand seiner Aktivitäten zu einigen ... Sein Name über einem Film steht meistens für einen Erfolg an der Kinokasse, bedeutet gleichzeitig aber auch ein Versprechen im Hinblick auf die Intelligenz eines Filmes. Er repräsentiert ein gewisses Maß an gedanklichem Aufwand sowie bestimmte Neuerungen und Kühnheiten in der Ausführung dieser Ideen; er repräsentiert einen durch viele Jahre Erfahrung im Filmgeschäft erreichten hohen Standard, mit Produkten, die sich in jedem Fall über einer gewissen Demarkationslinie bewegen«, schrieb Caroline Lejeune 1931 über Erich Pommer. Laughton hatte also einen guten Griff getan mit ihm, und die aus ihrer Partnerschaft hervorgehenden Filme hätten eigentlich, hätten sich die Prognosen bewahrheitet, überdurchschnittlich gut werden müssen.

Doch irgend etwas an ihrer Verbindung schien zu fehlen – vielleicht war es die Reibung, der Druck, den Laughton eben doch benötigte, um wirklich gute Leistungen zu bringen. Alle drei Filme, die Mayflower Pictures in den Jahren 1937–1940 herstellte, sind mittelmäßig: Selbst Hitchcock gelang mit ihnen nur eines seiner weniger gelungenen Werke. Für Laughton scheint neben der angestrebten Qualität der Filme vor allem auch etwas anderes im Vordergrund seiner Überlegungen gestanden zu haben: »Ich werde nicht mehr irgendwelche Kaiser oder geniale Personen spielen«, sagte er. »Ich mag das nicht mehr: das Außerordentliche auszustellen, anstatt das Gewöhnliche zu erleuchten. Ich halte nun nach menschlicheren Rollen Ausschau. Die Blighs und Barretts haben nun eine Zeitlang Pause.«

Also spielte Laughton im ersten Mayflower-Film *Vessel of Wrath* einen versoffenen Engländer, der auf einer Karibikinsel die Tage verschläft, den Frauen nachstellt (!) und die Missionarin Elsa Lanchester und ihren Bruder Tyrone Guthrie ty-

Die Gründung einer eigenen Firma ist beschlossen: Laughton mit J. B. Priestley und Erich Pommer (Mitte), 1938.

Die Erleuchtung des Gewöhnlichen: Laughton als Ginger Ted in ›Vessel of Wrath‹ (1938).

rannisiert. Natürlich hat er einen guten Kern, und so entspinnt sich ein bißchen »die Nonne und der Seemann«, an dessen Ende die gemeinsame Rückkehr nach England, die Gründung eines Pubs und der Auf(Ab-)stieg ins bürgerliche Leben stehen. *Vessel of Wrath,* nach einer Novelle von Somerset Maugham (Charles hatte angekündigt, die Entwicklung von Drehbuchschreibern zu fördern und Bücher guter Autoren als Vorlagen seiner Filme zu verwenden) von Pommer selbst inszeniert, ist eigentlich noch der beste der Mayflower-Filme: Das liegt vor allem an Elsa Lanchester, die hier wieder einmal beweist, daß ihre Hollywood-Unterbeschäftigung ein Jammer und völlige Verschwendung war. Laughton hingegen ist nett, doch das Quälende seiner Darstellung fehlt völlig: So ist er halt nur ein guter, aber kein überdurchschnittlicher Schauspieler. Dennoch kann man ihm die Entscheidung, solche Rollen zu spielen, nicht übelnehmen: Immer nur unter psychischem Hochdruck zu arbeiten, ist auf die Dauer vermutlich äußerst anstrengend.

Auch in *St. Martin's Lane,* dem nächsten Film der Mayflower Pictures, agiert Laughton wie auf Urlaub: Man mag zunächst kaum glauben, daß dieser Film 1938 und nicht acht Jahre zuvor entstanden ist, so etwa in der Zeit von *Bluebottles* und *Day Dreams.* Laughton spielt einen Straßenmusiker, der eines Tages die Diebin Vivien Leigh aufliest, sich mit ihr zusammentut, doch dann erleben muß, wie Rex Harrison als berühmter West-End-Producer sie ihm wegschnappt, sie berühmt macht und heiratet. Das einzig Gute an diesem wirklich vollkommen mißlungenen Film – einem erneuten Versuch Laughtons, ein Slapstick-Schauspieler zu werden – sind die nahezu dokumentarischen Anfangsszenen in den Londoner Straßen rund um die Theater des West Ends. Alles andere, inklusive der unerträglich eitlen und dummen Vivien Leigh, die so spielt, als habe sie keine Nacht vor fünf Uhr ein Auge zugetan (was vermutlich wahr ist: sie war gerade frisch in Laurence Olivier verliebt), ist so, wie man sich von Pommer wirklich keinen Film erhofft hatte.

St. Martin's Lane bedeutete für Elsa auch einen weiteren Bruch in ihrer über die Jahre hin relativ stetigen Beziehung

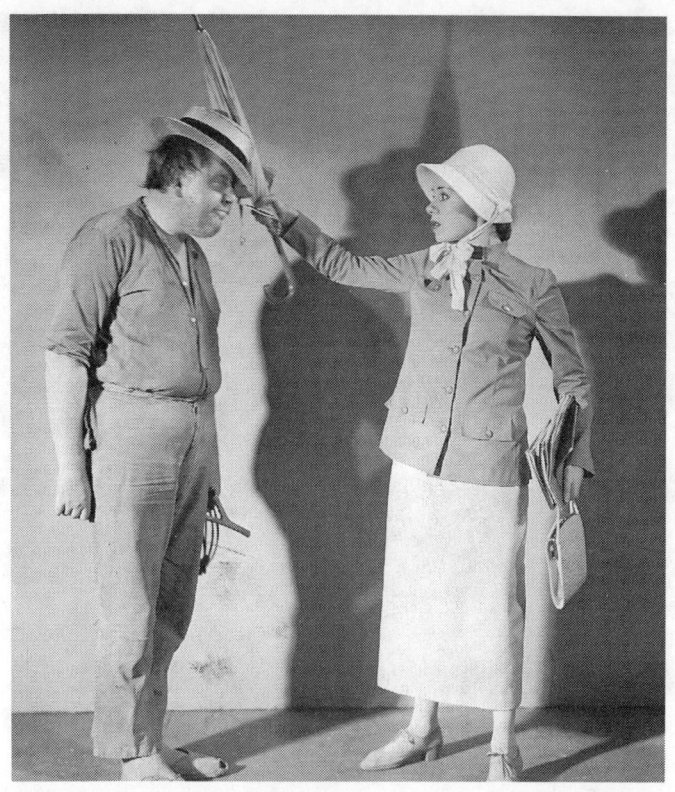

Elsa, wohl wissend, daß sie im nächsten Film die Hauptrolle verliert, zieht ihrem Gatten eins über. ›Vessel of Wrath‹ (1938).

zu Charles: Denn eigentlich war sie für die Rolle der Liberty ausgesucht worden, doch Charles tauschte sie, als sich über Vivien Leigh eine Finanzierung des Films ermöglichen ließ, wie ein hartgesottener Produzent aus. Die Ehe von Elsa und Charles, ohnehin nur mehr ein Arrangement unter Freunden, hatte danach wohl eine ganze Zeit lang nicht einmal mehr diese Basis – und das aus gutem Grund.

Mit *Jamaica Inn* schienen Laughton und Pommer zunächst einen guten Griff getan zu haben: Als Regisseur hatten sie Al-

›St. Martin's Lane‹ (1938): Das einzige, was stimmt in diesem Film, sind die Straßenszenen aus Londons ›West End‹.

fred Hitchcock verpflichten können, die damals größte Hoffnung der englischen Filmindustrie, um die sich der amerikanische Filmmarkt in Person von David O. Selznick heftigst bewarb. Doch dann war auch dieser vermeintliche Coup ein Flop: Hitchcock hatte aus unerfindlichen Gründen den Vertrag unterschrieben, bevor er das Buch von Daphne du Maurier gelesen hatte. Alle Versuche, nach der Lektüre von der Regie entbunden zu werden, waren vergeblich, und so mußte »Hitch« am Ende doch in den sauren Apfel beißen – was er mit so großem Widerwillen tat, daß man es dem Film überdeutlich anmerkt. Zudem gab es große Probleme mit dem Buch: Die Rolle von Laughton mußte umgeschrieben werden, er sollte der Bösewicht werden, was aber mit anderen Elementen der Geschichte nicht übermäßig gut korrespondierte. Hitchcock meint sogar, es wäre völlig absurd gewesen, den Film mit Laughton als Friedensrichter zu drehen. Nachdem J. B. Priestley auch noch an Laughtons Rolle gefeilt hatte, war endgültig alles verdorben – schließlich kam noch hinzu, daß Hitchcock und Laughton während der Dreharbeiten größte Probleme miteinander hatten. Wieder einmal gab es den »Pro« und den Amateur: »Als wir den Film begannen, bat Laughton mich, erst nur Nahaufnahmen von ihm zu machen, weil er noch nicht heraushatte, wie er sich am besten bewegte, wenn er durch die Dekorationen ging«, erzählte Hitchcock später Truffaut. »Nach zehn Tagen kam er an und sagte: ›Ich hab's.‹ Und er trippelte, sich in den Hüften wiegend, und pfiff dazu einen kleinen deutschen Walzer (›Aufforderung zum Tanz‹ von C. M. von Weber), der ihm wieder eingefallen war und der ihn zum Rhythmus seines Gangs inspiriert hatte. Mir war das nicht seriös genug. Ich arbeite lieber anders. Eigentlich verstand er nichts vom Film.«

Um ehrlich zu sein: *Jamaica Inn* sieht auch tatsächlich mehr wie ein verfilmtes Theaterstück aus, und Laughton wirkt mit seiner falschen Nase, seinen falschen Augenbrauen und seiner gezierten Art wie Cyrano, der sich in ein falsches Jahrhundert und in einen falschen Film verirrt hat. Das einzig wirklich Erfreuliche für Laughton und den Film war seine Begegnung mit Maureen O'Hara, einer gerade achtzehnjährigen, rothaarigen, irischen Schauspielerin, die die erste seiner »adoptierten« Töchter werden sollte. Sie war das Kind, das Laughton nicht selbst bekommen konnte. Hier konnte er den Vater spielen, der er so gerne hätte sein mögen. Wie später Deanna Durbin und Margaret O'Brien nahm er nun Maureen O'Hara unter seine Fittiche, brachte ihr all sein Wissen uneigennützig bei und verschaffte ihr Jobs: den ersten gleich bei seinem nächsten Film, *The Hunchback of Notre Dame*.

Mayflower Pictures hatte ihr Ende schon nach drei Filmen erreicht: Der erste Versuch von Charles, als Produzent selbst über seine Rollen zu bestimmen und seine Karriere in eigene Hände zu nehmen, war gescheitert. Zwar brachte *Jamaica*

Nach dem Schiffbruch mit der ›Mayflower‹ versucht sich Laughton (mit Elsa) als Kapitän eines kleineren Schiffes – mit dem beziehungsreichen Namen ›Horizon‹ ...

Inn noch einen beachtlichen Zuschauerzulauf, doch retten konnte auch dieses Geld die Firma nicht mehr: So nahm Laughton, vermutlich nicht ganz ohne Erleichterung, ein

Hollywood-Angebot an, mit dem auch seine Produzenten-schulden bezahlt werden konnten, bestieg gemeinsam mit Maureen O'Hara und ihrer Mutter ein Schiff und war auf und davon nach Amerika. Nomen est omen: Wie einst die Reisen-den der »Mayflower« wanderten Pommer und Laughton im Laufe der nächsten Jahre in die USA aus.
Mayflower Pictures hingegen sank unbeachtet und unbetrau-ert auf den Grund der britischen Filmindustrie.

... oder gleich als Skifahrer: da fällt man wenigstens weich!

Pacific Palisades 1939–1946

Schon einmal hatte Victor Hugo Laughton Glück gebracht, und wie in *Les Misérables* so war es auch diesmal mit *The Hunchback of Notre Dame.* Der Quasimodo war nach einigen Filmen mit wenig herausfordernden Rollen wieder eine jener gequälten Seelen, ein deformierter Charakter, häßlich, ungeliebt und einsam – eine perfekte Rolle für Laughton, so scheint es. Dennoch sollte es Laughtons letzte Rolle von diesem Zuschnitt sein: Er hatte genug vom Leiden, genug vom psychoanalytischen Wühlen in der eigenen Psyche. Seine Schuld war abbezahlt nach all den Jahren, nun wollte er endlich humanere Rollen, menschlichere Antlitze darstellen, ohne Qual und ohne das Verlangen, das Innere seines eigenen Charakters nach außen kehren zu müssen.

The Hunchback, den der Reinhardt-Schüler und -Schauspieler William Dieterle inszenierte, war die fünfte Verfilmung von Hugos Roman – und mit Lon Chaney hatte sich schon einmal ein Schauspieler als Quasimodo unsterblich gemacht. Doch wo Chaney mehr das Monster war, war Laughton viel eher der Mensch: eine arme Kreatur, die unter der Bürde ihres Lebens leidet, mehr Tier als Mensch, doch mit menschlichen Zügen. Die Dreharbeiten waren für Laughton eine jener Quälereien, die ihn bis an die Grenzen seiner physischen und psychischen Belastbarkeit führten: Das begann mit der mehrstündigen Make-up-Sitzung am Morgen, die ihn zu Quasimodo transformierte, und setzte sich fort mit dem Gewicht des Buckels, den Laughton den ganzen Tag über durch das Studio schleppte. Wieder einmal lebte Charles die Quälereien seiner Rolle auch im Leben aus: Er tyrannisierte seinen Maskenbildner Perc Westmore, ließ sich aber auch von diesem bereitwillig hassen. Alles hatte begonnen mit einer unbedachten Bemerkung von Westmore, als Charles das Gewicht des Buckels immer schwerer haben wollte: »Warum spielen Sie's nicht einfach?« fragte Westmore, worauf Charles an die Decke ging, und es endete damit, daß Westmore seinen wehrlosen Schauspieler mit einer Flasche Seven-up übergoß

Eine Vater-Tochter-Beziehung: Laughton mit Maureen O'Hara auf dem Weg nach Amerika, zu › The Hunchback of Notre Dame ‹ (1939).

und ihm in den Hintern trat. Auch mit Dieterle verband Laughton eine Haßliebe: Dieterle, der wie Sternberg einen leicht zynischen Unterton pflegte und obendrein weiße Handschuhe trug (um sich die Hände nicht schmutzig zu machen mit diesem Beruf, wie die Legende sagt), genoß es wohl auch gelegentlich, mit den masochistischen Tendenzen von Charles zu spielen. Dennoch ist *The Hunchback* ein sehr bewegender Film mit einer großen schauspielerischen Leistung von Charles, die bis an die Grenzen des auch für einen Zuschauer Erträglichen geht. Schauspielerische Leistung scheint in diesem Zusammenhang das falsche Wort, denn eher ist es die Röntgenaufnahme einer Person, der man hier beiwohnt. Wie schmerzhaft diese Röntgenaufnahme manchmal sein konnte, erzählt Curt Bois, der bei *The Hunchback* als Statist mitwirkte: »Wir wurden nachts an einen Drehort außerhalb des Studios bestellt. Laughton mußte eine enge, dunkle Gasse hinunterlaufen. Neben der Kamera wartete geduldig ein Kleindarsteller-Pferd. Laughton hatte nur zu laufen. ›Bill‹, sagte er zu Wilhelm Dieterle, ›I've got to get into the mood for running.‹ ›Yes, of course Charles, get into the mood.‹ Zehn Minuten später fragte Dieterle vorsichtig: ›Charles? Are you in the mood now?‹ ›Yes, Bill, I think so.‹ Dieterle: ›Action!!‹ Laughton stürmte los. Das geduldige Kleindarsteller-Pferd drehte durch, raste davon und zerschmetterte die Kamera und die Scheinwerfer. Das Skriptgirl brach sich den Arm. Die Aufnahmen mußten abgebrochen und wir eine Woche länger beschäftigt werden.«

Zu den gewöhnlichen Selbstquälereien, mit denen Charles der Rolle Herr zu werden versuchte, kamen diesmal weitere äußere Einflüsse hinzu: »Als England und Frankreich dem Dritten Reich den Krieg erklärten, herrschte eine nahezu unerträgliche Anspannung auf dem Set. Die Szene, in der Quasimodo die Glocken für Esmeralda (wieder Maureen O'Hara, Laughtons Entdeckung aus *Jamaica Inn*) läutet, eine der wichtigsten Szenen der Geschichte, war eigentlich als eine Art Liebesszene zwischen den beiden geplant, doch dann entwickelte sie sich zu so etwas Mächtigem, daß jeder, ich auch, vergaß, daß wir einen Film drehten«, schrieb Dieterle später. »Laughton ließ die Glocken noch läuten, als die Szene längst vorbei war. Schließlich brach er ab, völlig erschöpft. Niemand sprach, niemand regte sich. Erst in seiner Garderobe brach es aus Charles heraus: ›Ich konnte überhaupt nicht an Esmeralda denken in dieser Szene. Ich dachte nur an diese armen Menschen dort draußen, die diesen beschissenen Krieg führen müssen. Ich wollte die Welt aufwecken, um diese schreckliche Abschlachterei zu beenden. Erwache, erwache! Das war es, was ich fühlte, als ich die Glocken läutete.‹«

Wie in jedem Film Laughtons mit einer geistig oder körperlich gehandicapten Hauptfigur, so schien Laughton auch hier wieder seine »moralischen Sünden« zu büßen – für lange Zeit zum letzten Mal. Von nun an sollte er die Schauspielerei mehr wie ein Spiel betreiben, nicht wie eine Zurschaustellung eigener Gefühle. Sie war nun eher ein Experiment zur technischen Verbesserung der vorhandenen Fähigkeiten als eine psychoanalytische Erforschung der eigenen Fehler und Defekte. Laughton das Monster gehörte der Vergangenheit an, nun gab es Laughton, den liebenswerten, etwas bizarren Künstler.

Wenigstens die meiste Zeit.

Am 10. September 1940 donnerte eine Junkers 88 in Laughtons Haus am Gordon Square und beschädigte es irreparabel. Charles gab sich zwar patriotrisch: »Ein glorioses Ende für

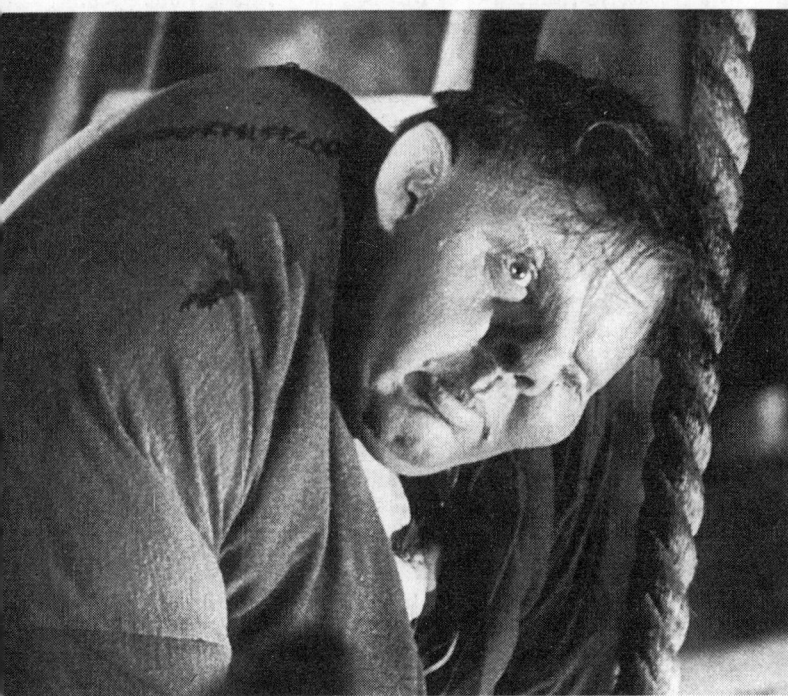

›The Hunchback of Notre Dame‹: eine arme, leidende Kreatur auf der Suche nach Zuneigung und Liebe.

das Haus«, doch mag dieser Verlust seinen inneren Abschied von England beschleunigt haben: Immer mehr betrachtete Charles die USA als seine neue Heimat.

Trotz seiner Amerikanisierung spielte Charles auch in der Folgezeit zunächst vornehmlich Europäer: in *They Knew What They Wanted* einen Italiener, den Weinbauern Tony Patucci. *They Knew What They Wanted*, von dem damals 27jährigen Garson Kanin, einem kurzlebigen Hollywood-Wunderkind, inszeniert, war der erste jener Filme, die Charles als leichtes Mittel zum Geldverdienen betrachtete. Dennoch gab er sich noch einmal redlich Mühe, seine Figur glaubhaft darzustellen: Er umgab sich nur noch mit Werken italienischer Maler, hörte italienische Musik und sprach italienisch. Nachts kletterte er am Drehort mit Kanin in die Weinberge, um dort das richtige Gefühl für die Rolle zu bekommen. Doch alle Anstrengungen waren umsonst: Kanin und Laughton bekamen während der Dreharbeiten große Probleme miteinander, Carole Lombard, William Gargan und Laughton konnten sich nicht ausstehen, und Produzent Pommer erwies sich – aller Freundschaft zum Trotz – erneut als schlechtes Omen. Kanin schrieb später über Laughton: »Laughton genoß es nicht, schwierig zu sein, weil es die anderen durcheinanderbrachte, sondern weil es ihn zu etwas Besonderem machte, zum Zentrum der Aufmerksamkeit.« William Gargan meinte dazu: »Er war der schwierigste Mann, mit dem ich je gearbeitet habe. Ein eingefleischter Szenen-Dieb, doch ohne den Charme eines Barrymore (oder dessen Talent), focht und kämpfte er um jeden Zentimeter Zelluloid. Laughton brauchte keine Regieanweisungen (er wußte es besser!), und so nahm er auch keine Regieanweisungen entgegen (vor allem von einem Amerikaner!).« Kanin ergänzt: »Charles eine Regieanweisung zu geben, war, als ob man ihm einen Schierlingsbecher reichen würde.« Fast scheint es, als hätte der Ruf, der Charles inzwischen vorauseilte, den Blick für die tatsächliche Realität der Dinge ein wenig getrübt. Jahre später soll Kanin bei einer Party auf die Frage, wie man mit schwierigen Schauspielern umgeht, gesagt haben: »Niemals die Kontrolle verlieren, nicht eine Sekunde lang. Man muß

Laughton à l'Italiana: als Tony Patucci (mit William Gargan) in › They Knew What They Wanted‹ (1940).

sie wissen lassen, daß sie entweder das tun werden, was man von ihnen fordert, oder daß sie gefeuert werden. Das ist die einzige Chance.« Charles, ebenfalls anwesend, soll gefragt haben: »Und warum haben Sie's nicht so gemacht?«

Nach den Dreharbeiten von *They Knew What They Wanted* waren Elsa und Charles aus dem Hotel »The Garden of Allah« in ein kleines Haus in Brentwood gezogen, umgeben von einem japanisch anmutenden Garten mit exotischen Pflanzen, in dem Charles seine Liebe zur Natur und zu Blumen exzessiv ausleben konnte. Auch seine Leidenschaft für Gemälde erlebte in diesem Haus einen neuen Aufschwung: In einem Brief an seinen Galeristen Albert S. Barnes schrieb Laughton: »Das Haus verträgt keine schweren Bilder – Cezanne und Renoir würden die ganze Sache dürftig aussehen lassen. Doch scheint es ganz hervorragend geeignet für Matisse, Gauguin, Dufy und vermutlich auch für Utrillo. Ich versuche nun aber nicht, Ihnen einen Matisse und einen Gauguin zu entlocken, ich versuche nur, Ihnen einen Eindruck von der Atmosphäre dieses Hauses zu geben.« Barnes reagierte sofort: Er lieh Laughton zwanzig Gemälde und Zeichnungen, unter anderem von Utrillo, Soutine und Vlaminck, mit denen die Laughtons dann schon 1941 in ein anderes Haus auf den Klippen der Pacific Palisades zogen, in dem sie die nächsten acht Jahre leben sollten. Auch die Ehe von Charles und Elsa hatte sich auf einem angenehmen, vertrauten Level eingependelt: Elsa war Charles' bester Freund, der Mensch, mit dem er alles besprechen und diskutieren konnte, der ihn tröstete, wenn er unglücklich war, und sich mit ihm freute, wenn er euphorisch war. Sie teilte mit ihm seine Liebe zur Natur – wie er pflegte und bepflanzte sie die jeweiligen Gärten ihrer Häuser und holte sich dort Entspannung von den Problemen des Lebens, zu denen ganz sicher für sie noch immer die Homosexualität ihres Mannes gehörte. Doch auch in diesem Punkt hatte sich die Situation entspannt: Seit einigen Jahren hatte Charles immer wieder Beziehungen zu Männern entwickeln können, die ihm untergeben waren – vornehmlich seine Masseure. Wie weit diese Beziehungen auch das Sexuelle betrafen, ist relativ unklar, zumal sie sich meistens im Lichte der Öffentlichkeit, d. h. während irgendwelcher Dreharbeiten, abspielten – doch für Charles waren sie ein erster Schritt zur Normalisierung seiner Verhältnisse, zu einem gelasseneren Umgang mit seinen eigenen Problemen. 1941 schließlich lernte Charles einen jungen Schauspieler kennen, der bei Charles Higham unter dem Pseudonym David Roberts geführt wird: Mit ihm scheint sich zum ersten Mal eine tatsächliche Beziehung entwickelt zu haben, die über die platonische Liebe hinausgehend auch die sexuellen Probleme von Charles regelte. Daß Elsa diese Beziehung, die offensichtlich fast zwei Jahrzehnte dauerte und dabei verschiedene Stadien durchlief, dulden und tolerieren konnte, zeigt, wie weit sie sich innerlich von Charles als Lebenspartner entfernt hatte und ihn nur noch wie einen guten Freund betrachtete. Jeder lebte nun sein eigenes Leben, und wenn sich die beiden Leben berührten, dann kamen sie damit gut zurecht. Auch Elsa fand 1941 einen neuen Lebensmittelpunkt: Durch Vermittlung der Autorin Helen Deutsch erhielt sie Zugang zum Turnabout Theatre. Das Turnabout war gerade von drei jungen Männern – Brandon, Burnett und Brown, den Yale Puppeteers – gegründet worden und verband Puppenspiele mit Live-Auftritten von Schauspielern und Sängern. Elsa, die in der dritten Woche nach der Theatergründung zum erstenmal auftrat und ursprünglich nur für zwei Wochen engagiert war, blieb schließlich zehn Jahre. Endlich hatte auch sie etwas gefunden, was ihr den Abschied von

Charles Laughton und Deanna Durbin: wieder eine Vater-Tochter-Be-
ziehung, die es Laughton überdies erlaubt, seine babyhaften Züge
auszuleben. ›It Started with Eve‹ (1941).

England erleichterte und ihr den Glauben an die eigene Persönlichkeit zurückgab.

Mit *It Started with Eve,* seinem nächsten Film, fand Charles einen neuen Tochter-Ersatz: An die Stelle von Maureen O'Hara trat Deanna Durbin, die meinte: »Dank Charles habe ich entdeckt, daß Filmemachen lustig sein kann, und ich verlor all meine Angestrengtheit und entdeckte, daß Hollywood und das Filmemachen nicht die wichtigsten Dinge auf der Welt waren.« Laughton und Durbin – und Regisseur Henry Koster, dem Laughton abends wegen dessen Ausgehverbot (er war Österreicher, und es war Krieg) oftmals vorlas – scheinen während der Dreharbeiten ungeheuren Spaß gehabt zu haben: Das sieht man dem fertigen Film zwar an, doch der Spaß springt leider nicht immer auf den Zuschauer über. Für Charles bot die Rolle des reichen Jonathan Reynolds jedoch wieder einmal die Möglichkeit, seine babyhaften Züge auszuleben. *It Started with Eve* ist wegen vieler kleiner Manieriertheiten und komischer Einlagen der beiden Hauptakteure jedoch auch heute noch ganz amüsant.

Das kann man leider von Laughtons nächstem Film, *The Tuttles of Tahiti,* nicht sagen, bei dem Curt Bois Henry Koster als »Opfer« von Charles' Lesungen ersetzte. Laughton lernte bei diesem Film Victor Francen kennen, mit dem zusammen er auch in *Tales of Manhattan* spielte. *Tales of Manhattan,* ein Episodenfilm, unter der Regie des Franzosen Jules Duvivier entstanden, gehört noch zu den besten jener Filme, die Laughton augenscheinlich nur wegen des Geldes gemacht hat: Er hat den Charme von *If I Had a Million,* und Charles und Elsa als Musiker-Ehepaar spielen mit dem intuitiven Verständnis, das sie schon in *Henry VIII* ausgezeichnet hatte.

Mehr Interesse als seinen Filmen wandte Charles ab 1942 – der Zweite Weltkrieg war in vollem Gang – seinen Lesungen zu, die er in den Dienst der Kriegspropaganda stellte. Laughton las im Birmingham Hospital vor Soldaten und Verwundeten: Werke von Thurber, Dickens und Shakespeare, ein Gedicht von Marvell, Auszüge aus der Bibel und am Ende, natürlich, die Rede Lincolns aus Gettysburg. Charles und Elsa veranstalteten eine große Benefiz-Party für einhundertfünf-

Die beiden Dirigenten: Laughton mit Victor Francen in ›Tales of Manhattan‹ (1942).

zig britische Soldaten, bei der auch Deanna Durbin auftrat, und Laughton ließ sich schließlich für eine Tour zum Verkauf von Kriegsanleihen anwerben. Mehrere Wochen lang zog er ab August 1942 durch Amerika, las, zusammen mit anderen Schauspielern, vor Tausenden von Menschen und verkaufte ihnen im Anschluß an die Lesung Anleihen – gelegentlich, wie am 30. September, als Charles über Radio WEAF in New York moderierte, betrugen die Einnahmen eines Tages 298.000 Dollar. Am 1. September nahm Charles an einer großen Protestkundgebung auf dem Times Square teil: Drei Särge mit den Aufschriften »Hitler, Mussolini und Hirohito«

Mit stierem Blick aufs Kriegsgeschehen: Walter Brennan, Robert Taylor, Brian Donlevy und Laughton in ›Stand by for Action‹ (1943).

wurden aufgestellt, und eine große Menschenmasse drängelte sich darum, Nägel zu kaufen und diese in die Särge zu schlagen. Laughton war Zeremonienmeister dieser Veranstaltung und erster Nagelschläger – bei Hitlers Sarg. Für Laughton scheinen diese Auftritte ein größeres Vergnügen gewesen zu sein als die meisten seiner Filme: Endlich konnte er die Menschen wieder direkt erreichen, konnte sehen, wie sie reagierten, ob sie ihn mochten oder ablehnten. Die War-Bond-Tour war für Charles wie der Sprung in einen Jungbrunnen: Gereinigt und gefestigt stieg er daraus hervor.

Angesichts dieser Aktivitäten gegen den Krieg (und gegen den Nationalsozialismus) ist es nicht weiter verwunderlich, daß Charles auch bei seinen Filmangeboten darauf achtete, die einmal eingeschlagene Tendenz fortzusetzen. Sieht man von *The Man from Down Under* ab, einem Film, den man sowieso besser schnell vergißt, so ist ihm das auch gelungen – wenngleich nicht immer mit größtem Erfolg. *Forever and a Day,* erneut ein Episodenfilm, war der Versuch, mittels der nostalgischen Beschwörung des alten England Sympathie und Interesse für das gegenwärtige, unter Kriegsbeschuß stehende Großbritannien zu wecken. Charles spielte darin seinen zweiten Butler: diesmal einen, der ständig leicht betrunken ist. Auch *Stand by for Action* nimmt direkt Bezug auf den Krieg, wenn auch in so lächerlicher Weise, daß Bosley Crowther empört schrieb: »Dies ist eine dieser albernen Heldensagas, die unsere kämpfenden Männer beleidigt!« Ehrlich gesagt, es stimmt: Charles wirkt so unrealistisch und albern, wenn er sich von seinem Schreibtisch direkt auf die hohe See begibt, um dort Heldentaten zu vollbringen und Babys aus brennenden Schiffen zu retten, daß man den Film höchstens

Gleich zwei dicke Kater auf einem Bild.

als Klamotte, nicht aber als ernstgemeinten Beitrag zur allgemeinen Wehrfähigkeit ansehen kann. Erst mit dem dritten Versuch gelang Charles ein wirklich bewegender, wenn auch in seiner Humanität leicht unrealistisch wirkender Film: *This Land Is Mine* von Jean Renoir.

Als Laughton das Dudley-Nichols-Skript von RKO zugeschickt bekam, reagierte er sofort: »Was für eine hinreißende Aufgabe für einen müden, alten Schmierenkomödianten«, stand in seinem Telegramm an die Produktion. *This Land* gab Laughton auch die Gelegenheit, mit Jean Renoir zusammenzuarbeiten, den er seit Jahren kannte und bewunderte. Ihm und Henry Koster hatte er in den vergangenen Jahren mit seinen Lesungen Shakespeare nahegebracht. Renoirs Köchin und Hausdame Gabrielle hatte Laughton den Beinamen »der dicke Kater« gegeben, was ihm sehr gefiel. Renoir schrieb über den »dicken Kater«: »Charles Laughton wirkte wie ein Baby, aber dieses Baby konnte, wenn es sein mußte, zu einem erleuchteten Wissenschaftler werden. Trotz seiner unübersehbaren Leibesfülle hatte man den Eindruck eines asketischen, von der Bedeutung seiner Botschaft aufgezehrten Propheten. Er stieg in die Situationen, in die sein Beruf ihn stellte, so total ein, daß schon die leiseste Unterbrechung quälend für ihn war. Oft schaute er bei uns herein, um Details der Rolle zu besprechen. Zuweilen wurde er, wenn er sich gerade in einer Tirade verlor, vom durchdringenden Gekläff unserer beiden Wauwaus unterbrochen. Das verursachte ihm physische Schmerzen. Er haßte die Hunde. Ein anderes Folterinstrument war für ihn eine ländliche Standuhr, deren schepperndes Schlagen ihn aus seinem anderen Ich holte. Diese Standuhr war auch noch so geschmacklos, die volle Stunde zweimal zu schlagen ...«

Die Zusammenarbeit von Laughton und Renoir wurde dann erwartungsgemäß außerordentlich fruchtbar, zumal Laughton auch zu seinen Mitspielern (wieder einmal Maureen O'Hara sowie George Sanders und Walter Slezak) guten Kontakt fand. Slezak erzählt in seinem hinreißenden Buch »Wann geht der nächste Schwan« ausführlich über seine Begegnung mit Laughton: Schon auf der Reise nach Kalifornien hatten

Der müde, alte Schmierenkomödiant denkt nach: ›This Land Is Mine‹ von Jean Renoir (1943).

sie sich im Zug kennengelernt, gemeinsam ein Museum besucht und beim Anblick eines Gemäldes von Seurat begeistert aufgeseufzt. »Die beste Art, dieses Bild anzusehen, ist
von unten«, hatte Laughton entschieden, und so fand sich der
dicke Slezak mit dem noch dickeren Laughton gemeinsam
auf dem Fußboden wieder …
Auch im Zug hatte Laughton für Aufsehen gesorgt: »Laughton bestellte Weine – edle Jahrgänge, die man vielleicht bei
Chambord, im ›21‹ oder bei Voisin finden mochte. Der Kellner, völlig verstört, starrte ihn an und wiederholte immer wieder: ›Wir haben Chresta Blanca weiß, und wir haben Chresta
Blanca rot.‹« Nachts las Laughton dann Slezak das gesamte
Drehbuch vor, einschließlich Slezaks Rolle, weinte und war
begeistert, und Slezak schrieb: »Ich war fasziniert, denn es
dämmerte mir, daß ich hier einen der seltenen Menschen vor
mir hatte, bei dem Wahrheit und Dichtung, Realität und Ein-

bildungskraft völlig ineinanderflossen. Hier war ein großer Mann und ein großer Komödiant: Dieser Mann mußte einfach Komödie spielen, er mußte andauernd eine Vorstellung geben, aber nicht in der billigen und einfachen Weise, in der Schmierenkomödianten sich ständig vordrängen. Charles Laughton lebte sein unglaubliches Leben auf einer viel höheren und intellektuelleren Ebene.«

Während der Dreharbeiten war Laughton dann offensichtlich so, wie ihn jeder liebte: konzentriert und selbstvergessen, gleichzeitig aber auch hilfsbereit, kollegial und überfließend in seiner Zuneigung. Slezak erzählt: »Ich spielte eine Szene mit George Sanders und hatte einen schlechten Tag. Wir probten und probten. Ich sah, daß die Elektriker im Dachsparren sich Zigaretten anzündeten und sich offenbar auf eine lange Pause vorbereiteten. Gerade in diesem Augenblick kam Laughton in die Kulisse. Ich entschuldigte mich und ging zu ihm. ›Charlie, bitte lies mir diese Szene vor!‹ Sein Gesicht leuchtete auf. Er grinste wie eine vergnügte Cheshire-Katze. ›Was ist los? Kein Talent?‹ ›Gar keins – heute!‹ sagte ich, ›bitte lies.‹ Er tat es. Ich ging zurück, und wir drehten die Szene – ein einziges Mal. Als ich Laughton dankte, sagte er: ›Natürlich, mein Junge, man kann das auf verschiedene Art machen‹, und er las die Szene noch dreimal ... – jedesmal in einer anderen Interpretation, mit einer neuen Charakterisierung. Ich war bereit, meine Mitgliedskarte an die Schauspielergenossenschaft zurückzugeben.« Charlie, der Zauberkünstler, der »dicke, schnurrende Kater«: das wurde – neben dem besessenen Künstler, der so mit den abstrakten Problemen des Seins beschäftigt ist, daß er die Tagesaktualitäten nicht mehr beachten kann – in den nächsten Jahren zur Lieblingsrolle von Laughton. Daß Laughton wirklich ein besessener Schauspieler war und diese Besessenheit, wenn die Arbeit gut lief und Spaß machte, auch von allen anderen Schauspielern annahm, beschreibt Slezak mittels eines anderen Vorfalls: »Wir hatten eine lange und schwierige Szene vor uns. Sie spielte im Gefängnis, wo Laughton der Gefangene war und ich, der Nazioffizier, ihm die Philosophie des Dritten Reiches zu erläutern hatte. Als wir im Studio die Szene drehten und es zu meiner Nahaufnahme kam, bestand Laughton darauf (obwohl er nicht in diesem Bild war und bloß neben der Kamera saß und mir die Stichworte gab), daß ein Licht in sein Gesicht scheinen müsse. ›Walter muß meine Augen sehen‹, erklärte er. Es war eine enge Dekoration, und ein Licht, das in seine Augen fiel, wäre auch in die Linse der Kamera gefallen. Die Kulissen mußten auseinandergenommen und eine Abteilung für Scheinwerfer gebaut werden, die nur seine Augen beleuchteten. Ich begann meine Nahaufnahme, die eigentlich ein Monolog war, und sah, wie Laughtons Augen sich mit Tränen füllten. Er hielt eine Hand gegen den Mund, um nicht laut aufzuschreien. Sein Gesicht verzerrte

Ein erneutes idealisiertes Selbstporträt, diesesmal sogar mit Mutter (Una O'Connor): Laughton in ›This Land Is Mine‹.

sich, und als die Szene vorüber war, sank er mit einem Stöhnen im Stuhl zusammen. Ich rannte zu ihm. ›Charlie, was ist los?‹ Ich glaubte, er habe Schmerzen. Er sah auf – erschöpft, erledigt – und flüsterte mir zu: ›Ach, mein Junge, es ist ja so schwer, schlicht zu bleiben!‹«

This Land Is Mine beweist, daß Charles, wenn er das Filmemachen wieder einmal ernst nahm, sehr wohl noch zu ganz außergewöhnlichen Leistungen fähig war – auch wenn er sich nicht, wie beim Quasimodo, quälen und selbst bestrafen mußte. Als Albert Lory spielt Laughton wohl, wie schon in *Rembrandt,* ein teilweise idealisiertes Selbstporträt: ein dikkes Baby, abhängig von seiner Mutter (Una O'Connor, die laut Simon Callow eine Ähnlichkeit mit Elizabeth Laughton aufweisen soll), unfähig, seine geheimsten Gefühle auszudrücken, gefangen in Abhängigkeiten, Schuldgefühlen und Selbstmitleid, doch letztendlich in der Lage, aus all dieser Weichlichkeit zu einer wahren Menschlichkeit und einer Übergröße zu wachsen. Laughton mußte sich nicht mehr – wie noch in *Hunchback* – mit seiner Schuld herumquälen; er hatte sich augenscheinlich akzeptiert und war nun in der Lage, sich so darzustellen, wie er tatsächlich war. Für diese These spricht auch die Tatsache, daß er seine berühmte Exzentrizität immer weniger aufblitzen ließ: Er hatte es nicht mehr nötig, darauf hinzuweisen, daß er etwas Besonderes war – jeder konnte es sehen, auch ohne durch exzentrisches Verhalten darauf hingewiesen zu werden. Jeder sah, daß Charles Laughton die Telefonnummer vom lieben Gott in der Tasche hatte – oder wie Slezak es formuliert: »Ich bin sicher, Laughton hatte sogar Gottes Geheimnummer!«

Auch im Privatleben hatte Laughton in den vierziger Jahren die Nummer vom lieben Gott in der Tasche: Seine Beziehung mit David Roberts scheint sich auf einem glücklichen Höhepunkt befunden zu haben, und auch die Freundschaft mit Elsa war noch immer ungebrochen. Die Freundschaften mit Henry Koster, den Renoirs, bei deren Hochzeit Laughton Trauzeuge war, und mit Deanna Durbin und Maureen O'Hara gaben Charles das Gefühl, verstanden und geliebt zu werden, und sie ermutigten ihn, immer eindeutiger zu sich selbst zu finden, da er sah, daß man ihn so akzeptierte, wie er war. Völlige Entspannung fand Laughton weiterhin in seinem Garten, den er inzwischen mit einer großen Sammlung mexikanischer und vorkolumbianischer Kunst bestückt hatte. Nur die Tatsache, daß 1944 große Teile des Gartens abrutschten und auf eine tiefer gelegene Straße fielen, löste bei Charles Gereiztheit und üble Vorahnungen aus ...

Denn die berufliche Entwicklung hielt nicht ganz mit der des Privatlebens mit: Laughtons Filme waren keine kommerziellen Erfolge mehr gewesen, seine ehemals hohen Jahresgagen (hunderttausend Dollar) sanken fortwährend, und das Studio und sein Boß, Louis B. Mayer, trachteten danach, ihn vor allem in eher unbedeutenden Filmen zu beschäftigen, bei denen sich das finanzielle Verlustrisiko gering hielt. 1944/45 waren das die Filme *The Canterville Ghost,* nach einer Erzählung von Oscar Wilde, unter der Regie von Jules Dassin, *The Suspect* mit Robert Siodmak als Regisseur, und *Captain Kidd,* ein B-Picture unter der Regie eines gewissen Rowland V. Lee.

The Canterville Ghost, in dem Laughton den unglücklichen, kettenrasselnden Geist spielte, war eine der ersten Regiearbeiten des jungen Jules Dassin, der nach einer Woche Norman Z. McLeod abgelöst hatte. McLeod war an Charles, der seine Unlust an diesem Film nur schwer verbergen konnte, verzweifelt und hatte das Handtuch geworfen. Mit Dassin kam Laughton nun viel besser zurecht – wieder einmal funktionierte eine Beziehung nach dem Muster Vater/Sohn (normalerweise Vater/Tochter), was Laughton offensichtlich ein Lehrer-Schüler-Gefühl gab und ihn seinen Unmut über das Filmemachen vergessen ließ. In *Captain Kidd* gab Laughton ein Revival seines Captain Bligh, wenn auch in abgemilderter Form und in einem Film, der seiner Leistung leider nicht gewachsen war. Der beste dieser drei »Filme zum Geldverdienen« war *The Suspect.* Robert Siodmak erzählt über seine Arbeit mit Laughton: »Ein Freund von mir, ein Regisseur, der auch einmal einen Film mit ihm gemacht hatte, warnte mich, daß Laughton unberechenbar sei und mir eines Tages eine fürchterliche Szene machen würde. Dann würde er behaup-

*Ein doppeltes Vater/Kind-Gefühl: mit ›Tochter‹ Margaret O'Brien in
›The Canterville Ghost‹ von ›Sohn‹ Jules Dassin (1944).*

ten, daß er sich in der Konzeption der Rolle völlig geirrt
hätte. Laughton und ich fingen an zu arbeiten. Zwei Wochen
vergingen in wundervoller Harmonie. Eines Tages segelte er
auf mich zu. Er war ganz blaß und stand mit verkrampften
Händen vor mir. ›Robert‹, sagte er, ›wir haben alles falsch gemacht!‹ Natürlich wollte er nur von mir hören, daß wir auf
dem richtigen Weg seien. Ich sprang von meinem Stuhl und
schrie ihn an: ›Bist du verrückt geworden! Zwei intelligente
Menschen wie du und ich irren sich nicht!‹ Ich steigerte mich

absichtlich in einen beinahe hysterischen Ausbruch hinein, um ihm keine Zeit zu geben, mit mir zu argumentieren. Er war völlig verstört. Er bat mich inständig, ich sollte mich beruhigen. Später gab er ein Interview, in dem er behauptete, ich sei der hysterischste Regisseur, mit dem er je gearbeitet habe und den er täglich hätte beruhigen müssen. Wir wurden wirkliche Freunde. Wenn ich schlechte Kritiken hatte und ganz Hollywood aus Feigheit einen Bogen um mich machte, konnte ich sicher sein, daß Charles vor meiner Tür stand, mir Blumen und Früchte aus seinem Garten brachte und beinahe schüchtern sagte: ›Brauchst du einen Freund?‹« Endlich hatte Charles wieder einmal jemanden gefunden, der ähnlich besessen und obsessiv schien wie er selbst – ein Verrückter, sozusagen. Da er sich aber selbst wohl gar nicht für so besessen hielt, mußte er den anderen schützen – fast wieder eine Vater-Sohn-Beziehung, die sich da entwickelte. Charles hatte gelernt, mit seinen Defekten umzugehen – die anderen offensichtlich auch.

Siodmak war ein Deutscher, und daß Charles ihn besonders mochte, scheint ein gutes Omen für seine nächste große Freundschaft gewesen zu sein – mit einem Mann, den Charles 1944 kennenlernte und der ihn die meiste Zeit während der nächsten zwei Jahre beschäftigen sollte, ihm neue Anstöße und einen neuen Lebensmittelpunkt geben sollte: Bertolt Brecht.

Bertolt Brecht 1944–1947

»Bald nach seiner Rückkehr nach Santa Monica im März 1944 traf Brecht Charles Laughton, der sich in ihn verliebte«, schreibt Ronald Hayman etwas unfreundlich über die erste Begegnung der beiden, die wohl im »Salon« von Salka Viertel, der Ehefrau des Regisseurs Berthold Viertel, stattgefunden hat. Die Viertels gehörten wie Brecht zur deutschen Kolonie, und in ihrem Haus gingen Leute wie Hanns Eisler, Lion Feuchtwanger, die Brüder Mann, Leonhard Frank, Fritz Lang, Billy Wilder, Robert Siodmak, Fritz Kortner, Peter Lorre, Oscar Homolka, Albert Bassermann und Curt Bois ein und aus. Über Siodmak und seine eigene Faszination über »Künstler« (zu denen er nur Maler, Komponisten und Schriftsteller rechnete) hatte Charles den Zugang zu diesem Haus gefunden. Seine Suche nach einer neuen Gelegenheit, im Theater aufzutreten (zehn Jahre zuvor war der etwas verunglückte »Peter Pan« die letzte Produktion gewesen), und Brechts Wunsch, eines seiner Stücke endlich in den USA aufgeführt zu sehen, scheinen sich getroffen zu haben: Auf jeden Fall war eine sofortige gegenseitige Anziehung da, die sich nach Laughtons Lektüre von Brechts Stück »Schweyck im 2. Weltkrieg« noch verstärkte. »er (Laughton) liest uns bei uns vor. er hockt, vor einer herrlichen standuhr in bayerischem barock, auf einem weißen sofa, mit gekreuzten beinen, so daß nur sein buddhaähnlicher bauch sichtbar ist, und liest aus einem kleinen büchlein das stück (›The Tempest‹), teils wie ein scholar, teils wie ein schauspieler, lachend über die jokes, sich hie und da entschuldigend, wenn er eine szene nicht beherrscht«, schreibt Brecht in seinem Arbeitsjournal. Da Laughton auf Brechts Fragen, warum er Schauspieler sei, unter anderem geantwortet hat: »Weil ich gerne große Männer nachahme« und »weil die Leute nicht wissen, wie sie sind, ich aber glaube, es ihnen zeigen zu können«, gab Brecht ihm schließlich sein Stück »Leben des Galilei«, 1938/39 im Exil in Dänemark geschrieben, das 1943 in Zürich uraufgeführt worden war. In dem Augenblick, in dem Laughton es las, muß

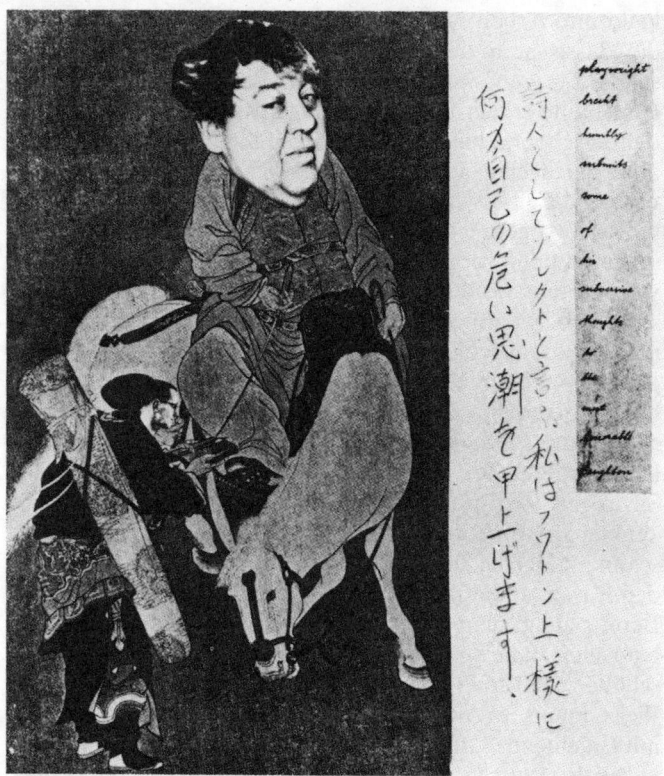

*Deckblatt eines Buches mit eigenen Gedichten, das Brecht Laughton
zu Weihnachten 1945 (oder '46) verehrte.*

ihm klar gewesen sein, daß dies *sein* Stück war – alle Erinnerungen an frühere Besetzungsmöglichkeiten (Oscar Homolka) wurden von ihm spontan ausgelöscht. Nun gab es nur
noch ein Problem: Laughton, der das Stück in einer literarischen Rohübersetzung gelesen hatte, sprach kein Deutsch,
Brecht nicht unbedingt überragend englisch. Dennoch machten sich beide an eine englische Fassung des Stückes: Brecht
nahm eine rudimentäre Übersetzung jeder Zeile vor, Laughton brachte sie in idiomatisch richtiges Englisch, und Brecht
machte dann letzte Korrekturen. Brecht beschrieb rückwir-

kend ihre Arbeit: »die zusammenarbeit mit LAUGHTON war die klassische in der profession, stückeschreiber und schauspieler. an gewissen stellen sah er das stück abfallen, und dann baute er sich auf wie ein nicht aus dem weg zu schaufelnder fleischberg, bis die änderung gefunden und gemacht war. diese hartnäckige feinfühligkeit erwies sich als noch produktiver als die faktischen vorschläge (die immer mit äußerster vorsicht vorgebracht wurden). häufig führte die aus ästhetischen gründen vorgenommene änderung zu einer politischen verschärfung, und l. war jedesmal sehr zufrieden damit. oft stritt sich l's befürchtung, das publikum zu verletzen (meist auf religiösem gebiet), mit seinem wunsch, falsche vorstellungen des publikums zu korrigieren – für gewöhnlich siegte der letztere wunsch.« Beide lernten an dieser Arbeit, und beide genossen es, daß sie den Großteil ihres Lebens und ihres Denkens in dieser Zeit einnahm. Brecht über ihre gemeinsamen Sitzungen: »Wir pflegten in Laughtons kleinem Bibliothekszimmer zu arbeiten, und am Vormittag. Aber L. kam mir oft schon im Garten entgegen, in Hemd und Hose, barfuß über den Rasen laufend, und wies mir gewisse Neuerungen in der Bepflanzung, denn der Garten beschäftigte ihn ständig und barg viele Finessen und Probleme. Die Heiterkeit und die schönen Maße dieser Gartenwelt gingen auf eine angenehme Weise in unsere Arbeit ein.« Für Laughton war diese Arbeit mit Brecht eine Offenbarung: Endlich fühlte er, daß er einem »Künstler« von Nutzen sein konnte, daß seine eigenen künstlerischen Anstrengungen gewürdigt und nicht im Chaos einer teuren und distanzierten Hollywood-Produktion untergehen würden. »Charles war niemals ein kreativer Schriftsteller«, schrieb Elsa dazu, »doch er war ein meisterlicher ›Zuschneider‹. Er wäre sicher gerne ein Schriftsteller geworden, denn er wußte sehr wohl, wie man ein dramatisches Gebilde aufbaute. Brecht erkannte das sofort. Neben der Schauspielerei lag Charles' größtes Talent wohl in der Konstruktion.« Während dieser Übersetzungsarbeit entwickelten Brecht und Laughton tatsächlich eine zweite Version, die sich von der in Zürich uraufgeführten in einigen Teilen wesentlich unterschied. »getrieben von seinem theatralischen instinkt arbeitet LAUGHTON im GALILEI auch die politischen elemente ruhelos heraus«, schreibt Brecht. »laughton ist vollkommen bereit, seine figur vor die wölfe zu werfen. er hat eine art von luzifer im kopf, bei dem die selbstverachtung in einen leeren stolz übergegangen ist – stolz auf die größe seines verbrechens. er besteht auf die volle darstellung der verkommenheit, resultierend aus dem verbrechen, das galileis negative züge zur entfaltung gebracht hat. erhalten bleibt nur das exzellente gehirn, das leer funktioniert, unhaltbar durch den besitzer, der sich sinken lassen möchte.« Durch Laughton wurde Galilei aber auch menschlicher, er hatte nun Fehler und Defekte, war kein Heiliger mehr, sondern ein gewöhnlicher Sterblicher.

Wie jeder gewöhnliche Sterbliche mußte Laughton auch erneut Geld verdienen, um die finanzielle Durststrecke von »Galilei« zu überbrücken: Was Brecht mit Ironie beobachtet, wenn er über Laughton und Peter Lorre schreibt: »wie laughton lebt er (Lorre) in beschämender armut, mit nur vier häusern und eigenen japanischen gärtnern in einer 50000-dollar-villa.« Der erste jener fünf Filme während der Brecht-Zeit zeigt einen veränderten Laughton: voller Spielwitz, offensichtlich mit einem gestärkten Selbstvertrauen und einer großen Sicherheit. *Because of Him,* eigentlich ein Deanna-Durbin-Vehikel, ist eindeutig Laughtons Film: Selten war er so hinreißend und komisch wie hier, in diesem vergessenen und nie richtig gewürdigten Meisterwerk.

Ende 1945, nachdem der »Galilei« aufgrund des Atombombenabwurfs über Hiroshima und Nagasaki weitere Veränderungen erfahren hatte (»die atombombe hat die beziehungen zwischen gesellschaft und wissenschaft zu einem leben-und-tod-problem gemacht«, schreibt Brecht), hatten Charles und Brecht eine Version beendet, die ihnen, zumindest weitgehend, gefiel. Fast eineinhalb Jahre hatten sie bisher am »Galilei« gearbeitet.

Nun ging es nur noch darum, eine Aufführung auf die Beine zu stellen. Laughton, der seine Lesungen in Krankenhäusern während dieser Zeit fortgesetzt hatte, nahm nun auch, um erste Reaktionen zu erhalten, den »Galilei«-Text in sein Repertoire auf. »er las das stück vor soldaten, millionären, agenten, kunstfreunden, unermüdlich. bekam nicht ein einziges ablehnendes oder selbst kühles urteil, wie es scheint«, schreibt Brecht. »(Auch) bei laughtons hörern im lazarett findet (der Galilei) völlig ungewöhnliches interesse.« Laughton las auch vor Orson Welles, der sein Interesse an der Regie bekundete. Brecht war zunächst angetan, doch dann hielt Welles, der zudem Probleme mit der Mike-Todd-Produktion *Around the World in Eighty Days* hatte, sie immer länger hin. Mögliche Aufführungsdaten wurden diskutiert und verworfen, und schließlich geriet Laughton, der sich nicht ganz klug in den Verhandlungen mit Welles und Todd verhalten hatte, mit Welles in einen unlösbaren Streit. Ein neuer Regisseur mußte gesucht werden, zumal inzwischen mit dem Coronet Theatre und seinen Leitern John Houseman und Norman Lloyd auch Nachfolger für Welles' Mercury Theatre aufgetaucht waren. Nachdem von Elia Kazan bis zu Harold Clurman alle verfügbaren Namen aufgetaucht waren, entschied sich Brecht schließlich für Joseph Losey, Elsas Beinahe-Affäre aus der Zeit ihres ersten New-York-Besuchs. Brecht hatte Losey, der wie er Kommunist war, 1935 in Moskau kennengelernt und ihn wohl während der ganzen vergeblichen Suche immer in der »Hinterhand« gehalten. Losey, inzwischen siebenunddreißig Jahre alt, hatte schon eine ganz beachtliche Theaterkarriere hinter sich und wurde gerade als heißer Tip bei RKO gehandelt. Er akzeptierte die Regie, auch unter der offensichtlichen Bedingung, daß er, obgleich nomineller Regisseur, doch die Weisungen von Laughton und Brecht entgegennehmen mußte. Einer Aufführung stand nun eigentlich nichts mehr im Wege, doch dann beschlossen Lloyd und Houseman, den »Galilei« nicht – wie geplant – zur Saisoneröffnung zu spielen, sondern als zweite Produktion. Premiere sollte am 1. Juli 1947 sein.

Wieder einmal blieb Charles Zeit, ein bißchen Geld zu verdienen – und er tat dies mit den Filmen *Arch of Triumph* und *The Big Clock. Arch of Triumph,* der noch während der Verhandlungen mit Welles gedreht wurde, brachte auch Eisler und Brecht Verdienstmöglichkeiten: Laughton setzte Eisler

*In Zeiten des Theaters auch ein Film übers Theater: ›Because of Him‹
(1948) mit Laughton in Höchstform (hier mit Deanna Durbin und
Franchot Tone).*

als seinen Dialog-Couch und Brecht als Drehbuchautor für
seine eigene Rolle durch, die er, für den erkrankten Michael
Checkov eingesprungen, nur unter der Bedingung akzeptiert
hatte, daß sie vollständig umgeschrieben würde. Doch auch
das Umschreiben brachte nichts: *Arch of Triumph* war ein
Flop, und das verdientermaßen. Ganz anders ging es Charles
mit *The Big Clock,* seinem einzigen Beitrag zur *Schwarzen
Serie* Hollywoods: Seine Darstellung des Zeitungsmoguls Janoth ist außerordentlich eindrucksvoll, und der ganze Film,
1987 mit Gene Hackman in der Laughton-Rolle etwas unglücklich neu verfilmt, gehört sicherlich zu den besten Bei-
spielen für diese Sparte der Hollywood-Industrie.
Mitte Juni 1947 begannen die Proben zum »Leben des Gali-

Laughton, Beruf ›ham‹: ausnahmsweise nimmt er hier, im ›Galilei‹,
seinen Beruf wieder sehr ernst.

lei«, mit einer durchweg jungen und engagierten Besetzung:
Unter anderem spielte der deutsche Emigrant Hugo Haas
den Papst, und Bill Phipps, später wohl ein Liebhaber Laughtons, den Andrea. Die Höchstgage waren vierzig Dollar die

Woche, das Budget insgesamt etwas über fünfzigtausend Dollar, zu gleichen Teilen von Laughton und dem Finanzier Edward Hambleton beigesteuert. Brechts Frau Helene Weigel arbeitete als Garderobiere mit, seine Geliebte Ruth Berlau als Standphotographin, die Tänzerin Lotte Goslar choreographierte die Tanzszenen. Die Proben wurden von Brechts häufigen Wutanfällen beherrscht. Laughton hingegen fungierte als ausgleichendes Element, hatte doch ein anderer die Rolle des Exzentrikers übernommen: »Während seiner eigenen Proben und in seinen Beziehungen zu anderen war er ungeheuer bescheiden, einfühlsam und verständnisvoll«, schrieb John Houseman über Laughton. »Außer in zwei Szenen tauchte er in jeder Szene des Stückes auf – dennoch hielt ihn die Beschäftigung mit seiner Rolle nicht davon ab, Stunden voller geduldiger, uneigennütziger Beschäftigung mit seinen Schauspielerkollegen zu verbringen.« Losey sagte über Charles: »Er war sehr manieriert. Eine der Sachen, die ich versuchte, war, ihn diese Manierismen nicht benützen zu lassen. Dennoch war er ein außerordentlicher Schauspieler: extrem einfühlsam, bescheiden, intuitiv und doch außerordentlich klug, ungeheuer bewegend, wenn er alles richtig machte, oft undiszipliniert und mit Schwierigkeiten, etwas zu bewahren, nachdem er es erreicht hatte.« Wegen technischer Schwierigkeiten wurde die Premiere auf den 30. Juli verschoben. An diesem Tag aber strömte die Creme de la Creme Hollywoods ins Theater – interessiert und blutdürstig zugleich. »Die Kino-Intelligenz und ganz gewöhnliche Menschen drängten letzte Nacht ins Coronet Theatre, um zu sehen, wie Charles Laughton seinen Kram als Galilei erledigte«, schrieb *Variety*. Die Kritiken waren gemischt: Begeisterung und Zurückhaltung hielten sich die Waage. Allgemein wurde angemerkt, Laughton gäbe eine ungewöhnlich zurückhaltende Darstellung. Brecht schreibt über Laughtons Darstellung: »Die demonstrative Spielweise, die das Leben so abbildet, daß es der Vernunft zum Eingriff vorgelegt wird, und die den Deutschen recht doktinär vorkommt, machte dem Engländer Laughton keine Schwierigkeiten allgemeiner Art. L. benötigte nicht einmal irgendwelche theoretischen Informationen über den ›Stil‹. Er hatte genug Geschmack, um keinen Unterschied zwischen ›dem Hohen‹ und ›dem Niedrigen‹ machen zu müssen, und er haßte das Predigen. So vermochte er die widerspruchsvolle Person des großen Physikers in voller Leiblichkeit zu entwickeln, ohne seine eigenen Gedanken darüber zu unterdrücken oder aufzudrängen.« Alles in allem hatte sich die Arbeit wohl gelohnt: Laughton war endlich einmal wieder gefordert worden, hatte mit weichen Knien auf der Bühne gestanden und etwas getan, auf das er eigentlich hätte stolz sein können.»Laughtons Gewinn daraus, im Hinblick auf künstlerische Selbstachtung und intellektuelle Zufriedenheit, war enorm« (Callow). Ein vierwöchiges Gastspiel der Produktion in New York schloß sich an. Doch dann endete die Beziehung Laughton/Brecht eher unerfreulich: Der »zweijährige Spaß« (Brecht) fand ein abruptes Ende. Am 30. Oktober 1947 mußte Brecht vor dem House Committee on Unamerican Activities (HUAC), zu dessen Mitgliedern auch Richard Nixon gehörte, erscheinen. Er hatte nichts zu verlieren: Er blies den Inquisitoren mit seinen Zigarren Ringe um die Köpfe, ließ seine Antworten von einem besonders schlecht englisch sprechenden Dolmetscher übersetzen und verließ kurz darauf das Land. Pläne für eine weitere Zusammenarbeit von Laughton und Brecht waren noch vor Brechts Abreise geschmiedet worden – doch nach der Absetzung des »Galilei« in New York geschah aufgrund der veränderten politischen Situation in den USA zunächst nichts. Laughtons Anwalt hatte ihn davon überzeugt, daß die Zeit für eine Zusammenarbeit mit den Linken etwas zu kompliziert sei. Das war ein erster Bruch mit Brecht, der sich mit dem Erscheinen einer angeblich autorisierten Biographie Laughtons von Kurt Singer irreparabel vertiefte: »Laughton schlitterte in dieses Projekt in völliger Unschuld hinein«, stand dort. »Er war mehr oder weniger von den Kommunisten gekidnappt worden, die natürlich sehr glücklich waren, eine Person von Laughtons Statur als Prestigeobjekt für eines ihrer Propagandastücke zu haben ... Als Laughtons Manager ihm diese Tatsachen vorlegte, sah Charles, daß er in die Hände der Kommunisten spielte. Er war in schlechte Gesell-

Am Ende sah Brecht Laughton dann wohl nur noch so: nämlich als Radfahrer.

schaft geraten. Er mußte sich also schleunigst von der Produktion des ›Galilei‹ zurückziehen.« Obwohl Laughton den Autor dieses Machwerks nie getroffen hatte und keinen Einfluß auf den über ihn erschienenen Text genommen hatte, brach die Beziehung zu Brecht (und Losey, der Laughton für einen Verräter hielt) danach endgültig ab. Laughton eliminierte alle Texte von Brecht aus seinen Lesungen, und er spielte den Galilei niemals wieder. 1975 verfilmte Joseph Losey – nach einem ersten, an Helene Weigels Veto gescheiterten Versuch – mit Anthony Quinn *Das Leben des Galilei* mit Topol.

Nur noch zweimal sprachen Brecht und Laughton öffentlich »über«einander: Als Brecht starb, schickte Laughton, nach vorheriger Rücksprache mit dem FBI (»Cable received from red country«), ein Kondolenztelegramm; einige Jahre zuvor hatte Brecht, wütend und enttäuscht über das Singer-Buch, Laughton ein letztes Gedicht gewidmet, ein böses, bitteres Epitaph:

> »Speak of the weather,
> Be thankful he's dead,
> Who before he had spoken,
> Took back what he said.«

Curson Avenue 1948–1953

Waren die vergangenen drei Jahre für Laughton künstlerisch ein Gewinn gewesen, so ließ sich das für den finanziellen Aspekt nicht in gleichem Maße sagen: Mit der Größe der Rollen und der Qualität der Filme nahm auch die Höhe der Gagen ab – eine Entwicklung, die Laughtons psychisches Wohlbefinden immer stärker beeinträchtigte. Um dem – wie ihm schien – drohenden Bankrott vorzubeugen, achtete er deshalb immer weniger auf die Qualität der ihm angebotenen Rollen, sondern nahm alles an, was ihm von den Studios offeriert wurde. Diese Haltung verringerte jedoch seine ohnehin sinkende Reputation weiterhin – »a ham stays a ham« war nun endgültig die allgemein vorherrschende Meinung in Hollywood. 1949 zogen die Laughtons wegen ihrer Finanzprobleme in ein kleineres und billigeres Haus an der Curson Avenue. Auch das kleine Landhaus in Idyllwild veräußerte Charles – als Ersatz erwarb er jedoch schon kurze Zeit später eine kleine Hütte mit zwei Zimmern auf der Halbinsel Palos Verdes, inmitten eines ehemaligen tropischen Vogelreservates. Anstatt der offensichtlich intendierten Nähe aber trat in der Beziehung von Charles und Elsa Ende der vierziger Jahre eine immer stärker werdende Entfremdung auf. Charles wurde ruhiger, Elsa immer lauter, lustiger und aufgedrehter. Beide versuchten so auf ihre Weise, mit dem Gefühl der gegenseitigen Fremdheit fertig zu werden. Elsa machte später in ihrem Buch vor allem »Eindringlinge« wie Korda, Pommer, die beiden Masseure von Charles und verschiedene Hausangestellte für diese Entwicklung verantwortlich: Noch immer wollte sie sich ganz offensichtlich nicht eingestehen, daß andere Ursachen Grund dieser logischen und seit Jahren zu erwarten den Trennung waren.
Trotz des Schocks von Charles' Homosexualität und der danach fehlenden sexuellen Komponente ihres Ehelebens waren Charles und Elsa zusammengeblieben: auf der Basis einer idealisierten und vielleicht illusionären Freundschaft, aus moralischer Konvention, Bequemlichkeit, Gewohnheit

und Einsamkeit. Irgendwann einmal aber mußte auch diese Basis brüchig werden.

Auch die Filme, die Charles in den Jahren bis 1950 drehte, sind wenig bemerkenswert – was sich in den meisten Fällen auch von seiner eigenen Leistung sagen läßt. Zu deutlich ist sein Desinteresse an diesen Filmen. Einzige Ausnahme ist *The Paradine Case* von Alfred Hitchcock: Hitchcock hält diesen Film zwar zu Recht für einen seiner schlechteren, doch Laughton ist als menschenverachtender, geiler Richter Lord Horfield ganz ausgezeichnet: Wie er Ethel Barrymore als seine Frau behandelt, das wirft fast ein bezeichnendes Licht auf Laughtons eigenen Sadismus, der Elsa gegenüber vielleicht manchmal doch durchgebrochen ist. Nach seiner Rolle als Nazi-Offizier in *Arch of Triumph* war der Lord Horfield überdies Laughtons zweiter Auftritt als »Nebendarsteller«: Für Monster wie ihn hatte Hollywood in den Zeiten McCarthys offensichtlich nur wenig Platz. Auch in seinem nächsten Film, *The Girl from Manhattan,* spielte Laughton wieder eine eigentlich respektable Nebenfigur: einen Bischof. »Laughton chargiert«, schrieb die New York Times, und mehr kann man über diesen Film wohl auch kaum sagen. Aus dem folgenden Film, *On Our Merry Way* oder *A Miracle Can Happen,* wieder ein Episodenfilm, wurde Charles dann sogar herausgeschnitten, worauf Selznick einem Gerücht zufolge angeboten haben soll, den ganzen Film zu kaufen, Charles' Episode in die Kinos zu bringen und den Rest des Films zu vernichten. Leider wurde das Angebot abgelehnt.

Viel stärker als seine Filmarbeit interessierte Charles zu dieser Zeit aber schon eine andere Tätigkeit: 1948 hatte er auf Anregung des Schauspielers Bill Cotrell und der mit John Houseman arbeitenden Bühnenbildnerin Kate Drain Lawson damit begonnen, für kleine, ausgesuchte Klassen Schauspielunterricht zu geben. »Ich habe eine Shakespeare-Gruppe begonnen«, schrieb er, »und trainiere einen Haufen amerikanischer Schauspieler und Schauspielerinnen in der Vers- und Prosasprache. Wir arbeiten nun seit acht oder neun Monaten zusammen, jeweils drei Stunden an drei Abenden in der Woche, und ich denke, daß wir innerhalb eines Jahres

Laughton als ziemlich absurder Nazi-Bösewicht: in ›Arch of Triumph‹ mit Charles Boyer (1948).

(nicht mehr und nicht weniger lang wird es dauern) das beste Sprecherteam der englischen Sprache sein werden. Ich tue dies allein mit dem Ziel, ein Ensemble zu formen, das die Stücke von Brecht spielen kann. Ich möchte den ›Galilei‹ aufgeführt sehen, den ›Kreidekreis‹ und die ›Mutter Courage‹, und alle anderen auch. All meine verbliebenen Energien widme ich diesem Ziel.« Da war es wieder: Shakespeare und Brecht, das Trauma und der Traum. »Es ist zu bezweifeln, ob es einen Tag in Laughtons Leben gab, an dem er nicht eine Zeile Shakespeare sprach, sie im Kopf wiederholte, sie hinterfragte und versuchte, ihre Wahrheit herauszufinden«, schreibt Simon Callow dazu. »Es könnte fast sein, daß Shakespeare zu viel für ihn bedeutete, um seine Werke wirklich erfolgreich spielen zu können.«

Zunächst probte man im Coronet Theatre, dem Ort des »Galilei«-Triumphes, dann zu Hause bei Charles, in den Pacific Palisades und der Curson Avenue, umgeben von den Bildern der von Charles verehrten Maler. »Charles sprach zu den Studenten mit Gefühl und Leidenschaft über die Beziehungen einer Kunst zur anderen, und die Bilder waren für sie da, um dies zu erkennen«, schreibt Elsa. Mitglieder der ersten Gruppe waren unter anderem Shelley Winters, Robert Ryan, Suzanne Cloutier, Denver Pyle, Arthur O'Connell und Jane Wyatt. Shelley Winters schrieb Jahre später über ihre Arbeit in dieser Klasse an Charles: »Sie gaben mir die Disziplin und die Liebe zum Theater, die Achtung und den Glauben an mich selbst, das Verständnis für die Poesie, die die Menschheit verbindet. Ohne Sie wäre mein Schicksal vielleicht dasselbe wie das der armen Marilyn gewesen.« Wieder einmal hatte Charles seine Berufung gefunden: Im Schüler-Lehrer-Verhältnis konnte er zu seiner eigenen Stärke finden, seine Unsicherheiten vergessen und über den Glauben an die Kraft der Kunst seine eigenen Fähigkeiten vermitteln. »Er wurde ein glücklicherer, zufriedenerer Mensch«, schreibt Elsa. »Er war weniger mürrisch und schien selbst seine anderen Aktivitäten mehr zu genießen.«

Dies schlug sich dann tatsächlich auch in seinen nächsten Filmen nieder: *The Bribe,* einem Vehikel für Ava Gardner, und *The Man on the Eiffel Tower.* Über *The Bribe* schrieb R. R. Anger: »Es ist Charles Laughtons großer Triumph, daß er uns die Anerkennung von Bealers Menschlichkeit trotz unseres Unwillens entreißt, während wir Bealer zusehen, wie er spielt, betrügt und erpreßt, getrieben von dem Bedürfnis, von seinem Schmerz erlöst zu werden.« Wieder einmal also spielte Charles Laughton eine jener gequälten Seelen, die er so liebte: Doch nun war es tatsächlich Spiel, nicht mehr Realität. Charles Laughton war auf dem Weg, wirklich erwachsen zu werden.

The Man on the Eiffel Tower entstand aus Charles' Freundschaft mit Burgess Meredith heraus, den er 1939 bei einer Radiosendung (»The Pursuit of Happiness«) kennengelernt hatte. Meredith konnte Charles davon überzeugen, daß die

Rolle des Maigret in diesem auf einem Roman von Georges Simenon basierenden Film wie für ihn geschaffen sei – und da Charles auch gerne wieder einmal in Paris, das er seit seinem Auftritt in der Comédie Française 1934 nicht mehr besucht

Laughton als böse Kopie von Ginger Ted – diesesmal heißt er Bealer und trinkt noch immer Gin. ›The Bribe‹ (1948), ›ein lausiger Film‹, wie selbst sein Produzent meinte.

hatte, drehen wollte, willigte er trotz seiner Lehrverpflichtungen ein. Der Film stand dann aber unter keinem guten Stern: Schon nach drei Tagen wurde der Regisseur Irving Allen auf Betreiben von Charles gefeuert, und Meredith selbst übernahm die Regie. In der Realität sah dies laut Higham dann so aus, daß jeder der drei Hauptdarsteller – neben Meredith und Laughton noch Franchot Tone – die Regie der Szenen übernahm, in denen er nicht auftrat: für Charles eine erste Gelegenheit, sein Talent als Regisseur zu erproben. Das wiederum scheint ihn so in Anspruch genommen zu haben, daß er darüber die Gestaltung seiner Rolle vergaß. Nach seiner Rückkehr aus Paris entschloß sich Charles 1950, diese ersten Regieerfahrungen gleich auf der Bühne fortzusetzen: Damit war der Zeitpunkt gekommen, an dem er sein Ensemble der Öffentlichkeit vorstellen konnte. Laughton tat sich mit Eugenie Leontovitch zusammen, die ebenfalls als Schauspielerin tätig war, und gemeinsam wagte man sich an die Aufführung von Tschechows »Kirschgarten«. Zum dritten Mal trat Laughton in diesem Stück auf, und nach dem Epichodov und dem Lopachin spielte er nun den Gaev. Die Leontovitch spielte die Ranevskaja, und die italienische Schauspielerin Maria Bazzi die Ivanovna. Alle anderen Rollen wurden von Charles' Schülern dargestellt. Charles gelang es, den Art Director Harry Horner *(The Little Foxes)* für die Ausstattung und den Kameramann Karl Struss (mit dem er in *The Sign of the Cross* und *Island of the Lost Souls* zusammengearbeitet hatte) für die Lichtgestaltung zu gewinnen. Die Aufführung wurde ein Triumph, einer der größten, die Charles je erlebt hatte: »Ich schaue mir dieses Stück bei jeder möglichen Gelegenheit an«, schrieb Garson Kanin, »doch ich habe es in seiner Schönheit noch nie so perfekt realisiert gesehen wie in Laughtons Produktion, selbst am Moskauer Theater nicht.« Seine Frau Ruth Gordon, Laughtons alte Freundin aus New Yorker Theatertagen, schrieb: »Die Zukunft leuchtet hell, denn es wird ein festes Ensemble und Gastspielreisen geben. Und vielleicht sogar eines Tages ein eigenes Theater – und neue Schauspieler, Regisseure und Autoren. Das alles ist aus dem Bedürfnis heraus entstanden, sich weiterzuentwickeln, und

Fast eine nationale Institution: Charles Laughton und Elsa Lanchester werden am 29. April 1950 US-Staatsbürger.

auch deshalb, weil ein selbstloser Mann mutig die Chance beim Schopf gepackt hat, weil Arbeit und Leistung vor Gewinnstreben kamen, weil das Theater ein lebendiger Reichtum ist und weil es noch immer die Theaterbesessenen gibt.« Ein schöner Gedanke für eine »goldene« Zukunft.
Doch es kam alles anders.
Ende 1949 hatte Charles den damals dreißigjährigen Paul Gregory kennengelernt, der zu dieser Zeit als Agent für MCA tätig war. Gregory hatte Charles im Fernsehen gesehen, als er in der »Ed Sullivan Show« aus dem »Buch Daniel« gelesen hatte, und war auf die Idee gekommen, Charles mit seinen Lesungen durch Amerika zu schicken, bis in die kleinsten Städte und Gemeinden. Charles war begeistert, trotz der

großen Anstrengungen einer monatelangen Reise. »Charles glaubte, daß die Menschen in Amerika niemals aufhören wollten zu lernen«, schrieb Elsa. »Das war eines der Dinge, die Charles an Amerika sofort gefielen: diese nie endende studentische Sicht der Dinge.« Charles selbst beschrieb seine Liebe zu den Büchern so: »Da ich kein Geschichtenerfinder bin – ich habe oft versucht, ganz einfache Geschichten zu schreiben, doch am nächsten Morgen sahen sie alle schrecklich aus und klangen auch so –, bin ich ein Geschichtenerzähler geworden. Ich würde gerne der Mann werden, der alle Geschichten kennt ... Das wird es natürlich niemals geben, denn nie wird ein Mensch alle Geschichten kennen. Oft, wenn ich in einen Buchladen oder in eine Bibliothek gehe, bin ich traurig, wenn ich all diese Buchrücken sehe, deren Inhalt ich nie werde genießen können. Ich denke an all diese wunderbaren Geschichten, die ich niemals kennen werde; dann wünsche ich mir, ich könnte tausend Jahre alt werden.« Also begab sich Charles Anfang 1950 auf seine erste Tour: Für zweitausend Dollar pro Abend las er Geschichten aus der Bibel, Gedichte und Prosa von Shakespeare und Shaw und Jack Kerouac, er las ganze Passagen aus »Julius Caesar« und übernahm dabei alle Rollen, er las Plato in der wunderbaren Übersetzung von Christopher Isherwood, und er verband all diese Texte mit eigenen Kommentaren, mit kleinen Geschichten, Anekdoten und Erlebnissen aus seinem eigenen Leben. Der Erfolg überstieg alle Erwartungen. Charles, der am 29. April 1950 schließlich auch amerikanischer Staatsbürger geworden war, wurde fast zu einer »nationalen Institution«, wie Simon Callow schreibt. »Du siehst sehr müde und zehn Jahre jünger aus«, soll Elsa nach Charles' Rückkehr bemerkt haben, was auch ein bißchen von seinem Lebenswandel auf diesen Tourneen hergerührt haben kann. Gregory sagte später dazu: »Charles war als Homosexueller sehr aggressiv ... er machte es sich selbst schwer, denn er war nicht damit zufrieden, einen Liebhaber zu haben, nein, er wollte gleich mehrere. Einige von ihnen endeten im Gefängnis, und dann bekam er Anrufe von den Wärtern und Drohbriefe ... Sie waren Abschaum, die niederste menschliche Klasse ... er

Ein Versuch, dem Verschleudern der Talente Einhalt zu gebieten:
Charles Laughton als Teufel in Shaws ›Don Juan in Hell‹ (1950).

hatte wohl so einen Higgins-Komplex. Sie kamen und gingen. Ich hatte nicht mehr mit ihnen zu tun, als Schecks für Charles auszuschreiben und sie vor Elsa und seinen Anwälten zu verstecken.«

Was seine berufliche Arbeit anging, so hatte Charles jedoch endlich zu seiner wahren Berufung gefunden, die Jahre zuvor schon Walter Slezak erkannt hatte: als omnipotenter Geschichtenerzähler, für den es keine Grenzen von Figuren, Zeit und Räumen gab.

Agnes Moorehead und Laughton als Donna Anna und Teufel bei einer Aufführung von ›Don Juan in Hell‹.

Gregory, von diesem Erfolg beflügelt, verfügte nun über Charles: Obwohl dieser eigentlich nach dem zwischenzeitlichen Triumph des »Kirschgarten« eine weitere Produktion mit seinen Schülern geplant (Shakespeares »Twelfth Night«) und sogar mit den Proben begonnen hatte, brachte ihn Gregory unter Ausnutzung von Charles' finanziellen Ängsten schließlich davon ab. Er sagte später, »das Lehren ist nur ein Egotrip für Laughton gewesen. Es hat ihm gefallen, Leute um sich zu haben, die ihn bewunderten.«

Die Schüler von Charles mögen dies anders empfunden haben: Für sie war Gregory, laut Callow, ein dämonischer, diabolischer dunkler Engel. Schon im Sommer 1950 ging Laughton mit Gregory auf eine erneute Tour durch die Staaten und durch Kanada. »Als ich aus all diesen Büchern las, die ich liebte, empfand ich es als einen Versuch, das, was man liebt, den Menschen zu vermitteln, die man ebenfalls liebt.« Während dieser Tournee kam Gregory und Laughton der Gedanke, die Lesungen auf mehrere Personen auszudehnen: Laughton schlug Shaws »Man and Superman« vor, den dritten Akt, der den Beinamen »Don Juan in Hell« trug. Charles Boyer, der in New York gerade Sartre gespielt hatte, sollte den Don Juan spielen, Agnes Moorehead die Donna Anna, der englische Schauspieler Cedric Hardwicke die Statue und Laughton selbst den Teufel. Die Zeiten für Schauspieler in Hollywood waren schlecht (Hardwicke sagte einmal: »Ich glaube, Gott hatte Mitleid mit den Schauspielern, und so schuf er Hollywood, um ihnen einen Platz in der Sonne und einen Swimmingpool zu geben. Den Preis, den sie dafür zu bezahlen hatten, war das Verschleudern ihres Talentes.«), und so waren alle für eine Gelegenheit wie den »Don Juan« dankbar. Auch das Publikum empfand dies wohl so: »Es gibt etwas an Lesungen, das einige Menschen in Kinder verwandelt«, sagte Laughton dazu. In diesem Fall waren es ziemlich viele: In New York spielte das »Drama Quartette« vor drei- bis viertausend Leuten. Die Aufführungen fanden auf einer fast völlig leeren Bühne statt, in Abendgarderobe, und die vier Sprecher standen an Stehpulten. Priestley, einst Laughtons Mitarbeiter, schrieb über die Aufführungen des »Drama Quartette«: »In ihnen sah ich die Basis für eine neue Form. Man konnte es nicht exakt Drama nennen – mehr eine Art höhere Debatte oder ein Oratorium.« Laughton hatte – auf anderem Wege – mit dem »Don Juan« wieder seine frühere Berühmtheit erreicht: Selbst das *Time Magazine* widmete ihm eine Cover-Story, unter den Titeln »Every Night is Amateur Night« und »The Happy Ham«. Das »Drama Quartette« reiste in den folgenden Monaten durch die Staaten: »Zuschauer in ganz Amerika – in Oakland, New Orleans, Salt Lake City, Syracuse und Williamsport, PA, waren davon begeistert«, schrieb *Time.* »Geschäftsleute und kleine Mädchen, College-Studenten und Clubfrauen haben die Theater und Auditorien und Highschools gestürmt, um den Teufel und Don Juan Epigramme austauschen zu hören.« Nach einem Jahr wechselte die Produktion nach Großbritannien, wo sich der Erfolg aber nicht wiederholen ließ – offensichtlich waren die Erwartungen an Hollywood-Schauspieler außerhalb Amerikas andere. Bis Anfang 1952 bespielten die vier nahezu jeden Winkel in den Staaten.

Für Filme hatte Laughton 1951/52 nur wenig Zeit – in zwei Fällen reichte es gerade zu Auftritten in Episodenfilmen: In *The Blue Veil* von Curtis Bernhard spielte Laughton an der Seite von Ronald Reagans erster Frau Jane Wyman einen Witwer mit Kind, der sich in sie verliebt, in Joseph Pevneys *The Strange Door,* einem altmodischen Horrorfilm mit Boris Karloff, einen französischen Grafen und in *O. Henry's Full House* unter der Regie seines Freundes Henry Koster einen alternden Tramp, der eine Begegnung mit einem Straßenmädchen hat: mit Marilyn Monroe. Die sagte über Charles, er sei »der erotischste (most sexy) Mann, den ich je gesehen habe«. Schade, daß Marilyn sich nicht wie Shelley Winters in Laughtons Schauspielklasse geflüchtet hat … In einem weiteren Film spielte Laughton ein Revival seines Captain Kidd: an der Seite von Abbott und Costello in einem jener unzähli-

›A tear-jerker from beginning to end‹: Laughton und Jane Wyman in ›The Blue Veil‹ (1951).

gen *Abbott and Costello meet*-Serienfilme, schließlich gefolgt von einer Neuverfilmung von Wildes *Salome* unter der Regie von William Dieterle, mit dem Laughton schon in *The Hunchback of Notre Dame* zusammengearbeitet hatte. Laughtons neugewonnene Selbstachtung äußerte sich darin, daß er all seine Energien darauf verwendete, dieses von Anfang an verunglückte Rita-Hayworth-Projekt noch zu verbessern; er probte mit den anderen Schauspielern, schrieb das Drehbuch um – doch alle Mühe war vergebens. »Ein Fechtmeister kann nicht mit Amateuren fechten«, sagte er zu Dieterle.

Doch Filme dienten Laughton zu dieser Zeit nur als Werbemittel für seine Lese-Tourneen, deren Erfolg er mit zwei weiteren Projekten fortsetzen wollte: mit der Inszenierung von »John Brown's Body«, einem Gedicht von Stephen Vincent Benet über den amerikanischen Bürgerkrieg. Für die Hauptrolle gewann Laughton auf Anraten von Gregory Tyrone Power, gefeierter Hollywoodstar und begierig, sich endlich als »seriöser Schauspieler« zu erweisen. Die Nebenrollen wurden von Judith Anderson und Raymond Massey gespielt. Nach einer Tour durch sechzig Städte, alle Vorstellungen vor ausverkauftem Haus, spielten sie fünfundsechzig ausverkaufte Vorstellungen im New Century Theatre in New York, und diesen Auftritten folgten wiederum, nun mit Anne Baxter anstelle von Judith Anderson, achtzig weitere in ganz Amerika. »Charles war einer der besten Theaterregisseure, mit denen ich je gearbeitet habe«, sagte Raymond Massey später, »er lebte und atmete Theater. Er war geschickt, einfühlsam und erfinderisch. Und er ließ mich die vielleicht schwierigste Aufgabe als Schauspieler bewältigen, vor der ich je stand.«

Neue Filmprojekte schlossen sich an: Zunächst ließ Laughton seinen Henry VIII in einer Geschichte über Elizabeth I wieder aufleben: *Young Bess* von George Sidney, geschrieben (unter anderen) von Arthur Wimperis, dem damaligen Co-Autor von *Henry VIII,* ist ein netter und freundlicher Film mit einer wunderschönen Heldin (Jean Simmons) und einem alten, kindischen und etwas mauligen Laughton. Hatte sich Laughton nun schon filmisch wieder nach Großbritannien zu-

Laughton macht Werbung – für sich selbst. Mit den Journalisten Gloria Grant und Lloyd Sloan bei einer Sendung von ›Hollywood's By-Line‹.

rückbegeben, so ließ ihn sein nächster Film auch tatsächlich in die ehemalige Heimat zurückkehren. *Hobson's Choice* brachte die Wiedervereinigung mit Alexander Korda und das Wiedersehen mit einem Stück, in dem er vor über dreißig Jahren, noch als wirklicher »Amateur«, einmal den Willie Mossop gespielt hatte. Nun war es, unter der Regie von David Lean, der alte Henry Horatio Hobson selbst. Obwohl David Lean einmal zu Richard Attenborough gesagt hatte: »Eigentlich mag ich Schauspieler nicht wirklich – ich meine, ich esse gerne mit ihnen zu Abend, aber mit ihnen zu arbeiten, das ist eine andere Sache«, sind Schauspieler in seinen Filmen doch häufig außerordentlich brillant: im Sinne einer Tour de Force, wenn man so will. Auch Laughtons Leistung in *Hobson's Choice* ist eine solche Tour de Force: Man mag zwar beeindruckt und ein wenig eingeschüchtert davorstehen, doch wirkliche Begeisterung löst sie nicht aus. Simon Callow meint sogar, Laughton habe die Rolle eigentlich nicht spielen wollen – wegen der vielen Szenen als Betrunkener, weil er fühlte,

Eine maulende und halbherzige Tour de force: Laughton in David Leans ›Hobson's Choice‹ (1954).

auch ein anderer hätte diese Rolle ebensogut spielen können – und sei deswegen so wenig überzeugend. Auf alle Fälle scheint Laughton während der Dreharbeiten sehr unglücklich gewesen zu sein: Er merkte wohl, daß Brenda de Banzie ihm die Schau stahl, außerdem führte er nachts heftige Telephongespräche mit Gregory, mit dem er immer mehr Schwierigkeiten hatte, und zudem hatte er wohl auch noch Probleme in seiner Beziehung. Callow schreibt, Laughton sei nun »interessiert gewesen, seine Kunst, in der er ein Meister war, zu praktizieren. Er wollte nicht mehr kämpfen – und vor allem nicht mit der Schauspielerei. Er betrachtete sie nun als eine Quelle der Entspannung und des Geldes. Und so wirkt seine Darstellung in *Hobson's Choice* wie der Auftritt eines berühmten Pianisten, der gegen seinen Willen auf einer Party spielen muß: maulend und halbherzig«.

Kaum nach Amerika zurückgekehrt, mußte Laughton erfahren, daß sein Agent Gregory ein neues Lese-Stück aufbereitet hatte: Herman Wouks Bestseller »The Caine Mutiny«. Henry Fonda hatte die Theaterrechte besessen, und so kaufte Gregory ihn gleich mit ein. Selbst RKO brachte er dazu, ihm die Genehmigung zu geben, das Theaterstück vor dem gleichnamigen Film, der zur selben Zeit mit Humphrey Bogart gedreht wurde, aufzuführen. Regisseur war Dick Powell, nicht Laughton – ein Zeichen, daß Gregory begann, auf den mit Laughton erworbenen Erfolgen alleine aufzubauen. Doch kaum war Laughton zum erstenmal bei den Proben aufgetaucht, entließ Gregory Powell, und Charles übernahm die Regie. Doch es gab weiterhin große Probleme: Fonda war mit seiner Rolle nicht glücklich, Laughton mit einigen der Schauspieler nicht. Die Stimmung unter der Besetzung war schlecht, und während einer Probe soll Fonda im Zorn den Satz: »Was weißt du schon über MÄNNER, du fette, häßliche Schwuchtel!« zu Laughton gesagt haben. Daß Laughton und Gregory schließlich doch noch eine wie üblich umjubelte Aufführung zusammenbrachten, die wiederum durch das Land tourte, ist da eigentlich fast ein Wunder. Doch Gregory wollte mehr: »Ich wollte Charlie als Topregisseur ins Rampenlicht bringen – und ich wollte, daß er mit der Schauspielerei aufhörte. Diese Auftritte als Schauspieler, die brachten ihn um; er brauchte etwas, wo er ein-, zweimal im Jahr inszenieren konnte und dabei alles Geld verdienen konnte, das er benötigte. Das war mein Ziel für Charles. Ich als Produzent und er als Regisseur, und wenn er nicht inszenierte, wir beide als Co-Produzenten.« So entwickelte Gregory für Charles ein Projekt, das diesem seinen ersten eigenen Film als Regisseur bringen sollte – und seinen einzigen.

Die Nacht des Jägers 1954–1962

Anfang des Jahres 1954 hatte David Grubbs Buch »The Night of the Hunter« sechsundzwanzig Wochen lang auf den Bestsellerlisten gestanden. Gregory wußte sofort, daß dies ein Stoff für Laughton sei, und so griff er zu. Die Hauptrolle des Predigers bot er Robert Mitchum an: »Vom ersten Augenblick an wußte ich, daß es nur einen Mann gibt, der den Prediger spielen kann – Bob Mitchum. Er hat so etwas Quecksilbriges. Man weiß nie, was man erwarten soll. Er ist ein faszinierender Bursche – ein wenig beunruhigend. Perfekt für diese Rolle … ein absolut einzigartiger Mann. Er schaut einzigartig aus. Er spielt einzigartig. Er geht einzigartig. Vor allem hoffte ich damals, daß wir ihn kriegen können.« Gregory bekam Mitchum – und mit seiner Zusage war auch die Finanzierung nahezu gesichert: United Artists gab nur wegen ihm siebenhunderttausend Dollar. Als seine Partnerin besetzte Laughton seine frühere Schülerin Shelley Winters, zum Entsetzen Mitchums, der gesagt haben soll: »Alles, was sie vermutlich schafft, ist, überzeugend mit durchgeschnittener Kehle im Wasser zu treiben.« Lillian Gish, die große alte Dame aus den Filmen D. W. Griffiths, wurde als sein guter Gegenpart besetzt – als Referenz an Griffith, dessen Filme sich Laughton in mehreren Marathonsitzungen im Museum of Art in New York ansah. Um dessen schlichten, »naiven« Stil wieder zu treffen, engagierte er den Kameramann Stanley Cortez, der vor allem durch seine Arbeit für Orson Welles *(The Magnificent Ambersons)* als einer der besten (und langsamsten) Kameramänner Hollywoods berühmt geworden war. »Gewöhnlich ging ich jeden Sonntag während der sechs Wochen vor Drehbeginn zu Charles und erklärte ihm in seinem Haus meine Kameraausrüstung, Stück für Stück«, erzählt Cortez. »Ich wollte ihm zeigen, was jedes einzelne Objektiv vermochte. Doch schon bald wurde aus dem Lehrer der Schüler. Nicht was die Kenntnis der Kamera anbelangte, sondern die Ideen für ihren Gebrauch.« Als Drehbuchautor heuerten Gregory und Laughton James Agee an, dem zwar

Der Schauspieler spielt den Regisseur: Laughton führt Regie bei ›The Night of the Hunter‹ (1955).

der Ruf von Genialität, aber auch von Trunksucht vorausging. »Er lag im Flur meines Hauses in Santa Monica, sterbend, und sagte, Laughton hätte ihn getötet«, schrieb Gregory später, »oder, noch besser, würde ihn gerade töten. Vierzehn Tage lang war er in meinem Gästezimmer, immer betrunken. So betrunken, daß man es schon wieder nicht mehr glauben konnte. Schließlich brachten wir ihn in ein Hotel. Charles kam überhaupt nicht mehr in seine Nähe, sah ihn nicht einmal mehr – und deswegen trank Jim gerade noch mal

Dreharbeiten voller Harmonie – und noch eine nationale Institution: Lillian Gish, zusammen mit Sally Jane Bruce und ihrem Regisseur.

soviel. Schließlich hatte er das Drehbuch fertig, und es war so dick wie ein Telephonbuch. Wir zahlten ihm dreißigtausend Dollar dafür. Im nächsten Frühjahr war er tot.«

So wurde Laughton wirklich zum »Auteur« seines Filmes: Er schrieb das endgültige Drehbuch, produzierte und führte Regie mit ganz exakten Vorstellungen von der optischen Seite seines Filmes. *Night of the Hunter* ist dann auch tatsächlich nicht der Film eines perfekten, routinierten Regisseurs geworden, sondern der bildgewordene Traum eines Geschichtenerzählers: Er schweift ab, läßt sich Zeit, rafft gelegentlich, wenn die Aufmerksamkeit des Zuschauers nachzulassen droht, bedient sich der disparatesten Erzähltechniken und hat ein klares Konzept von Gut und Böse. Die Dreharbeiten müssen in einer geradezu »märchenhaften« Atmosphäre verlaufen sein. »Ich muß bis zu den Tagen von Griffith zurückgehen«, meinte Lillian Gish, »um mich an Dreharbeiten so voller Harmonie und Entschlossenheit zu erinnern ... es gab nicht einen einzigen Augenblick des Zweifels, wie oder was überhaupt wir tun sollten. Unser Ziel war es, Charles zu gefallen. Wir glaubten an ihn und respektierten ihn.« Charles war in seinem Element: Das war Arbeit nach seinen Vorstellungen, angenehm, konzentriert, ohne erkennbare Mühen, und dabei obendrein produktiv.»Neben den *Ambersons* war dies die aufregendste Erfahrung, die ich beim Film je hatte«, sagte Cortez. Charles muß wie ein dickes, glückliches Kind durch das Pathé-Studio gerollt sein, zufrieden, endlich wieder ein geeignetes Spielzeug und freundliche Spielkameraden gefunden zu haben. Selbst Mitchum, dem der Ruf, er sei ein *tough actor,* anhing, gab sich laut Laughton ungewöhnlich nett und zurückhaltend – so, wie er wohl auch wirklich war. »Charles erzählte ihm (Mitchum), es würde von ihm ein teuflischer Grobian verlangt. Mitchum sagte: ›Anwesend.‹ Das amüsierte Charles«, schrieb Gregory. Und Laughton fand: »Er ist ein literarisch gebildeter, großzügiger und netter Mann mit wunderbaren Manieren, und er spricht hinreißend – wenn er will. Er ist sehr zärtlich und ein wahrer Gentleman. Wissen Sie, eigentlich ist er sogar fürchterlich schüchtern.« Mitchum mußte sogar Kinder inszenieren:»Charles sprach mit dem kleinen Jungen«, erzählt Mitchum, »und fragte: ›Meinst du, John hat Angst vor dem Prediger?‹ ›Nee‹, sagte der Junge. Woraufhin Charles meinte: ›Nun, ich glaube, du hast die Rolle des Priesters nicht verstanden, und vielleicht nicht einmal deine eigene.‹ ›Ach wirklich?‹ sagte der Junge, ›das mag der Grund sein, warum ich den New York Critics' Circle Preis gewonnen habe.‹ Darauf sprang Laughton auf und röhrte: ›Schafft mir diesen rotznasigen kleinen Saukerl vom Hals. Ich will ihn nicht mehr sehen.‹ So mußte ich am Ende die Szenen mit den Kindern inszenieren.« *The Night of the Hunter* ist ein wirklich seltsamer Film, im besten angelsächsischen Sinne »weird«: voller ungewöhnlicher Bilder, voller schwarzer, bedrohlicher Blickwinkel und voller Poesie. »Ein Film, der uns wieder in Liebe zu einem experimentellen Kino verfallen läßt, das wahrhaftig experimentiert, und zu einem Kino der Entdeckung, das wirklich entdeckt«, schrieb Truffaut in seiner Filmkritik. Laughton hatte, so mutmaßt Callow, »seinen Beruf gefunden. Der Mann, der Worte liebte,

129

aber nicht schreiben konnte, der Mann, der Kunst liebte, aber nicht malen konnte, der Mann, der Autorität hatte, aber es vorzog, mit anderen zusammenzuarbeiten, hatte seinen Strich, seinen Stift, sein Team gefunden.«

Obwohl *The Night of the Hunter* kein Erfolg war, entwickelte Gregory neue Projekte. Doch Laughton war offensichtlich von der mangelnden Resonanz durch Kritik und Publikum tief getroffen. Seine Lust, ein neues Projekt zu beginnen, war auf dem Nullpunkt. Gregory kaufte zwar die Rechte an Norman Mailers »The Naked and the Dead«, Laughton machte sich auch mit zwei Co-Autoren an die Arbeit am Drehbuch, doch schien dieser Versuch mehr als halbherzig. »Nach einer Weile dämmerte es mir, daß Charles das Skript gar nicht zu Ende bringen wollte«, schrieb Terry Sanders, einer der Co-Autoren. »Ich hatte das Gefühl, als säßen wir nur so als Zuschauerschaft herum.« Nach einem halben Jahr war alles vorbei: fast eine halbe Million ausgegeben für Location-Research und Drehbuchgagen, und ein Drehbuch, das zwar laut Mailer und Gregory »absolut brillant« war, dessen Realisierung aber etwa zwanzig Millionen Dollar gekostet hätte. Ein Wahnsinn. Über diesem mißlungenen Projekt und einer heftigen Auseinandersetzung wegen eines homosexuellen Freundes von Charles kam es dann sogar zum Bruch mit Paul Gregory, der treibenden Kraft hinter den letzten fünf, den aktivsten Jahren von Laughtons Karriere. Callow meint, Laughton habe im Grunde vielleicht gar nicht so aktiv sein wollen, und so habe er schon länger einen Vorwand gesucht, um sich Gregorys zu entledigen. Wie dem auch sei: Ende 1955 jedenfalls war die Zeit der großen Projekte für immer vorbei. Die Partner Gregory und Laughton gab es nicht mehr.

Laughton wandte sich wieder dem normalen, geregelten Leben zu: Da war zunächst das Angebot von David Lean, den Major in seinem Film *The Bridge on the River Kwai* zu spielen, was Laughton aber ablehnte (zu anstrengend!) – Lean behauptet im übrigen, dieses Angebot nie gemacht zu haben. Im Dezember las Laughton auf einem noch von Gregory vermittelten Termin mit Raymond Massey, Jack Lemmon und Lillian Gish zum Todestag von Lincoln, Anfang 1956

Selbst Bob Mitchum fand ›The Night of the Hunter‹ ›ziemlich gut‹, und Laughton fand seinen Prediger ganz wunderbar.

trat er in der Jimmy Durante Show auf, und von Juni bis Oktober 1956 inszenierte er in New York erneut ein Stück von Shaw, wenn er es auch mit Herman Wouk umgeschrieben hatte: »Major Barbara« – mit nur mäßigem Erfolg.

Mehr Glück hatte Laughton, der inzwischen über Rückenbeschwerden klagte, mit den meisten seiner nächsten (und letzten) Filme: *Witness for the Prosecution* von Billy Wilder gehört nicht allein zu seinen besten Filmen, auch die Rolle des Wilfrid Robards ist eine seiner besten Rollen überhaupt. *Wit-*

›Witness for the Prosecution‹ (1957): Noch einmal funktioniert jene unerklärliche chemische Anziehung zwischen Charles und Elsa.

ness brachte Laughton erneut mit Tyrone Power und Henry Daniell *(The Suspect)* zusammen, so daß er sich wohl wie in einer ihm bekannten Familie fühlte – zumal Elsa seine Krankenschwester spielte. Beide sind zusammen hinreißend: Wieder einmal funkte jene unerklärliche chemische Anziehung, die aller Probleme und aller geistigen und körperlichen Entfernung zum Trotz doch noch immer bestanden haben muß. Laughton soll überaus glücklich während dieser Dreharbeiten gewesen sein: Er bot jeden Morgen eine neue Variante seines Charakters an, las für »reaction-shots« die Rollen aller anderen Schauspieler typischer, als sie es selbst gekonnt hätten, brachte Marlene Dietrich einen schauderhaften Cockney-Akzent bei (den sie im Film einsetzen mußte) und turnte wie ein Baby durch das Studio. Für ihre Darstellungen wurden Charles und Elsa für einen Academy Award nominiert – obwohl Charles meinte, man könne Oscars eigentlich nur mit der Rolle eines Blinden gewinnen: »Man muß nur die Augen schließen, sich am Treppengeländer festhalten und sich die Stufen hinuntertasten. In einem solchen Film sind immer Treppen, um es dem Schauspieler leichtzumachen – und du wirst sehen: die Auszeichnungen nehmen kein Ende.« Charles verlor, aber nicht gegen einen Blinden, sondern ironischerweise gegen Alec Guinness, der die unter anderem auch ihm angebotene Rolle in *The Bridge on the River Kwai* gespielt hatte.

Endlich einmal ein glücklicher Laughton in einem guten Film: mit Billy Wilder und Marlene Dietrich.

Ermutigt von dieser Arbeit ging Laughton im Januar 1958, nach einem Kuraufenthalt in Bad Gastein, daran, erneut ein Theaterstück zu inszenieren: dieses Mal in London. Jane Ardens »The Party« war eine Uraufführung, und Charles und Elsa spielten auch darin – zusammen mit dem jungen Albert Finney, den Laughton in Birmingham entdeckt hatte. Zum ersten Mal seit Jahren genoß Charles seine Heimat: »Allein den richtigen Sitzplatz für Charles in einem Restaurant zu fin-

Probe – mit Joyce Redman (r.) und Elsa Lanchester – von Jane Ardens ›The Party‹ (1958) ...

... und Aufführung: Laughton und Albert Finney.

den war in etwa so schwierig, wie Truppen in die Schlacht zu führen. Der Stuhl mußte sorgfältig plaziert werden, nicht zu deutlich sichtbar, aber auch nicht zu versteckt. Einmal – in den Midlands – kam ein Kellner zu ihm und sagte: ›Falls Sie Huhn möchten, Mr. Laughton, werfen Sie aber bitte nicht die Knochen über Ihre Schulter!‹ Trotz zweiundzwanzigjähriger Abwesenheit war Laughton nicht vergessen – das meinten auch seine Kritiker, die ihn und »The Party« wohlwollend rezensierten und dabei vor allem betonten, »wie schön es doch sei, Mr. Laughton wieder in London« zu haben. Vor allem die Szenen zwischen Laughton und Finney wurden gelobt, und Finneys Karriere machte durch »The Party« einen gewaltigen Schritt nach vorne. Während der sechsmonatigen Laufzeit von Jane Ardens Stück erhielt Charles eines Tages das Ange-

bot, in der hundertsten Saison in Stratford-upon-Avon aufzutreten: »Er antwortete nicht auf den Vorschlag und sagte, er
müsse nun gehen«, erzählt der damalige Leiter, Glen Byam
Shaw. »Wir verabschiedeten uns. Er ging. Zwei Minuten später steckte er den Kopf durch die Tür und sagte: Wenn Sie
mich bitten, den King Lear zu spielen, werde ich wohl kaum
ablehnen können.« Shaw bat, und Laughton akzeptierte –
wohl wissend, daß er damit in die Höhle des Löwen gehen
würde: Shakespeares Königsstück, ausgerechnet in Stratford. Noch einmal wollte der Dicke es wissen.

Während seiner intensiven Vorbereitung auf den Lear nahm
Laughton des Geldes wegen noch ein Filmangebot an: *Spartacus,* damals noch unter der Regie von Anthony Mann. Drei-
zehn Drehtage für einundvierzigtausend Dollar, das schien
die Anstrengung wert. Doch die Anstrengung war dann ziemlich groß: Inzwischen hatte Stanley Kubrick auf Geheiß des
Produzenten und Hauptdarstellers Kirk Douglas die Regie
übernommen und versuchte, die Zwänge einer Multi-Mega-
Star-Produktion mit seinem eigenen Wunsch nach einem per-
sönlichen Film zu verbinden. Laughton, der wie alle Schauspieler ein leicht »gefaktes« Drehbuch zugeschickt bekommen hatte und sich dann mit starken Veränderungen seiner
Rolle konfrontiert sah, beschloß gemeinsam mit Peter Ustinov, seine Szenen noch einmal umzuschreiben – offensichtlich mit gutem Erfolg. Die Szenen der beiden dicken Männer
sind ganz ausgezeichnet, zumal Ustinov und Laughton sich
köstlich verstanden haben müssen: Beide hatten eine große
Liebe zu anderen Künsten als dem Film, und Eßszenen spielten sie auch gerne. Mit Olivier, seinem anderen Partner, verband Laughton dagegen eine eher frostige Höflichkeit: Beide
scheinen sich nicht übermäßig geschätzt zu haben, weder als
Menschen noch als Schauspieler. Um so überraschender ist es
da, daß Laughton Olivier bat, seinen »King Lear« in Stratford zu inszenieren – was Olivier höflich ablehnte. »Ich
glaube nicht, daß wir miteinander zurechtgekommen wären,
denn ich verstand nie wirklich, was er mir erzählte«, schreibt
Olivier in »On Acting«. »Ich meine, ich war ihm intellektuell
einfach nicht gewachsen.«

Die Vorbereitung auf den Lear nahm Laughton dann für den Rest der Zeit bis zum Juni völlig in Anspruch. »Er war Lear geworden. Nachts konnte er nicht schlafen, nicht weil er an den Text dachte, sondern weil es ihn quälte. Der Lear war nun immer bei ihm«, schreibt Elsa, die ihm half und assistierte – wie in den Anfangsjahren ihrer Ehe. Im Mai 1959 verließ er

Laughton auf dem Weg nach Stratford: Und in der Nervosität spielt er schon wieder das Baby. ›Nicht ins Handgepäckfach legen‹ steht auf dem Schild an seinem Revers.

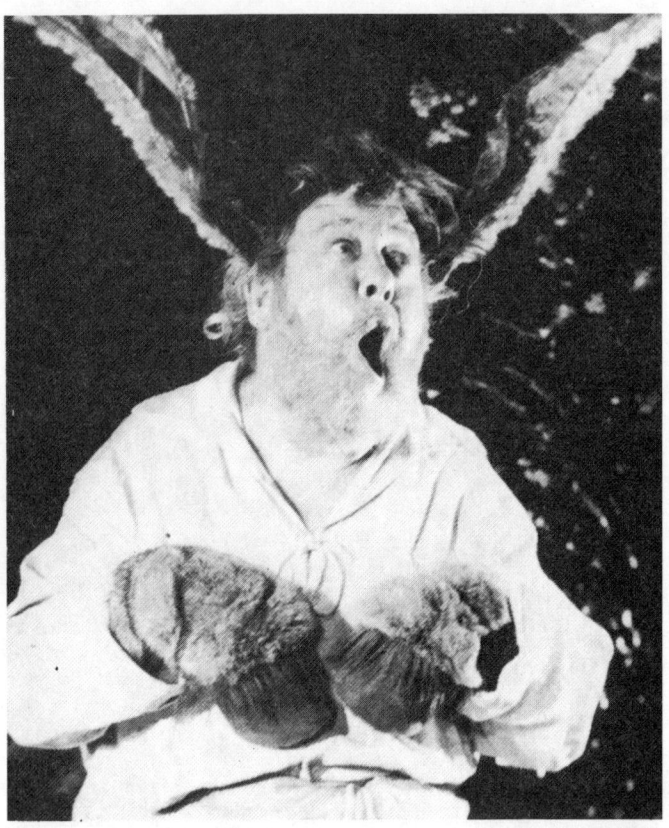

›Ein junger Mann stürmte auf die Bühne. In diesem Augenblick konnte er nicht älter als siebzehn sein‹ (Giles Gordon). Laughton als Zettel im ›Sommernachtstraum‹ (1959).

sein Haus in der Curson Avenue und fuhr nach England – mit den üblichen Vorahnungen: »Ich werde scheitern, natürlich!« Trotz einer ganzen Ansammlung von Stars (Paul Robeson und Sam Wannamaker in »Othello«, Edith Evans in »All's Well That Ends Well« und Olivier als »Coriolan« und »Titus Andronicus«) war Laughton in diesem Jahr *der* Star, und somit waren die Erwartungen, die auf ihm lasteten, besonders groß. Den Auftakt seines Auftretens in Stratford machte die von Peter Hall inszenierte Produktion von »A Midsummer Night's Dream«, in der Charles den Bottom (Zettel) spielte. Doch das war, ungeachtet des großen Erfolgs, nur ein Aperitif. Während der Proben zum »Lear« suggerierte Charles jede nur denkbare Spielmöglichkeit, und Shaw, ein eher schwacher Regisseur, nahm sie dankbar an. Die anderen Schauspieler hatten eher das Gefühl der Unsicherheit bei Charles und wurden selbst verunsichert. Doch Charles war ganz augenscheinlich auf der Suche nach großer Einfachheit: »Vielleicht spielte er, wie Glenn Gould, einfach nicht für das Publikum«, meinte Ian Holm. Und Michael Blakemore sagte: »Von all den großen Künstlern, die wir in dieser Saison hatten, war Charles auf eine bestimmte, fast nackte Weise der größte Künstler. Man konnte richtiggehend fühlen, wie er ständig darum kämpfte, etwas wirklich Neues, nicht des Ruhmes oder des Publikums wegen, zu kreieren.« Doch Elsa fand, Charles würde das gemeinsam entwickelte Konzept betrügen – und sagte es ihm. Charles wurde unsicher und erholte sich ganz offensichtlich nicht mehr davon: Noch bei der Generalprobe, wie so oft, ganz ausgezeichnet, wurde er bei der Premiere nervös. Die Kritiken waren geteilter Auffassung: von »Laughton ist kein großer Lear« *(News Chronicle)* bis hin zu »Ein brillanter Lear« *(Evening Standard)* reichten die Meinungen. Doch vermutlich wäre Charles ein besserer Lear gewesen, hätte er das ganze Stück und alle Rollen *lesen* dürfen – so wie er es vor Peter Hall, Christopher Isherwood und Bertolt Brecht getan hatte: »er bringt ausgezeichnet den lear des ersten aktes, dann das beibehalten der haltung des mächtigen nach der aufgabe der macht. großartig setzt er die leere, formelhafte anrufung der überirdischen mächte ab gegen die einfachen realistischen äußerungen oder echten gefühle«, schrieb Brecht 1944 in seinem »Arbeitsjournal«. Doch ganz gleich, wie gut nun Charles' Leistung als Lear wirklich war: wichtig vor allem war, daß er diese Rolle hatte spielen können, im Angesicht eines vielleicht unbewußt schon erwarteten Todes. Von nun an hatte Charles noch zwei Jahre zu leben.

Laughton und Elsa in Stratford-upon-Avon: Er mit ›Lear‹-Bart, sie als sein Coach (1959).

Wieder einmal mußte Geld verdient werden – und so nahm Charles das Angebot von Dino de Laurentiis an, für hunderttausend Dollar in einem außerordentlich schlechten Kriegsfilm aufzutreten: *Under Ten Flags*. Das einzig Angenehme an dieser Produktion war, daß Charles mit seinem neuen und letzten Geliebten, Terry Jenkins, einen gemeinsamen Mittelmeerurlaub verbringen konnte. Charles hatte Jenkins in einer Kunstgalerie kennengelernt (natürlich!), und beide Männer hatten sich sofort sexuell und emotional zueinander hingezogen gefühlt: Es war tatsächlich Liebe auf den ersten Blick. Gemeinsam mit vielen anderen Geliebten von Charles erfüllte Terry die Voraussetzungen für Charles' Higgins-Komplex: Er wollte lernen, Charles wollte lehren. »Ich hatte noch nie solch einen Menschen getroffen«, sagte Terry später, »ich wußte noch nicht einmal, daß es so etwas wie Charles gab. Sein Wissen machte mich einfach fertig. Mit Charles zusammenzusein war besser, als die beste und liberalste Universität der Welt zu besuchen.«

Kurz nach *Under Ten Flags* erlitt Charles einen Herzinfarkt, den die Ärzte auf eine Erkrankung der Gallenblase zurückführten – kein Wunder bei den Mengen, die Charles zu jeder Tageszeit essen konnte. Charles wurde operiert, doch schon während seiner Rekonvaleszenz inszenierte er wieder: als Dank für Elsas Hilfe bei seinem Lear nun eine eigene, überaus erfolgreiche One-Woman-Show für sie mit dem Titel »Elsa Lanchester – Herself«. Laughtons Mitarbeit wurde hinter der Formel »Zensiert von C. L.« versteckt. Nach seiner Operation erholte sich Laughton nur langsam. Dennoch trat er 1961 noch zweimal im Fernsehen auf, lesend natürlich, und trat mit Terry eine Reise nach Hongkong und Japan an. »Als Charles in Japan war, machte er alles, was auch die Japaner machen: Er fühlte sich diesen Menschen verwandt, die nach Frieden suchten«, schrieb Elsa. Und Terry sagte: »Er wollte sein Leben neu beginnen, von vorne, mit dem, den er liebte. Er wollte ganz neu anfangen. Also gingen wir nach Japan, und es war, als wären wir zwei Kinder, die zum ersten Mal die Welt erforschen.« In Tokio ging Charles immer wieder eine lange Straße voller Menschen hin und her, begeistert darüber, daß ihn niemand erkannte. In Kyoto saß er in den Gärten und wurde ganz ruhig. »Er saß da fünf Stunden lang, ganz allein. Ich hatte ihn noch nie irgendwo alleine sitzen sehen. Die Sonne ging langsam unter, als er sagte: ›Ich kann einfach nicht mehr.‹ Nie sprach er darüber, was ihm in diesen fünf Stunden zugestoßen war«, erzählte Terry.

Nach seiner Rückkehr aus Japan spielte Charles Laughton in seinem letzten Film: *Advise and Consent* von Otto Preminger. Noch einmal war er der große Gigant: eine riesige Kaulquappe, die sich über die Szenen legte, sie dominierte und sich dennoch in das Ensemble einfügte. Franchot Tone, der schon wußte, daß er an Krebs erkrankt war, und Charles Laughton, der es noch nicht wußte, vielleicht nur ahnte, spielten in ihrem letzten Film – und waren von einer tatsächlich bewegenden Kraft und Einfachheit. »Ein paar Monate später rief er mich mitten in der Nacht an«, schreibt Preminger in seiner Autobiographie. »Er war gerade mit seiner Lesung auf einer Tour durch den Mittelwesten. Er war im Bad gestürzt und hatte sich die Hüfte verletzt. Ob ich ihm helfen könnte? Ich überredete ihn, nach New York zu kommen, wo ich ihm ein Bett im New York Hospital besorgte. Nach zehn Tagen hatten die Tests der Ärzte ergeben, daß ein Verdacht auf Krebs bestand. Ich besuchte ihn. Er weinte hemmungslos. Wir öffneten eine Flasche Champagner und feierten.«

Mit entwaffnender Ehrlichkeit schrieb Elsa, die Charles oft mit Cordelia verglichen hatte (»Er sagte, ich würde meine Meinung sagen, wie Cordelia, bis hin zu einer verletzenden Grenze«), über den Tag, an dem sie von Charles' Krankheit erfuhr: »Ich wußte, daß ich von etwas befreit wurde. Ich war wie Ariel, der von Prospero befreit wird.« Das rührte sicher auch daher, daß Elsa kurz zuvor, während ihrer ersten eigenen Tournee, von einem gescheiterten Selbstmordversuch Charles' erfahren hatte und den von Charles gewählten Zeitpunkt (nicht die Aktion als solche!) als einen Angriff auf ihre eigene künstlerische Karriere verstanden hatte. Obwohl der ursprünglich ihr angestammte Platz im Laufe der Jahre von Männern eingenommen worden war, blieb sie nun während der letzten elf Monate ausdauernd bei Charles, so als ob (fast) nichts geschehen wäre in den vergangenen zweiunddreißig Jahren. »Mit der Zeit«, so schrieb sie später, »ging ich dazu über, diese Freunde von ihm fast als Teil meines Lebens mit Charles zu akzeptieren. Ich sorgte mich um ihn, deshalb war ich immer froh, wenn Charles einen Mann fand, den er liebte und der ihn mochte.«

›Advise and Consent‹: mit Otto Preminger (1962).

Jeden Tag wurde Charles, bei dem sich der Verdacht auf Kno-
chenkrebs bestätigt hatte, nun schwächer: Zunächst blieb er
im St. Moritz Hotel in New York, in der Nähe des Kranken-
hauses, dann brachte man ihn nach Hause, nach Kalifornien,
wo er im Krebszentrum an der Hüfte operiert wurde. Danach
war er kaum noch in der Lage, aus eigener Kraft zu laufen.
Die meiste Zeit lag er nun im Bett, mit Schmerzmitteln voll-
gepumpt. Jede halbe Stunde mußte man ihn umdrehen. Billy
Wilder besuchte ihn und bot ihm die Rolle des Moustache in
seinem nächsten Film, in *Irma la Douce,* an. »›Glaub nicht,
was sie dir erzählen‹, flüsterte Laughton ihm zu, ›es ist nicht
wahr. Ich werde es dir beweisen.‹ Er ließ sich von seinem
Krankenpfleger anziehen, sein Haar kämmen, rasieren und

sich in einen Stuhl am Swimmingpool setzen. Dann sagte er: ›Schau mich an. Seh ich aus wie jemand, der sterben wird?‹ Er stand alleine auf und ging langsam um den Pool. Er muß grauenvolle Schmerzen gehabt haben, aber er wollte mir einfach sagen: Warte! Es war eine der besten Vorstellungen, die ich je gesehen habe. Ich war tief bewegt.«

Burgess Meredith, sein alter Freund, schaute regelmäßig vorbei, auch dann, als Laughton oft gar nicht mehr wußte, was geschah. Einmal sah Charles plötzlich auf und sagte: »Buzzy, ich glaube nicht, daß der Regisseur weiß, was er tut, oder? Meinst du, ich kann aus diesem Film noch aussteigen?« »Nein, Charlie«, sagte Meredith, »der Regisseur hat wirklich keine Ahnung von seinem Job. Du bist zu groß für ihn.«

Während der letzten Wochen lag Charles dann in dem Zimmer seines Hauses, in dem er Schauspielunterricht abgehalten hatte, umgeben von seinen Bildern. »Bilder brauchte Charles zum Leben«, sagte Elsa, »es war nicht einfach Liebe, sondern Notwendigkeit. Es war wie Wasser und Brot.« Solange er noch bei Bewußtsein war, arbeitete er gelegentlich mit Christopher Isherwood an einem Drehbuch über Sokrates. Doch dann fiel er bald in Bewußtlosigkeit, aus der er nur manchmal wie aus einer fernen Welt auftauchte, um aber sofort wieder in sein imaginäres Reich aus Träumen zurückzusinken. »Die obere Hälfte seines Körpers war auf seine linke Seite gedreht, und sein Gesicht war ins Kissen gedrückt. Irgendwie ließ einen der struppige Wyatt-Earp-Bart glauben, daß er in seinen Gedanken, wenn sein Kopf klar war, aufstehen und wieder spielen würde ...«, schrieb Albert Finney, der Laughton kurz vor seinem Tode besuchte.

Über seinem Bett hingen die Bilder von Utrillo, Dufy und Matisse. Zu Isherwood hatte Charles erstaunt gesagt, er sei bestürzt, wie wenig er aufs Sterben vorbereitet sei, und daß das einzige, was ihm dabei helfe, der Gedanke an die Gärten in Japan sei. Manchmal kamen die Gestalten aus seinen filmgewordenen Alpträumen durch die Wand gestürmt und brachten die Ordnung des Daisen-in durcheinander. Dann schreckte Charles hoch, rief: »Sterbe ich? Was ist los?« und fiel wieder in die Bewußtlosigkeit zurück.

Auf seiner letzten Reise: nach Japan (1961).

Während der letzten Woche vor seinem Tod wachte Charles nicht mehr aus der Dunkelheit auf. Schnee bedeckte die Steine der Gärten von Kyoto.
Am 15. Dezember 1962 war Charles Laughton tot.

Er wurde auf dem Friedhof von Forest Lawn begraben, zu einem besonders günstigen Preis, denn der Friedhof wollte mit einem berühmten Namen auch andere anlocken. Das hätte Charles sicherlich amüsiert. Unter den Sargträgern waren Jean Renoir, Otto Preminger und Christopher Isherwood, der auch die Totenrede hielt. Nicht aus dem »Lear«, sondern, wie es bei Schauspielern oft so beliebt scheint, aus »The Tempest«, an dessen Ende, im Epilog, auch die letzten Sätze von Isherwoods Rede stehen: »Hin sind meine Zaubereien / was von Kraft mir bleibt, ist mein / Und das ist wenig, nun ist's wahr / ich muß hierbleiben immerdar« – und, als allerletztes: »As you from crimes would pardon'd be / Let your indulgence set me free.«

TEIL II

Die Filme

BLUE BOTTLES
England 1928
Regie: Ivor Montagu, *Drehbuch:* Frank Wells nach einer Story von
H. G. Wells, *Kamera:* F. A. Young, *Regieassistenz:* Frank Wells
Besetzung: Elsa Lanchester, Joe Beckett, Dorice Fordred, Marie
Wright, CHARLES LAUGHTON, Norman Haire
Produktion: Angle Pictures; 20 Min./stumm/sw

»From small events large causes spring«, sagt gleich am Anfang der
erste Zwischentitel: Und so ist es dann auch. Eine Versammlung
zwielichtiger Gestalten, unter ihnen auch Laughton, trifft sich zur
Planung neuer Verbrechen in einem leerstehenden Haus. Ein Polizist, der nachts durch die Straßen patrouilliert, überrascht sie dabei,
wird niedergeschlagen und ins Haus gezerrt. Das einzige, was von
ihm auf der Straße liegenbleibt, ist seine Trillerpfeife. Elsa Lanchester, die mit ihrer Freundin aus dem Kino kommt (sie haben *Con-
stans Nymph* mit Ivor Novello gesehen), findet die Pfeife und bläst
darauf – aus Übermut. Ein an Eisenstein geschulter Schnitt illustriert die Folgen ihres Pfiffes: Ein Polizist hört den Pfiff und pfeift
ebenfalls, viele Polizisten pfeifen, alle Polizisten rücken aus, Flieger
donnern über den Himmel, Panzer durch die Ebenen und Schiffe
durch die Meere. Lanchester sieht sich von Bobbies umringt: »Did
you blow the whistle?« Sie zeigt stumm aufs Haus, und die Polizisten
stürmen das Haus. Es folgt ein Schußwechsel, in den auch Lanchester mit einbezogen wird: Laughton versucht, ihren Hut zu zerschie-
ßen, und wird dabei selbst erschossen. Elsa irrt auf staksigen Beinen
durch das Haus und verstärkt das Tohuwabohu. Doch schließlich
siegt das Gute. Die Bande kommt, soweit noch lebendig, hinter
Schloß und Riegel, Elsa bekommt eine Auszeichnung und einen
Kuß: Aber die Medaille ist ein alter Schirm, und der Kuß kommt von
einem alten Bobby! Schließlich salutieren alle Polizisten noch so mit
ihren Stöcken, daß sie wie Penisse aussehen, und Elsa rennt entsetzt
davon – hinein in die nächste Katastrophe …
Blue Bottles ist der erste einer ganzen Reihe von kleinen Stummfil-
men, die H. G. Wells für Elsa geschrieben hatte und die ihre leicht

überdrehte Vaudeville-Begabung herausstellen sollten. Bemerkenswert ist der ironische Einsatz der Eisensteinschen Montagetechnik,
wie überhaupt die visuelle Gestaltung höhere Ambitionen verrät.
Laughton ist kaum zu erkennen: Einziger sicherer Anhaltspunkt ist
sein schon damals beachtlicher Körperumfang. Von seiner Schauspielerei ist hingegen nicht viel zu sehen – noch nicht.

DAY-DREAMS
England 1928
Regie: Ivor Montagu, *Drehbuch:* Frank Wells nach einer Story von
H. G. Wells, *Kamera:* F. A. Young, *Regieassistenz:* Frank Wells
Besetzung: Elsa Lanchester, CHARLES LAUGHTON, Harold Warren-
der, Dorice Fordred, Marie Wright
Produktion: Ideal Films; 23 Min./stumm/sw

»Diese Produktion wurde von Ivor Montagu inszeniert, dem Leiter
der Londoner Film-Society. Er führt die Ideen von Mr. Wells in zu-
friedenstellender Weise aus, vor allem in den Szenen, in denen er die
Vorstellungen einer kleinen Dienerin von Paris und anderen konti-
nentalen Städten illustriert. In der Geschichte geht es um den Tag-
traum einer Londoner Hausangestellten, die von einer Freundin gehört hat, die eine Gräfin geworden ist. Seine Einfachheit trägt zu seinem Charme bei.« *(New York Times Film Review)*

PICCADILLY
England 1929
Regie: E. A. Dupont, *Drehbuch:* Arnold Bennett
Besetzung: Gilda Gray, Jameson Thomas, Anna May Wong, King
Ho-Chang, Cyril Richard, Hannah Jones, CHARLES LAUGHTON
(Gast)
Produktion: British Isles Productions; stumm/sw

»Es geht um ein Restaurant am Piccadilly und seine beste Tänzerin.
Schon seit längerem gefällt sie dem Publikum nicht mehr, und als
auch noch ihr Partner entlassen wird, sieht sie sich außerstande, die
Aufmerksamkeit des Wirtes weiterhin zu erringen. Ihre letzte Vorstellung wird von einem Gast ruiniert, der sich über eine schmutzige
Platte beschwert. Doch als der Wirt in die Küche geht, um die Platte
zu begutachten, entdeckt er eine chinesische Tänzerin, die dort für
ihre Freunde tanzt. Die Chinesin wird als Tänzerin angestellt. Der
Wirt verliebt sich in sie. Er besucht sie in einer Nacht, verläßt sie,
kurz bevor die andere Tänzerin ebenfalls bei ihr auftaucht, und
glaubt deshalb, diese sei schuldig, als die Chinesin am nächsten Mor-

Die erste der berühmten Freßszenen: in ›Piccadilly‹ (1929).

gen tot aufgefunden wird. Doch bei der Verhandlung stellt sich schließlich der wahre Mörder – ein anderer Chinese.« *(Times)*
Der erste Film, in dem Charles eine seiner berühmten Freßszenen spielt: Wie später in *Henry VIII* redet und ißt er gleichzeitig, und das auch noch kontrapunktisch. Charles hat nur eine einzige Szene, in der er jedoch so auffällt, daß ihn alle Kritiken erwähnen – nicht als Schauspieler, sondern als Rolle. Regisseur Dupont hatte zuvor mit *Varieté* für die Ufa einen hochgerühmten Film gedreht, und auch dieser bekam, trotz der heute merkwürdig kolportagehaft anmutenden Story, gute Kritiken.

WOLVES
England 1930 (US-Titel: Wanted Men)
Regie: Clifford Pember (ohne Credit), nach anderen Quellen: Albert de Courville, *Drehbuch:* Reginald Berkeley nach einer Story von Georges Toudouze, *Kamera:* David Kesson
Besetzung: CHARLES LAUGHTON (Job), Dorothy Gish (Leila McDonald), Malcolm Keen (Pierre), Jack Osterman (Hank), Arthur Mar-

149

›Wolves‹ (1930): eine Jugendsünde (hinter Laughton: Dorothy Gish).

getson (Mark), Franklyn Bellamy (Pablo), Griffith Humphreys (Semyon), Andrews Engleman (Pfeiffer), Betty Bolton (Naroutcha)
Produktion: British & Dominion Productions; 35 Min./sw

»Jeder macht Fehler in seiner Jugend. Dieser hier wurde von Charles Laughton 1931 in seinem Heimatland gemacht, und er schwebt noch immer drohend über seinem Kopf. Es geht um eine Bande von Outlaws in einem Walfänger-Camp in Labrador. Jeder sucht eigentlich gerade nach der Bande, nur das Mädchen nicht, das bewußtlos in einem Boot angeschwemmt wird. Die Jungs tauen sie auf, doch sie wird nicht warm, und so gibt es viel Aufregung darum, wer sie nun heiß machen darf. Es ist Laughton, doch seine Motive sind ehrenhaft, und so verliert er natürlich sein Leben, als er ihr hilft zu entkommen.« *(Times)*

Jack Osterman, der den Film mit einem Song eröffnet, um dann »der ruhigste Junge im Camp zu werden – das nennt man Typenbesetzung«, versuchte 1936, als der Film unglücklicherweise die USA erreichte, alle Kopien aufzukaufen und zu zerstören – doch vergeblich. Laughton war zu dieser Zeit in England, um *Rembrandt* zu drehen, so daß er den Einsatz von *Wolves* vor *Mr. Deeds Goes to Town* wohl gar nicht mitbekommen hat.

DOWN RIVER
England 1931
Regie: Peter Godfrey
Besetzung: CHARLES LAUGHTON, Harold Huth, Jane Baxter
Produktion: British Acoustics on Film (oder: Gaumont); sw

Kine Weekly vom Mai 1931 putzt *Down River* als dummes Zeug für Schuljungen herunter und beschreibt Laughton, der einen Halb-Holländer/Halb-Orientalen spielt, der wegen Drogenschmuggels observiert wird, verständlicherweise als »nie ganz sicher ob seines Akzentes. Er hat die Gelegenheit, sein Genie für Make-up zu zeigen, doch er scheitert daran, einen überzeugenden Charakter darzustellen.« (Zit. nach Simon Callow)

1931 spielte Charles Laughton noch in einem Film mit dem Titel *Comets,* der offensichtlich verschollen ist.

THE OLD DARK HOUSE
USA 1932
Regie: James Whale, *Drehbuch:* Benn W. Levy nach einem Roman von J. B. Priestley, zusätzliche Dialoge: R. C. Sherriff, *Kamera:* Arthur Edeson, *Regieassistenz:* Charles D. Hall, *Schnitt:* Clarence Kolster
Besetzung: Melvyn Douglas (Roger Penderel), CHARLES LAUGHTON (Sir William Porterhouse), Gloria Stuart (Margaret Waverton), Raymond Massey (Philip Waverton), Ernest Thesiger (Horace Femm), Boris Karloff (Morgan), Lillian Bond (Gladys DuCane), Eva Moore (Rebecca Femm), Brember Wills (Saul Femm), John Dudgeon (Sir Roderick)

Produktion: Carl Laemmle jr. für Universal Pictures; 72 Min. (75 Min.)/sw

Die klassische Ausgangssituation vieler Horrorfilme: drei Menschen, in einen Sturm geraten, suchen Hilfe in einem einsamen Haus und gehen einem noch größeren Schrecken entgegen. Hier sind es die Wavertons und Roger Penderel, die vor einem Unwetter in das Haus des vogelgesichtigen Ernest Thesiger fliehen, der sich sogleich als Atheist vorstellt und exzentrische Bemerkungen macht. Die Stimmung wird zunehmend bedrohlicher, als seine Schwester Rebecca und der Butler Morgan auftauchen, der die Angewohnheit hat, mit zunehmender Trunkenheit mordlüstern zu werden. Erst mit dem Auftauchen des forsch-netten Porterhouse und seiner Geliebten Gladys scheint der Abend gerettet – und die Besucher des Hauses auch. Doch dann trinkt Morgan, attackiert Margaret und wird

Laughton analysiert die Lage: an der Seite von Ernest Thesiger, Eva Moore, Lillian Bond und Boris Karloff in ›The Old Dark House‹ (1932).

Laughton, der Underdog, mit Sumo-Ringer-Griff bei Karloff, der von Massey gewürgt wird, während Douglas versucht, seine Haare nicht zu verwuscheln. ›The Old Dark House‹ von James Whale.

von Philip niedergeschlagen. Die Atmosphäre beginnt zu knistern: Penderel und Gladys verlieben sich ineinander, Philip und Margaret entdecken in einem verlassenen Winkel des Hauses sein entsetzliches Geheimnis: den pyromanischen Bruder von Thesiger, Saul, der nur darauf wartet, aus seinem Gefängnis freigelassen zu werden und das Haus in Brand zu stecken. Wie jedermann ahnt, geschieht genau dies, doch Penderel gelingt es, Saul zu töten und die Besucher lebend aus dem Haus zu führen. Und wenn sie nicht gestorben sind – dann lebt vor allem Morgan noch und wartet auf eine Rückkehr seiner Besucher …

Ein ziemlich guter Horrorfilm, wenn auch nicht halb so gruselig, wie er hätte werden können. Doch Whale, später mit den *Frankenstein*-Filmen zu unsterblichem Ruhm gelangt, schafft es auch hier, Spannung, schwarzen Humor und *gothic horror* zu verbreiten. Vor allem Thesiger und Eva Moore helfen ihm dabei sehr. Eva Moore war eigentlich nur aus Zufall zu diesem Film gekommen: Sie war eine englische Bühnenschauspielerin, die ihre Tochter Jill Esmond nach Hollywood begleitet hatte, wo Whale sie aus der Vergessenheit holte. Whale spielt gekonnt mit dem häufigen Wechsel zwischen Schrecken und Entspannung, Schock und Gelächter: so, wenn Gloria Stuart versucht, mit Schattenspielen die Stimmung der Gäste aufzuhei-

153

tern, und dann selbst vom bedrohlichen Schatten Eva Moores erschreckt wird; wenn Karloffs schockartiger erster Auftritt durch einen komischen Dialog entmystifiziert wird; wenn Thesiger einen Blumenstrauß betrachtet, sagt: »Meine Schwester war gerade dabei, diese Blumen zu arrangieren«, um ihn dann prompt ins Feuer zu werfen; und natürlich vor allem in der berühmten Dinnerszene, in der Thesiger seinen Gästen ein sehr bescheidenes Mahl mit großer Attitüde anbietet, Karloff es serviert und Eva Moore die von Laughton sonst immer gespielte Freßszene exekutiert.

Über Laughton schreibt die *New York Times:* »Mr. Laughton spielt Sir William Porterhouse und spricht mit einem Lancashire-Akzent. Er zeichnet ein wunderbares Porträt.« Es war, wie Callow richtig sagt, das Porträt eines Underdogs: sowohl sozial als auch sexuell – eine Rolle, die gut zu Laughton paßte.

DEVIL AND THE DEEP (Die Frau im U-Boot)
USA 1932
Regie: Marion Gering, *Drehbuch:* Benn W. Levy nach einer Story von Harry Hervey, *Kamera:* Charles Lang, *Regieassistenz:* Bernhard Herzbrun, *Schnitt:* Otho Lovering
Besetzung: Tallulah Bankhead (Pauline Sturm), Gary Cooper (Lt. Sempter), CHARLES LAUGHTON (Charles Sturm), Cary Grant (Lt. Jaekel), Paul Porcasi (Hassan), Juliette Compton (Mrs. Planet), Henry Kolker (Hutton), Dorothy Christy (Mrs. Crimp), Arthur Hoyt (Mr. Planet), Gordon Westcott (Lt. Toll), Jimmie Dugan (Condover), Kent Taylor (ein Freund)
Produktion: Paramount Pictures; 70 Min., sw

»Commander Charles Sturm, Kapitän eines in einem kleinen Hafen an der afrikanischen Nordküste liegenden U-Bootes, hat gerade einen seiner jungen Offiziere wegen Dienstpflichtverletzung versetzen lassen. Seine Frau Pauline jedoch weiß, daß Eifersucht der wahre Grund dieser Maßnahme war. Als sie ihm das ins Gesicht sagt, beschuldigt er sie der Untreue, wird wütend und wirft sie aus dem Haus. Pauline geht in die Stadt, wo die Moslems ihr Beiram-Fest feiern. Fast wird sie von der Menschenmenge erdrückt, aber ein fremder junger Mann taucht auf und bringt sie in Sicherheit. Später fahren sie in die Wüste. Als sie im Sand liegen, verschüttet Pauline etwas von dem Parfüm, das ihr der Fremde gekauft hat, auf ihr Kleid und reibt es mit seinem Taschentuch ab. Sie bleiben den ganzen Abend zusammen. Am nächsten Morgen macht sie ihm klar, daß sie sich nicht wiedersehen dürfen. Als Sturm das Parfüm an seiner Frau riecht, wird sein Argwohn nur noch größer. Durch die Ankunft seines neuen Offiziers, Lt. Sempter, kommt er kurz auf andere Gedanken – bis Sempter während ihrer Unterhaltung einmal sein Taschentuch fallen läßt und Sturm den Duft wiedererkennt. Auch Pauline muß in Sempter ihre Bekanntschaft aus der Stadt erkennen. Da sie befürchtet, daß Sturm etwas Fürchterliches plant, eilt sie an Bord, um Sempter zu warnen. Sturm überrascht die beiden in seiner Kabine und gibt Tauchbefehl. Er steuert direkt auf einen Frachter zu und übergibt kurz vor der Kollision an Sempter. Das schwer beschädigte Boot sinkt, und die Mannschaft hält Sempter für den Verantwortlichen. Pauline jedoch zieht eine Pistole aus der Tasche, hält die Mannschaft in Schach und erklärt ihnen, daß ihr Mann den Unfall herbeigeführt hat. Sempter übernimmt das Kommando und sorgt dafür, daß sich einer nach dem anderen durch den Notausstieg in Sicherheit bringt. Nur Sturm eilt ins Heck des U-Bootes, öffnet eine Luke und ertrinkt in den hereinstürzenden Wassermassen.« (Homer Dickens)

Laughtons erster Film, der in die amerikanischen Kinos kam und ihm gleich überwältigende Kritiken brachte, wenngleich der Film

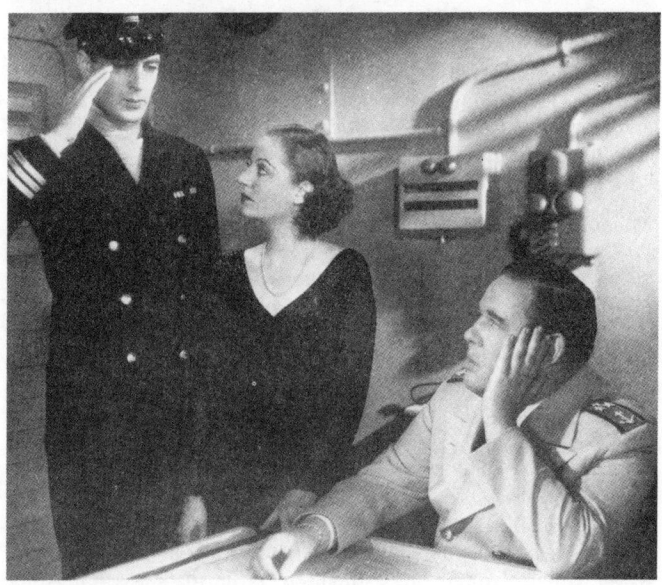

Laughton und Tallulah Bankhead schauen zu Gary Cooper auf – aus verschiedenen Gründen. ›Devil and the Deep‹ (1932).

155

insgesamt eher abfällig beurteilt wurde: »Laughtons kraftvolles Porträt ist die herausragende schauspielerische Leistung« schrieb die *New York Times*. Laughton selbst war eher von Cooper angetan. Als Regisseur Gering Cooper einmal anherrschte: »Mr. Cooper, werden Sie nun endlich beginnen zu spielen?«, donnerte Laughton: »Er spielt doch, Sie Idiot – nur *SIE* sehen es nicht. Nur die Ka-me-ra tut es!«, und er meinte später: »Ich wußte sofort, daß Gary etwas besaß, was ich niemals besitzen würde. Es ist etwas Reines, und er weiß noch nicht einmal, daß er es hat.« Callow hingegen meint, aus heutiger Sicht sei die Darstellung von Bankhead am ehrlichsten und modernsten: Ihr Zynismus und »ihr In-den-Tag-hinein-leben, so als sei es der letzte« sind tatsächlich sehr gegenwärtig. Alles in allem aber ist *Devil and the Deep* wohl, wie René Jordan schreibt, eines der lustigsten Desaster der Filmgeschichte.

PAYMENT DEFERRED
USA 1932
Regie: Lothar Mendes, *Drehbuch:* Ernst Vajda und Claudine West nach einem Stück von Jeffrey F. Dell, basierend auf einem Roman von C. S. Forester (nach anderen Quellen: Frank Sullivan)
Besetzung: CHARLES LAUGHTON (William Marble), Neil Hamilton (Gordon Holmes), Maureen O'Sullivan (Winnie Marble), Dorothy Peterson (Annie Marble), Verree Teasdale (Mme. Collins), Ray Milland (James Medland), Billy Bevan (Hammond), Halliwell Hobbs (zukünftiger Mieter), William Stack (Arzt)
Produktion: Metro-Goldwyn-Mayer; 80 Min., sw

William Marble ist ein kleiner Londoner Bankangestellter, der für die Verwaltung der fremden Währungen in seiner Bank zuständig ist. Er hat viel Geld verspekuliert und lebt nun in ständiger Angst vor Gläubigern. Eines Tages erfährt sein Vorgesetzter durch den Brief eines Gläubigers von Marbles Verbindlichkeiten und droht ihm mit der Entlassung, falls er nicht innerhalb kurzer Zeit seine finanziellen Probleme regeln kann. In derselben Nacht erhält Marble Besuch von einem australischen Neffen, der – Deus ex machina – auch noch über eine beträchtliche Börse verfügt. Nachdem Marble zunächst vergeblich versucht hat, seinen Neffen James Medland zu einer Spekulation an der Börse zu verleiten, bringt er ihn schließlich mit Zyankali um. Seiner Frau und seiner Tochter verheimlicht Marble das Verbrechen. Doch der plötzliche Reichtum und die offensichtliche Angst Williams vor einem bestimmten Gartenstück lassen in Annie Marble den Verdacht erwachsen, daß ihr Mann ein Mörder ist. Sie hält zwar zunächst zu ihm, doch dann läßt ihr Gewissen ihr keine

Mit Dorothy Peterson in ›Payment Deferred‹ (1932).

Ruhe: Sie begeht Selbstmord. Marble wird fälschlicherweise für ihren Mörder gehalten und zum Tode verurteilt.

Die Rolle des William Marble hatte Charles einige Jahre zuvor schon auf den Londoner und New Yorker Bühnen gespielt, mit großem Erfolg – leider blieb dieser bei der Filmversion aus. Trotz guter Kritiken für Laughton machte Ray Milland dessen theatralische Spielweise für den Flop verantwortlich: »In der Szene, in der Laughton die Idee hat, mich zu vergiften, sollte er einen kleinen Flur entlanggehen, direkt auf die Kamera zu, in eine Großaufnahme, so daß die Zuschauer in seinem Gesicht die Geburt dieser Idee lesen konnten. Zuerst ließ Laughton seine Augen rollen, dann verschwanden sie in seinem Kopf, so daß man nur noch das Weiße sehen konnte. Dann begann seine Oberlippe zu zucken und zu zittern, und dann, ach lieber Gott, begann er zu sabbern. Dies dauerte über eine Minute, so daß ich schließlich glaubte, er habe wirklich einen epileptischen Anfall.« Lothar Mendes sagte dazu, auf Millands Frage, ob dies große Schauspielkunst sei: »Nein, es ist theatralische Wichserei. Gott sei Dank

157

bin ich ein guter Cutter, so daß am Ende wenig davon übrigbleiben und er wie eine duftende Rose auf der Leinwand erscheinen wird.« Die Kritiker sahen das wohl anders: »Erregend« nannte die *New York Times* seine Darstellung.

THE SIGN OF THE CROSS (Im Zeichen des Kreuzes)
USA 1932
Regie: Cecil B. DeMille, *Drehbuch:* Waldemar Young und Sidney Buchman nach einem Stück von Wilson Barrett, *Kamera:* Karl Struss, *Schnitt:* Anne Bauchens, *Musik:* Rudolph Kopp
Besetzung: Frederic March (Marcus Superbus), Claudette Colbert (Poppea), Elissa Landi (Mercia), CHARLES LAUGHTON (Nero), Ian Keith (Tigellinus), Harry Beresford (Favius), Arthur Hohl (Titus), Tommy Conlon (Stephanus), Vivian Tobin (Dacia), Ferdinand Gottschalk (Giabrio), Joyzelle Joyner (Ancaria), Nat Pendleton (Strabo)
Produktion: Cecil B. DeMille für Paramount Pictures; 124 Min., sw

Einer von DeMilles derbsten epischen »Römerschinken«: es gibt darin den verrückten Nero, der gleichzeitig ißt und aufrührerische Christen zum Tode verurteilt, seine ebenso dekadente Frau Poppea, die liebend gerne in einem Pool voller Milch badet, welche aus Ärschen in das Becken fließt, den römischen Präfekten Marcus Superbus, einen aufrechten starken Helden, den sie zu ihrem Liebhaber machen möchte, der aber die Christin Mercia liebt und schließlich für sie und mit ihr in den Tod geht. Wie in den meisten DeMille-Epen ist diese relativ simple Geschichte von einer Vielzahl aufwendiger Massenszenen und »Special Effects« umgeben: Ein mit einem Tiger kämpfender Christ kommt darin vor, ein Haufen ringender und mit Schwertern klappernder Gladiatoren, große Mengen jubelnder Zuschauer und inbrünstig singender Christen, die bald darauf von Löwen gefressen werden, ein Leopard am Bett von Poppea und viele nackte Sklaven bei Nero. »Unzweifelhaft ein opulentes und eindrucksvolles Spektakel«, schrieb die *Times*. Unter all den Stars, die sich gegen Löwen und Tiger zu behaupten hatten, ragte vor allem Laughton heraus: »Die außergewöhnlichste schauspielerische Leistung kommt von Charles Laughton, der die Verantwortung für den Nero übernommen hat. Er ist ein gereizter Nero, ein Mann, der an niemanden denkt außer an sich selbst, und als er gebeten wird, das Leben von Mercia zu retten, bittet er darum, doch nicht noch öfter gestört zu werden, da er sonst zu spät zu den Spielen komme ... Er nuckelt sich den Orangensaft vom Finger, während er zusieht, wie Männer sterben, und ganz besonders häufig dreht er seinen Daumen nach unten, wenn er um Milde gebeten wird. Nero liebt seine Gedichte und seine Lyra. Er rollt auf seinem großen Thron herum, zeigt keine Stärke, außer vielleicht einmal, als Marcus Superbus ihm trotzt.« *(New York Times)* Die babyhafte Darstellung des Nero versetzte DeMille in panischen Schrecken – und als die Zuschauer auf den ersten Previews dann auch noch schallend über Laughton lachten, schien sein Schrecken begründet. Doch Laughton grinste nur und fand, dies sei genau das, was er hatte erreichen wollen. Die Kritiken gaben ihm recht, und Elsa auch: Sie meinte, Charles habe sich mit dieser Rolle eine psychoanalytische Behandlung erspart.

IF I HAD A MILLION (Wenn ich eine Million hätte)
USA 1932
Regie: Ernst Lubitsch (Laughtons Episode), Norman Taurog, Stephen Roberts, Norman McLeod, James Cruse, William A. Seiter,

Nero als Lach-Nummer: ein auf dem Thron herumrollendes, greinendes Baby. ›The Sign of the Cross‹ (1932).

H. Bruce Humberstone, Lothar Mendes (ohne Credit), *Drehbuch:* Claude Binyon, Sidney Buchanan, Walter DeLeon, Lester Cole, Ernst Lubitsch, Joseph L. Mankiewicz, u. a. nach einer Novelle von Robert D. Andrews
Besetzung: Gary Cooper (Gallagher), George Raft (Eddie Jackson), CHARLES LAUGHTON (Angestellter), Jack Oakie (Mulligan), Frances Dee (Mary Wallace), Charles Ruggles (Henry Peabody), W. C. Fields (Rollo La Rue), Alison Skipworth (Emily La Rue), Gene Raymond (John Wallace), Richard Bennett (John Glidden), Wynne Gibson (Violet Smith), May Robson (Mary Walker)
Produktion: Louis D. Lighton für Paramount Pictures; 126 Min., sw

Der reiche John Glidden stirbt und möchte nicht, daß einer seiner aasgeierähnlichen Verwandten erbt. Also ergreift er ein Telephonbuch und tröpfelt mit einer untauglichen Medizin Flecken auf acht Namen, denen er je eine Million Dollar zukommen lassen will. Nach einem ersten Fehlversuch (Rothschild) trifft seine Medizin folgende Leute:
1. den in einem Porzellanladen angestellten Mr. Peabody, der den Scheck dazu nutzt, sich endlich den Traum zu erfüllen, das ganze Porzellan zu zerbrechen;
2. die Sängerin und Gelegenheitshure Violet, die sich in einem Hotel einmietet und endlich einmal wie eine Dame in seidener Bettwäsche schläft;
3. den Bankräuber Jackson, der auf der Flucht vor der Polizei ist und niemanden findet, der ihm den Scheck einlöst;
4. das Ehepaar La Rue, das seinen Ärger über Verkehrsrowdies in eine beispiellose Zerstörungsaktion münden läßt;
5. den zum Tode verurteilten John Wallace, dem auch dieser Scheck nichts mehr nützt;
6. Lambert Pinneas, einen kleinen Angestellten in einem riesigen Büro, der schweigend zu seinem Chef marschiert und ihn mit einer obszönen Geste bedenkt;
7. den Soldaten Gallagher, der glaubt, es handele sich um einen Aprilscherz, und seinen Scheck weiterverschenkt;
8. die alte Mary Walker, die mit dem Geld ihr trostloses Altersheim in einen lustigen »Seniorentreff« umwandelt, in den sich schließlich auch John Glidden vor seiner erbosten Verwandtschaft flüchtet.
Die Lubitsch-Laughton-Episode ist – neben der anarchischen W. C.-Fields-Episode – wohl die beste dieses etwas unausgewogenen Films: Sie ist kurz und prägnant, verschwendet keine Zeit und keine Bilder mit Überflüssigem und verführt Laughton zu einer reduzierten und knappen Spielweise, wie man sie selten von ihm sieht. Lam-

›Island of Lost Souls‹ (1933): ›Ein Film gegen die menschliche Natur‹. Worauf Elsa befand, das sei Mickey Mouse auch (mit Richard Arlen, l.).

bert Pinneas alias Laughton sieht aus wie ein trauriger Walfisch mit seinem hängenden Schnauzer und seiner runden Nickelbrille, doch als er den Scheck betrachtet, strafft sich für Sekunden sein Rücken, und aus dem ewigen Verlierer wird ein leicht schwebender, glücklicher Mensch. Laughton und Lubitsch at their best – was will der glückliche Kinobesucher mehr!

ISLAND OF LOST SOULS
USA 1933
Regie: Erle C. Kenton, *Drehbuch:* Philip Wylie und Waldemar Young nach einem Roman von H. G. Wells, *Kamera:* Karl Struss, *Maske:* Wally Westmore
Besetzung: CHARLES LAUGHTON (Dr. Moreau), Richard Arlen, Leila Hyams, Bela Lugosi (Affenmensch), Kathleen Burke (Pantherfrau), Arthur Hohl, Stanley Fields, Robert Kortman, Tetsu Komai, Hans Steinke
Produktion: Paramount Pictures; 67 Min., sw

»In der ziemlich geschmacklosen Geschichte des Films geht es um die Evolutionsexperimente des Dr. Moreau, der auf seiner Privatinsel versucht, den Entwicklungsprozeß vom Tier zum Menschen zu beschleunigen, und die Ergebnisse der Paarung seiner Geschöpfe mit Menschen beobachtet. H. G. Wells warf dem Film vor, eine Travestie seiner Vorlage zu sein, die trotz einiger Horrorzutaten von dem grausigen ›Grand Guignol‹ des Films weit entfernt sei. Das Hauptproblem bei *Island of Lost Souls* ist, daß er alle erforderlichen Zutaten aufweist, aber wenig von der nötigen Stimmung. Der Film stößt oft ab und überzeugt selten, und deshalb schafft er es eigentlich nie, dem Publikum Angst zu machen. Vielleicht trägt auch Charles Laughton unbeabsichtigt einen Teil der Schuld. Er liefert eine großartige darstellerische Leistung, die aber nie zu dem restlichen Film passen will. Seine Sätze sind geschliffen und werden von ihm mit einer wahren Virtuosität der Beiläufigkeit serviert, aber trotz seines satanischen Bartes wirkt er selten beunruhigender als ein medizinisch interessierter Captain Hook (in *Peter Pan:* auch ihn sollte Laughton noch spielen). Hin und wieder geht ein unheilvolles Grinsen über sein Gesicht, wie bei einem Schuljungen, der mit seinem Chemiebaukasten spielt. Alles – Operation, Kannibalismus, versuchte Paarung von Mensch und Monster – ist auf so grimmige Weise humorlos, daß der Witz, der so wichtig ist in Horrorfilmen, nirgends ansetzen kann. Immerhin hat der Film visuell wirklich einiges zu bieten. Viele Szenen haben eine seltsame Kraft, besonders die Kranaufnahmen von Laughton, wie er gottgleich zu seinen Kreaturen spricht, und der Höhepunkt (die Kreaturen überwältigen Dr. Moreau und vivisezieren ihn in seinem ›Haus der Schmerzen‹) ist ein wirklicher Schock, eine beklemmende und grausame Episode, die nur mit dem Höhepunkt von Tod Brownings *Freaks* vergleichbar ist.« (William K. Everson, Klassiker des Horrorfilms)
Im Tenor sind alle Kritiken dieser vergleichbar, selbst wenn *Island* im Lauf der Zeit besser zu werden scheint. Laughtons Leistung hat etwas von seinen Tour-de-Force-Solo-Auftritten: Er spielt gegen den Rest der Welt. So muß er sich wohl auch während des Drehs gefühlt haben: auf einer Insel vor der Küste, vom Nebel eingeschlossen, von fremden Kreaturen umgeben ...

THE PRIVATE LIFE OF HENRY VIII (Sechs Frauen und ein König)
England 1933
Regie: Alexander Korda, *Drehbuch:* Arthur Wimperis und Lajos Biro, *Kamera:* Georges Perinal, *Regieassistenz:* Vincent Korda, *Schnitt:* Harold Young, Stephen Harrison, *Musik:* Kurt Schroeder

Besetzung: CHARLES LAUGHTON (Henry VIII), Robert Donat (Culpepper), Lady Tree (Henrys Amme), Binnie Barnes (Katherine Howard), Elsa Lanchester (Anna von Kleve), Merle Oberon (Anne Boleyn), Wendy Barrie (Jane Seymour), Everly Gregg (Katherine Parr), Franklyn Dyall (Cromwell), Miles Mander (Wriothesley), Claude Allister (Cornell), John Loder (Thomas Peynell), Lawrence Hanray (Cranmer), William Austin (Herzog von Kleve)
Produktion: Alexander Korda für London Film Productions; 96 Min., sw

Nach der Bemerkung der Zensur, dieser Film sei »für Kinder nicht geeignet« (!), erzählt die erste Schrifttafel: »Henry VIII had six wives. Catherine of Aragon was the first; but her story is of no particular interest – she was a respectable woman. So Henry divorced her.« Anne Boleyn, seine zweite Frau, war aber offensichtlich nicht respektabel, und so muß Henry sie köpfen lassen! Wunderbar pen-

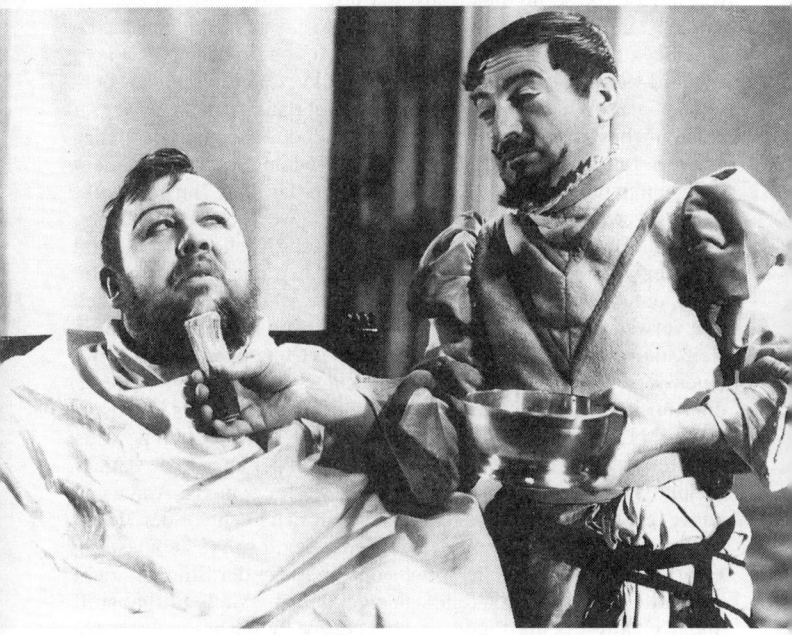

Henry hört mit Grausen, daß seine Berater – hier der Barbier – ihm einreden, wieder zu heiraten. › The Private Life of Henry VIII‹ (1933).

163

delt der Film am Anfang zwischen den verschiedenen Parteien hin und her, die alle unterschiedliche Tempi haben: Da ist zum einen der König, dessen erster Auftritt wie auf dem Theater durch eine Tür (die zugleich wie ein Bilderrahmen wirkt) erfolgt und dem alles zu langsam geht. Dann ist da Anne, der natürlich alles zu schnell geht, und dann gibt es schließlich das Publikum, dem es zuerst zu langsam und dann zu schnell geht. Wie Lubitsch nimmt auch Korda anfänglich die Position der zweiten Reihe ein: Nicht die Hauptakteure dominieren das Geschehen, sondern die zweite Garde – Zimmermädchen, Ammen, Zuschauer und Scharfrichter. Die streiten sich vor der Hinrichtung noch ein wenig, denn der König hat einen Franzosen holen lassen, zum Entsetzen der Engländer. Die finden »It's a damned shame, with half the English executioners out of work!«, werden jedoch durch den Franzosen gekontert: »A woman's neck, that calls for finesse, for delicacy, for chivalry – in one word – a Frenchman!« Dies wissend, bleibt auch Anne bis zum Ende relativ gelassen: »Would you have me lose my head, just because I'm to – lose my head?« Kaum ist ihr Kopf dann ab, steht schon die nächste Königin bereit – Jane Seymour, von der Henry sagt: »If you want to be happy, marry a stupid woman!« Anne und Jane sagen, kurz hintereinander, denselben Satz: »What a lovely day«, und so ist dann auch ihr Schicksal ein ähnliches: der Tod. Jane stirbt im Kindbett, nachdem sie Henry einen Sohn geboren hat. Henry, erneut allein, stolziert mit dem Baby durch die Gärten und gefällt sich als eitler Pfau. Ihm schmeckt sein Witwerdasein, zumal er es durch häufig wechselnde Hofdamen in seinem Bett überbrückt. Doch alle Berater – Köche, Barbiere und Minister – reden ihm ein, er solle wieder heiraten. Katherine Howard, eine besonders ehrgeizige Hofdame, ist die einzige, die sich ihm verweigert – sie will mehr: Sie will Königin werden, obwohl sie weiß, daß der Berater des Königs, Thomas Culpepper, sie liebt. Bei einem Essen, bei dem der König schlechtgelaunt ein Huhn zerreißt, die Knochen hinter sich wirft und über die Qualität dieses Essens räsoniert, besänftigt sie ihn durch ein Lied. Das führt prompt zur vierten Heirat: »The victory of optimism over experience«, wie Henry meint. Doch nicht Katherine wird die vierte, sondern Anna von Kleve, eine Deutsche. Die jedoch verliebt sich noch vor der Heirat in Peynell, einen anderen Berater Henrys, und so tut sie alles, um Henry abzuschrecken. Sie spricht mit kreischender Stimme, zieht laufend Grimassen und stellt sich stockdumm. »Well, all that stuff about children being found under gooseberry bushes – that's not true«, sagt Henry, worauf Anna antwortet: »Oh, no, it was the stork! He flies in the air mit der babes and down der chimney drops …«

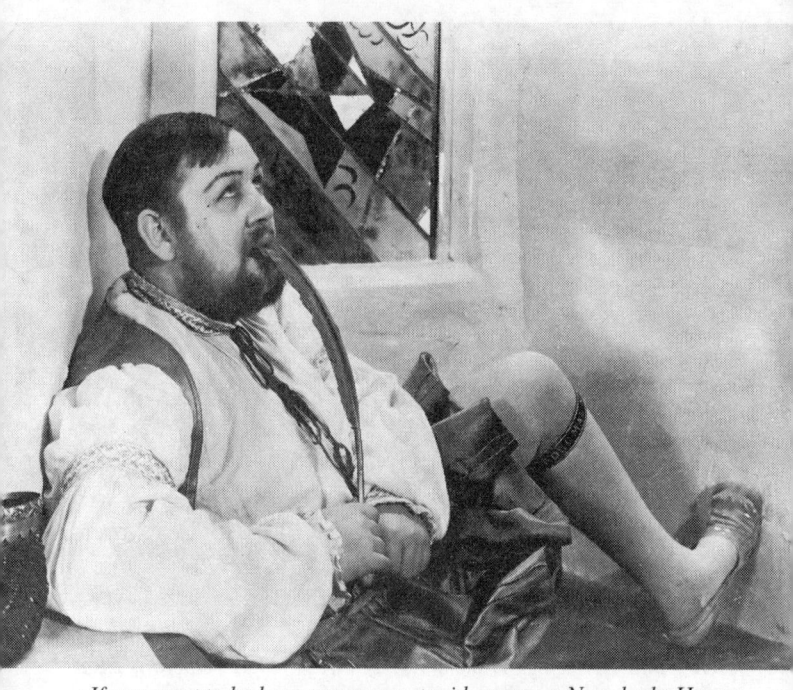

*›If you want to be happy, marry a stupid woman‹: Nun denkt Henry
nach, welches wohl die Dümmste sei.*

Schließlich spielt sie in der Hochzeitsnacht mit ihm ein Kartenspiel,
bei dem Henry trotz seiner vollmundigen Ankündigung: »I'm consi-
dered the best card-player in England« schließlich in Unterhosen
von seinen Wachen Geld leihen muß, denn Anna »plays for cash«!
Endlich ist eine Frau Henry gewachsen, und so können sie gar nicht
anders, als als Freunde auseinanderzugehen: Anna kehrt mit Peynell
nach Deutschland zurück, und Henry findet: »You're the nicest girl
I ever married.« Seine nächste Königin wird, natürlich, Katherine,
die erste, die er wohl wirklich liebt. Doch während er im Gefühl wie-
dergewonnener Jugend auch deren Torheiten (Ringkämpfe, über
die Norfolk sagt: »Hard work, when a man of fifty wants to show his
wife he's no more than thirty«) wieder aufnimmt, darüber hinaus
zärtlich und weichherzig wird, erkennt Katherine, daß sie eigentlich
Culpepper liebt. Sie betrügt den König. Wie in allen vorangegangenen Fällen kann dies nur zum Tod führen: Doch diesmal ist der Tod

165

Henry und vier seiner Frauen: Everly Gregg, Merle Oberon, Elsa Lanchester und Lady Tree.

seiner Frau auch fast der des Königs. »I haven't any friends. I haven't any wife, there's no love in my life – I've nothing left, not even hatred«, sagt er zu Anna von Kleve. Doch die verschafft ihm eine Neue: Katherine Parr, die einem Hausdrachen gleich die Herrschaft über den gealterten König übernimmt: »Sechs Frauen«, sagt Henry, »und die beste von ihnen ist die schlechteste!«

The Private Life of Henry VIII ist vielleicht der beste Film, den Laughton in seiner Karriere gedreht hat. Laughton verschmilzt mit seiner historischen Figur so perfekt, daß man glaubt, Holbein müsse sein Bild nach Laughton gemalt haben. So ist es nicht verwunderlich, daß Korda Laughton bei seinem ersten Auftritt wie aus einem starren Bild heraustreten läßt, das plötzlich zum Leben erwacht. Immer wieder kehrt er für Augenblicke zu diesen Tableaus zurück, während er sonst inszeniert, als würden sich alle Figuren auf einer großen Bühne bewegen: Die Kamera beobachtet und dient den Figuren, sie hat darüber hinaus aber kein eigenes Leben. Laughton bewegt sich auf dieser Bühne mit einer unglaublichen Vitalität: Er springt und tanzt, schreit und flötet, er hüpft wie ein Baby und trampelt wie ein Elefant – ganz offensichtlich genoß er jede Sekunde dieses Films. Vor allem seine Szenen mit Elsa sind von dieser geradezu unglaublichen Lust am Spiel geprägt: Die beiden werfen sich die Bonmots wie Tennisbälle zu und haben offenbar manchmal selbst Mühe, dabei nicht in Gelächter auszubrechen. Kordas Regie unterstützt Charles in diesem Wechselbad zwischen Komödie und Tragödie ganz vorzüglich, indem er ein Stilelement der Filme von Lubitsch (und auch Ophüls) benutzt: die Konterkarierung der erhabenen Gefühle der tragischen Charaktere durch die »niederen« Chargen. Jede Ehe Henrys wird in der Küche besprochen und auf die entscheidenden Dinge zurückgeführt: »What a man wants is regular meals«, heißt es dort. »Yes, but not the same joint every night! A man loses his appetite after four courses: He got into the soup with Catherine of Aragon, cried stinking fish with Anne Boleyn, cooked Jane Seymour's goose and gave Anne of Cleves the cold shoulder!« So drückt Korda selbst Pathos schnell wieder auf eine normale, undramatische Ebene herab, und er schafft damit eine größere Nähe zur Gegenwart der Zuschauer. Die dankten es ihm: Schon bei seinem ersten Einsatz spielte *Henry VIII* fünfhunderttausend Pfund ein, bei Produktionskosten von sechzigtausend Pfund. Auch Laughtons Popularität steigerte sich mit dem Henry – von nun an war er zwar noch immer ein »ham«, aber wenigstens ein respektabler!

WHITE WOMAN
USA 1933
Regie: Stuart Walker, *Drehbuch:* Samuel Hoffenstein und Gladys Lehman nach einer Geschichte von Norman Reilly Raine und Frank Butler, *Kamera:* Harry Fischbeck, *Regieassistenz:* Hans Dreier und Harry Oliver, *Musik:* Harry Revel und Mark Gordon
Besetzung: CHARLES LAUGHTON (Horace Prin), Carole Lombard (Judith Denning), Charles Bickford (Ballister), Kent Taylor (David von Eltz), Percy Killbridge (Jakey), Charles B. Middleton (Fenton), James Bell (Hambley), Claude King (Chisholm), Ethel Griffies (Mrs. Chisholm)
Produktion: Paramount Pictures; 60 Min., sw

Horace Prin, der »König des Flusses«, ist der grausame Oberaufseher einer Gummiplantage in Malaysia. Mit Sadismus und Zynismus befehligt er ein Heer von einheimischen Arbeitern und weißen Aufsehern, die beim geringsten Versuch einer Rebellion den Krokodilen zum Fraß vorgeworfen werden. Um ihr eine Deportation zu erspa-

Man sieht, daß sie sich nicht mochten: Carole Lombard und Laughton in ›White Woman‹ (1933).

ren, heiratet Prin die Sängerin Judith, die ihn jedoch schon bald nach der Ankunft auf der Plantage zu hassen beginnt. Sie flirtet mit David von Eltz, einem von Prins Mitarbeitern, der daraufhin in ein entferntes Dschungelgebiet versetzt wird. Prin hofft, daß Eltz dort von den Eingeborenen getötet wird, doch Eltz kehrt zurück. Als ein Aufstand der Eingeborenen das Regime von Prin bedroht, gelingt Judith und Eltz dank der Hilfe des ehemaligen Sträflings Ballister die Flucht. Prin und Ballister bleiben alleine zurück und trotzen den angreifenden Eingeborenen mit einem Kartenspiel. Doch gerade als Prin zum erstenmal in seinem Leben einen Royal Flush in der Hand hat, wird Ballister von einem Speer durchbohrt. Prin springt aus dem Fenster ...

»Nachdem er sich einen Ruf als Dichter und witziger Kopf gemacht hatte, durfte sich Samuel Hoffenstein an einem Szenario des ›Malay-Gin-and-Heat-Genres‹ versuchen. Nicht ganz unerwartet ist das Ergebnis ein Szenario des ›Malay-Gin-and-Heat-Genres‹. Trotz der hilfreichen Anwesenheit von Charles Laughton ist *White Woman* so originell wie ein Happy-End und so nah am Leben wie eine Liebesgeschichte in einem Beichtheft.« *(New York Times)*

Laughton im falschen Film. Daß er ausgerechnet während dieser Zeit von seinem Oscar erfuhr, muß wie die Faust aufs Auge gewirkt haben.

THE BARRETTS OF WHIMPOLE STREET
USA 1934
Regie: Sidney Franklin, *Drehbuch:* Claudine West, Ernest Vajda und Donald Ogden Stewart nach einem Roman von Rudolph Besier, *Kamera:* William Daniels, *Regieassistenz:* Cedric Gibbons, *Schnitt:* Margaret Booth, *Musik:* Herbert Stothart
Besetzung: Norma Shearer (Elizabeth Barrett), Frederic March (Robert Browning), CHARLES LAUGHTON (Moulton Barrett), Maureen O'Sullivan (Henrietta), Katherine Alexander (Arabel), Una O'Connor (Wilson), Ian Wolfe (Harry Bevan), Marion Clayton (Bella Hedley), Ralph Forbes (Cpt. Surtees Cook), Vernon Dow-

Frederic March, Laughton und Norma Shearer in ›The Barretts of Whimpole Street‹ (1934).

ning (Octavus), Neville Clark (Charles), Matthew Smith (George), Robert Carleton (Alfred)
Produktion: Irving Thalberg für Metro-Goldwyn-Mayer; 110 Min., sw

Elizabeth Barrett ist die älteste Tochter von Edward Moulton Barrett, der nach dem Tode seiner Frau seine Söhne und Töchter mit diktatorischer Strenge und puritanischer Selbstverachtung aufgezogen hat. Sein Haus ist wie ein Grab: menschliche Gefühle sind hier nicht am Platz, geduldet wird nur Pflichterfüllung, Sitte und Anstand. Keinem der Kinder ist es erlaubt, ein eigenes Leben nach eigenen Vorstellungen zu führen. Einzig Elizabeth genießt Sonderrechte: Sie ist Invalide und kann so die Macht ihres Vaters nicht in Frage stellen. Sie hat sich in die Literatur geflüchtet, an deren Werte und Vorstellungen sie sich wie eine Ertrinkende klammert. Ihr Lieblingsdichter ist Robert Browning, und in ihren Träumen sieht sie sich oft an seiner Seite. Eines Tages stattet Browning, ein noch junger Mann, der von Elizabeths besonderer Zuneigung zu seinen Werken gehört hat, ihr einen Besuch ab. Beide empfinden Zuneigung zueinander, die bald zu Liebe wird. Elizabeth beginnt, ihre Krankheit zunehmend als eine Belastung zu empfinden, und spürt, daß psychische Ursachen eine schon vorhandene Schwäche zunehmend verstärkt haben. Sie lernt, von weiteren Besuchen Brownings ermutigt, langsam wieder zu gehen. Ihr Vater, der seine Sonderstellung als der einzige Mann in ihrem Leben gefährdet sieht, reagiert mit Härte und, als Elizabeth auf ihrer Liebe zu Browning besteht, auch mit Strafen. In einer großen Konfrontation enthüllt er Elizabeth schließlich die inzestuösen Beweggründe seiner Zuneigung. Elizabeth beschließt, mit Browning zu fliehen und ihn heimlich zu heiraten. Mit Hilfe ihrer Schwestern wird dieser Plan vorbereitet und eines Abends – während des strengen täglichen Gebetsrituals – auch durchgeführt. Als Edward Barrett ihre Flucht entdeckt, spürt er, daß seine Macht über seine Familie zu Ende ist.

Ein etwas langatmiges, schweres Familienmelodram, dessen wirkliche Höhepunkte im Auftritt des Bösewichts liegen: Charles Laughtons Vaterszenen sind die einzigen Augenblicke des Films, die einen wirklich mit Emotion, Zorn und Angst erfüllen. Mit Eiseskälte exekutiert er die Rolle eines von Konventionen, ungelebten Sehnsüchten und der Angst vor dem eigenen Ich zusammengehaltenen Menschen, der sich mit Gewalt und Tyrannei gegen den Zusammenbruch seiner künstlich geschaffenen Welt wehrt. Laughton soll auf die Frage seines Regisseurs, wie er die Rolle sehe, geantwortet haben: »Wie einen Affen an einem Stock.« Während der Dreharbeiten an einer Szene, in der er aus der Bibel vorlesen mußte, scheint ihn seine eigene moralische Vorstellung von der Welt, die sich in Resten ja doch im Barrett widerspiegelte, so belustigt zu haben, daß er in schallendes Gelächter ausbrach und nicht mehr zu stoppen war. Die Dreharbeiten mußten abgebrochen und vertagt werden. Dieses Gelächter ist vielleicht keine schlechte Idee für den Umgang mit diesem Film.

RUGGLES OF RED GAP (Ein Butler in Amerika)
USA 1935
Regie: Leo McCarey, *Drehbuch:* Walter DeLeon, Harlan Thompson und Humphrey Pearson nach einem Roman von Harry Leon Wilson, *Kamera:* Alfred Gilks, *Regieassistenz:* Hans Dreier und Bernard Herzbrun, *Schnitt:* Edward Dmytryk, *Musik:* Ralph Rainger und Sam Coslow
Besetzung: CHARLES LAUGHTON (Marmaduke Ruggles), Mary Boland (Effie Floud), Charlie Ruggles (Egbert Floud), ZaSu Pitts (Mrs. Judson), Roland Young (Earl of Burnstead), Leila Hyams (Nell Kenna), Maude Eburne (Ma Pettingill), Lucien Littlefield
Produktion: Arthur Hornblow jr. für Paramount Pictures; 91 Min., sw

Paris, Frühling 1908. Wie so oft tritt Laughton auch als Ruggles durch eine Tür auf, wie auf die Bühne. Steif und gerade geht er durch ein Zimmer, öffnet die Vorhänge und weckt seinen Herrn, den Earl. Ruggles ist ein Butler, und zwar ein ganz ausgezeichneter: einer, der in jeder Lage seines Lebens auf die Etikette achtet. Doch an diesem Morgen ist alles anders: Denn der Earl hat Ruggles in der Nacht zuvor beim Pokern an einen amerikanischen Millionär verloren. »America, the country of slavery!« sagt Ruggles entsetzt, doch der Lord beruhigt ihn: »That's all finished as I have told …« Der Amerikaner Floud, typischer als jeder typische Amerikaner, mit karierten Hosen und einem unverständlichen Akzent, erscheint, um den Butler abzuholen. Er benimmt sich wie ein Holzfäller auf Urlaub, und Ruggles fällt fast in Ohnmacht. Ein letztes Gespräch zwischen Earl und Ruggles enthüllt die Tragik der Situation – und ein fast homoerotisches Verhältnis der beiden: »What will happen to you?« sagt Ruggles. »Will be rather fun, dressing myself, I expect …«, nuschelt Roland Young, der unglaublichste Earl, der je in einem Film gespielt hat, durch die Zähne, und Ruggles pflichtet ihm bei: »I hope you will enjoy it.« Kaum hat Ruggles seinen Dienst bei den Flouds angetreten, verwirren sich schon die Abhängigkeiten: Floud bemüht sich um einen demokratisch geschulten Kumpelton, Mrs. Floud hingegen ist britischer als britisch. Sie versucht vergebens, ihren Mann zu erziehen, und sieht in Ruggles einen Komplizen – doch Egbert sieht das Ganze genauso, nur umgekehrt. Ruggles wird hilfloser Zeuge eines heimtückischen Ehekampfes: Effie zieht Egbert neue Klamotten an, der wiederum schneidet dem Friseur den Bart, noch bevor dieser an ihn herankommt. Darüber hinaus versucht Egbert an jeder Tür, Ruggles höflich vor sich durchzulassen, was dieser jedoch entsetzt ablehnt … Schließlich aber schlägt er sich doch auf Egberts Seite: In einem Straßencafé betrinkt er sich, nachdem er sich zunächst geziert hat, am selben Tisch wie sein Herr zu sitzen (»It is rather a shock to break the rules of generations«), und verführt Egbert dazu, gegen die Paris-Wünsche seiner Gattin (»Galeries, churches«) zu verstoßen und statt dessen auf einem Rummelplatz Karussell zu fahren. Effie ist entsetzt, doch Ruggles lacht …

Nach einigen förmlichen Entschuldigungen (»I was not myself«) am nächsten Morgen machen sich die Flouds mit Ruggles, den Egbert immer als »Colonel« betitelt, auf den Weg nach Amerika. Dort, in Idaho, umgeben von Cowboys, taut Ruggles mit Hilfe neuen Alkohols von Egbert weiter auf. Die Zeitungen halten ihn nun sogar für einen Besucher, für den Colonel Marmaduke, »a honoured houseguest of Mr. and Mrs. Floud«. Effie heult vor Entsetzen. Ruggles wird zur umjubelten Hauptperson der kleinen Stadt, und langsam gefällt er sich in der Rolle eines freien, eigenverantwortlichen Mannes. Egbert sieht's mit Freuden, doch Effie wird's zu bunt: Sie entläßt Ruggles und schickt ihn nach Hause. Auf Geheiß der jungen Prunella, die sich in Ruggles verliebt hat, holt Egbert den Butler vom Bahnhof zurück und will ihn wieder einstellen – doch Ruggles lehnt ab. Er will nun ein freier Bürger sein, in einem demokratischen Land: ein Amerikaner. Egbert ist beeindruckt und findet, Ruggles habe dies wie Lincoln in Gettysburgh gesagt. Alle suchen fieberhaft nach dem richtigen Satz aus Lincolns Rede, doch nur Ruggles beherrscht sie auswendig – das bringt ihm endgültig die Anerkennung des ganzen Dorfes ein: »If I might say so, you're all a bit of okay«, sagt Egbert. Ruggles eröffnet zusammen mit Prunella ein Restaurant. Noch einmal gibt es eine Verzögerung bei der Menschwerdung, als der Earl aus Europa eintrifft, um Ruggles zurückzuholen – doch auch er wird schließlich von Amerika gefangengenommen: »Do you believe in love at first sight?« sagt er zu einer kleinen Tingeltangeltänzerin und heiratet sie vom Fleck weg. Der erste Abend von und in Ruggles' Restaurant wird ein großer Erfolg; und auch er kriegt seine Frau!

Ein wunderbarer Film! Laughton spielt – wohl aus Bewunderung für

*›I was not myself.‹ Ruggles genießt die erste Ahnung der Freiheit –
doch er erkennt: ›Its rather a shock to break the rules of generations.‹
Mit Mary Boland in ›Ruggles of Red Gap‹ (1935).*

McCarey – so zurückgenommen wie selten und dabei überaus komisch. Er beweist, daß er sehr wohl in der Lage war, sich als Ensemblespieler unterzuordnen: Und so sind denn auch alle anderen Darsteller ebensogut wie Laughton. Vor allem Charlie Ruggles und Roland Young bieten sensationelle Leistungen: Wie Young mühsam
spricht und schleichend geht, um dann in Amerika aufzublühen,
ohne deswegen aber den Earl aus seinem Repertoire zu verlieren, ist
phänomenal. McCareys Regie ist so gelassen und unangestrengt wie
immer: Wie er die Schauspieler in Ensembleszenen einfach spielen
läßt, dabei aber unmerklich Tempo und Timing steuert, erzählt
einem nahezu alles über die perfekte Kunst der Komödieninszenie-
rung. Besonders deutlich ist dies in den Szenen mit Ruggles, Laughton und Littlefield in Paris: Wie McCarey da mit seinen Schauspielern die einzelnen Grade an Betrunkenheit darstellt, um dann, wenn

man es kaum noch erwartet, wirklich alle sturzbesoffen sein zu lassen, ist meisterhaft. Laughton war hier wie bei Lubitsch »at his best«: vielleicht lag ihm die Komödie doch am allermeisten!

LES MISÉRABLES
USA 1935
Regie: Richard Boleslawski, *Drehbuch:* W. P. Lipscomb nach dem Roman von Victor Hugo, *Kamera:* Gregg Toland, *Schnitt:* Barbara McLean, *Musik:* Alfred Newman
Besetzung: Frederic March (Jean Valjean), CHARLES LAUGHTON (Javert), Cedric Hardwicke (Bischof Bienvenu), Rochelle Hudson (Cosette), Marilyn Knowlden (Cosette als Kind), Frances Drake (Eponine), John Beal (Marius), Jessie Ralph (Mme. Magloire), Florence Eldridge (Fantine), Ferdinand Gottschalk (Thenardier), Vernon Downing (Brissac), John Carradine (Enjolras), Charles Haefeli (Brevet)
Produktion: Darryl F. Zanuck für 20th Century; 109 Min., sw

Wegen des Diebstahls von einem Laib Brot hat Jean Valjean zehn Jahre lang in den Kerkern eines unterirdischen Bergwerks gearbeitet. Schließlich kann er fliehen, doch findet er sich nicht mehr in der Welt zurecht: Niemand gibt ihm, einem ehemaligen Sträfling, Arbeit, niemand will mehr etwas mit ihm zu tun haben. Valjean wird wieder zum Dieb – doch der Bestohlene, ein Bischof, erzählt der Polizei, die ihn aufgegriffen hat, er habe Valjean das Silber geschenkt. Valjean ändert, von dieser Geste tief gerührt, sein Leben: Er wird in jahrelanger Arbeit zu einem geachteten Geschäftsmann in einer anderen französischen Stadt und steigt schließlich sogar zum Bürgermeister auf. Sein Polizeichef Javert jedoch haßt ihn: Valjeans humane Prinzipien kollidieren mit seinen eigenen, fanatisch gesetzestreuen Vorstellungen. Über die Art, wie Javert die arme Fantine behandelt, kommt es schließlich zur Kollision der beiden Männer, und der sich zurückgesetzt fühlende Javert beginnt heimlich mit Ermittlungen, die zur Aufdeckung der Vergangenheit Valjeans führen. Er zögert erst, als in der Nachbarstadt ein anderer als Valjean angeklagt wird. Aber Valjean, der davon erfährt, gibt sich zu erkennen, um dann mit der Tochter Fantines nach Paris zu fliehen. Dort werden er – auf der Seite der Aufständischen – und Javert – auf der Seite der Polizei – in die Aufstände der Pariser Kommune verwickelt: Valjean hat die Gelegenheit, Javert zu töten, schenkt ihm jedoch das Leben. Schließlich kommt es zur endgültigen Konfrontation: Doch Javert, angeekelt von seinem aufkeimenden Mitleid und Verständnis für Valjean, stürzt sich, sich selbst verachtend, in die Seine. Valjean ist frei.

»Ein Film, der so toll ist, daß es viele Jahre dauern wird, bevor wieder einmal jemand es wagen wird, den Klassiker von Hugo zu verfilmen«, schrieb die *New York Sun,* und die *Evening Post* fügte hinzu: »Eine superlativische Anstrengung, ein spannender, kraftvoller, bestechender Film.« Und die *Times* schrieb: »Charles Laughton ist ein Schauspieler von solcher Brillanz, daß es närrisch wäre, irgendeine seiner Darstellungen anderen vorzuziehen. Doch sein Javert, mit seinen kurzgeschorenen Haaren, seinen verräterisch zitternden Lippen, der unbarmherzigen Monotonie seines Benehmens, ist unzweifelhaft eine der großen Darstellungen in einem Film.« Wieder einmal hatte Laughton mit dieser Rolle einen Psychoanalytiker gespart und sich von eigenen Gespenstern befreit.

›Les Misérables‹ (1935): ›Eine superlativische Anstrengung‹. Laughton und Frederic March.

175

MUTINY ON THE BOUNTY (Meuterei auf der Bounty)
USA 1935

Regie: Frank Lloyd, *Drehbuch:* Talbot Jennings, Jules Furthman und Carey Wilson nach dem Buch von Charles Nordhoff und James Norman Hall, *Kamera:* Arthur Edeson, *Schnitt:* Margaret Booth, *Musik:* Herbert Stothart

Besetzung: CHARLES LAUGHTON (Cpt. Bligh), Clark Gable (Fletcher Christian), Franchot Tone (Byam), Herbert Mundin (Smith), Eddie Quillan (Ellison), Dudley Digges (Bacchus), Donald Crisp (Burkitt), Henry Stephenson (Sir Joseph Banks), Francis Lister (Cpt. Nelson), Movita (Tehani), Mamo (Maimiti)

Produktion: Albert Lewin für Metro-Goldwyn-Mayer; 131 Min., sw

1787 sticht die »H. M. S. Bounty« unter dem Kommando von Captain Bligh von England aus in See, um eine wissenschaftliche Expedition auf Tahiti durchzuführen. Schon bald erregt Bligh, ein kompetenter Seemann, mit seinen nahezu sadistischen Grausamkeitsanfäl-

Das unerträgliche Porträt eines Sadisten: Laughton als Captain Bligh in ›Mutiny on the Bounty‹ (1935).

Noch ist Bligh Herr auf seinem Schiff ...

len ersten Unwillen bei der Mannschaft. Die Situation eskaliert zum ersten Mal, als Bligh einen schon toten Seemann mit zwanzig Stockhieben schlagen läßt – auf sein Recht pochend, jeden aufsässigen Matrosen zu bestrafen. Blighs größter Gegner wird bald sein erster Offizier, Fletcher Christian, der bei der Mannschaft große Anerkennung genießt und deshalb auch von Bligh umworben wird. Da der Captain jedoch unberechtigterweise der Mannschaft das Essen kürzt und Fletcher dazu zwingt, dies durch seine Unterschrift als notwendige Maßnahme anzuerkennen, wächst die Feindschaft immer mehr. Fletcher denunziert Bligh schließlich bei der Mannschaft und wird deshalb, als die »Bounty« nach monatelanger Fahrt Tahiti erreicht, unter Hausarrest gestellt. Tahiti erweist sich für die Mannschaft als ein Paradies: Die Frauen sind schön und willig, das Essen hervorragend und die Mühen der Reise bald vergessen. Fletchers

177

... doch bald schon steht er in der Unterhose da. ›Mutiny on the Bounty‹ (1935).

Freund Byam verliebt sich in eine Polynesierin und arrangiert mit Hilfe des Häuptlings Hitihiti auch für Fletcher einen Tag Ausgang. Auch Fletcher verliebt sich in ein Mädchen aus Tahiti, Miamiti, und als Bligh nach einigen Wochen die Rückreise befiehlt, verspricht er, zurückzukehren. Fünf Matrosen haben vergeblich versucht zu desertieren: Bligh hat sie wieder einfangen lassen und will sie, inzwischen schon auf offener See, nun vor versammelter Mannschaft auspeitschen – er muß ein Exempel statuieren und läßt deswegen selbst die Kranken und Lahmen aus den Kajüten hervorholen. Einer von ihnen, der Arzt Bacchus, stirbt bei dieser Anstrengung. Die Mannschaft wendet sich gegen Bligh und meutert. Der Kapitän und einige seiner Getreuen werden auf einem kleinen Boot dem Meer übergeben, die »Bounty« segelt nach Tahiti zurück. Byam und Fletcher heiraten, doch als einige Monate später ein britisches Schiff, die »Pandora«, am Horizont erscheint, muß Fletcher mit den meisten Mitgliedern der »Bounty« fliehen. Er bringt seine Leute nach Pitcairn, wo er die »Bounty« verbrennen läßt, um nie wieder nach England zurückkehren zu können. Nur Byam, der auf Tahiti geblieben ist, wird von dem auf der »Pandora« segelnden Bligh gefangengenommen. Bei der anschließenden Suche nach Fletcher läuft die »Pandora« auf Grund: Bligh bringt seine überlebende Mannschaft jedoch mit einem kleinen Ruderboot dreitausendsechshundert Meilen über den Pazifik nach Timor, von wo aus sie schließlich wieder nach England zurückkehren. Vor Gericht wird Byam wegen Meuterei verurteilt, doch er prangert im Gegenzug Bligh wegen übertriebener Grausamkeit an und wird schließlich vom König begnadigt.

»Mr. Laughtons Leistung als geradezu unglaublicher Bligh ist ein faszinierendes und nahezu unerträgliches Porträt eines Sadisten, der verzückt zusah, wenn Männer Schmerzen ertragen mußten. Seine Strafen für geringe Vergehen sind die Bestrafungen eines Wahnsinnigen. Jeder Stockschlag bereitet ihm unbändige Freude. Blighs Terrorherrschaft auf der ›Bounty‹ wird mit solcher Präzision beschrieben, daß man nach einiger Zeit sich dabei ertappt, wie man selbst unter den Schlägen zusammenzuckt und sich auf die Lippen beißt, um nicht laut aufzuschreien.« *(New York Times)* Wieder einmal – und gleich im Anschluß an *Les Misérables* – spielte Laughton den Bösewicht: und auch diesmal mit einer solchen Wucht und Kraft, daß er das Publikum erschaudern ließ. Nur weil Laughton als Bligh in der ersten Stunde des Films alle Aktionen auf seine Schultern nimmt, funktioniert später die Schuldzuweisung und Sympathiebekundung des Publikums: eine Meisterleistung, die Laughton schon wieder den Psychiater ersparte. Insgesamt ist diese Verfilmung der »Mutiny« die beste – und auch Trevor Howard als Bligh mag in der Brando-Version zwar realistischer sein, doch auch weniger eindrucksvoll in seinem Haß und seinem Sadismus. »*Mutiny on the Bounty* ist Kino vom Feinsten«, schrieb *Life,* und die Academy zeichnete *Mutiny* mit dem Oscar als »besten Film des Jahres« aus.

REMBRANDT (Rembrandt)
Großbritannien 1936
Regie: Alexander Korda, *Drehbuch:* Carl Zuckmayer, Arthur Wimperis, Lajos Biro und June Head, *Kamera:* Georges Perinal und Richard Angst, *Regieassistenz:* Vincent Korda, *Schnitt:* William Hornbeck, *Musik:* Geoffrey Toye
Besetzung: CHARLES LAUGHTON (Rembrandt), Gertrude Lawrence (Geertje Dirx), Elsa Lanchester (Hendrikje Stoffels), Edward Chapman (Fabrizius), Walter Hudd (Banning Cocq), Roger Livesey

(Bettler), John Bryning (Titus van Rijn), Herbert Lomas (Harmen van Rijn), Allan Jeayes (Tulp), John Clements (Flink), Raymond Huntley (Ludwick)

Produktion: Alexander Korda für London Films; 85 Min., sw

Die Verfilmung des Lebens des Malers Rembrandt – wenn auch etwas geschönt. Wieder einmal tritt Laughton – auch als Rembrandt verblüffend authentisch – durch eine Tür in den Film. Der Film zeigt ihn als freundlichen, lebenslustigen Mann, der vor allem die Frauen liebt: Doch schon gleich zu Beginn trifft ihn ein schwerer Schlag – Saskia, seine geliebte Frau, stirbt überraschend. Rembrandt trauert und sucht Vergessen in der Malerei, doch auch hier drängt sich die Erinnerung auf die Leinwand. Bei der Enthüllung der »Nachtwache« kommt es deshalb zu einem Eklat: Die Auftraggeber lehnen das Bild ab, da es ihnen zu dunkel und zu düster erscheint. Rembrandt nimmt die Schmach mit Ironie und Gelassenheit hin, doch sein Ruf als einer der größten Maler Hollands erleidet schweren Schaden. Zehn Jahre später ist Rembrandt nahezu vergessen. Er bekommt keine Aufträge mehr und will sie auch nicht: Er malt lieber einen Bettler, den er ins Kostüm von König Saul steckt. Als sein Haus zwangsversteigert wird, flieht Rembrandt, der inzwischen mit seiner früheren Haushälterin Geertje zusammenlebt, vor der Malerei, die ihn zu sehr an Saskia und an die Tage voller Inspiration und Glück erinnert, aufs Land zu seinem Vater – doch auch dort findet er nicht den erhofften Frieden. Bei seiner Rückkehr nach Amsterdam trifft er die neue Küchenmagd, die Geertje eingestellt hat: Hendrikje Stoffels. Rembrandt verliebt sich neu, und Geertje verläßt haßerfüllt das Haus. Rembrandts Leben nimmt nun wieder einen ungeahnten Aufschwung, er beginnt erneut zu malen und seine Bilder auch zu verkaufen. Doch Geertje erwirkt, daß Hendrikje exkommuniziert wird und Rembrandt sie aufgrund eines Passus von Saskias Testament nicht heiraten darf. Alles Geld, das Rembrandt verdient, geht zur Bezahlung der Schulden drauf, bis Hendrikje auf die Idee kommt, als Rembrandts Händlerin aufzutreten, die Bilder selbst zu verkaufen und das Geld für sich und Rembrandt zu behalten – schließlich ist sie ja nicht mit ihm verheiratet. Doch Hendrikje ist schwer krank – und stirbt kurz darauf. Rembrandt bleibt allein – und malt nur noch Selbstporträts: »Vanity, all is vanity.«

Ein ehrenvoller Versuch eines Malerporträts – doch in seiner Ehrenhaftigkeit ein wenig brav, sentimental und langweilig. Laughton stritt sich mit Korda während der Dreharbeiten über die Konzeption und kritisierte ihn hinterher auch in einem Interview: Er wollte gerne auch die dunklen Seiten von Rembrandt zeigen, die, die die-

›Vanity, all is vanity‹: Rembrandt gerät unter die Bettler. Mit Roger Livesey in ›Rembrandt‹ (1936).

ser Figur erst die richtige Kontur verliehen hätten. Diese dunklen Seiten hätten sicher auch dem Film, der sich in Zuckmayers Drehbuch schöner und poetischer liest, gutgetan – so ist er eben nur gut gemeint, und das war schon immer etwas wenig. Laughtons Darstellung des Rembrandt ist jedoch über jeden Tadel erhaben: Er ist wie schon als Henry rundherum überzeugend. Callow meint sogar, Laughton habe den Rembrandt mit seiner Liebe zur Ästhetik als ein idealisiertes Selbstporträt verstanden. Was Laughton zu diesem Porträt aber fehlt, ist ein Gegenpart – in Zuckmayers Drehbuch wäre das Hals gewesen, und der Bettler allein reicht nicht – so spielt er ein bißchen einsam vor sich hin, läßt seine immer wiederkehrenden Tiraden und Predigten ab (über Saul, über Gott, über Frauen, über den Erfolg) und findet keine Entgegnung. Schade, daß Laughton *diesen* Film nicht selbst inszeniert hat: Das wäre ein interessantes Experiment geworden.

I, CLAUDIUS (Ich, Claudius)
Großbritannien 1936
Regie: Josef von Sternberg, *Drehbuch:* nach einem Roman von Robert von Ranke Graves, *Kamera:* Georges Perinal, *Regieassistenz:* Vincent Korda
Besetzung: CHARLES LAUGHTON (Tiberius Claudius), Emlyn Williams (Caligula), Merle Oberon (Messalina), Flora Robson (Olivia), Robert Newton (Soldat)
Produktion: Alexander Korda für London Films; unvollendet

Eines *der* Desaster der englischen Filmgeschichte: mit größten Vorschußlorbeeren gestartet, sollte Sternbergs Karriere wiederbeleben, Kordas Karriere krönen, Oberons Karriere richtig in Fahrt bringen, Robert von Ranke Graves glücklich machen und Laughton den zweiten Oscar bringen. Wurde statt dessen nach wenigen Drehtagen abgebrochen, angeblich, weil Oberon bei einem Autounfall schwer verletzt worden war. Ruinierte glücklicherweise keine Karriere, wenngleich Laughton offensichtlich kurz vor dem Zusammenbruch gestanden haben muß. Korda und Sternberg machten Laughton für das Desaster während der Dreharbeiten verantwortlich, der Film von Bill Duncalf *(The Epic That Never Was)* und die verbliebenen Muster legen den Eindruck nahe, daß Sternberg leichte Übermensch-Tendenzen zeigte. Duncalfs Film zeigt aber auch, daß *I, Claudius* ein großer Film hätte werden können – und er zeigt, laut Dirk Bogarde, daß Laughton ein Schauspieler war, den »die Genien geküßt hatten«.

VESSEL OF WRATH (Das Schiff des Zorns)
Großbritannien 1938 (US-Titel: »The Beachcomber«)
Regie: Erich Pommer, *Drehbuch:* Bartlett Cormack nach dem Roman von W. Somerset Maugham, *Kamera:* Jules Kruger, *Regieassistenz:* Tom Morahan, *Schnitt:* Robert Hamer, *Musik:* Richard Addinsell, Muir Mathieson
Besetzung: CHARLES LAUGHTON (GingerTed), Elsa Lanchester (Martha Jones), Tyrone Guthrie (Reverend Jones), Robert Newton (der Kontrolleur), Dolly Mollinger (Lia), Rosita Garcia (Kati) und Dudley (der Hund)
Produktion: Erich Pommer für Mayflower Pictures; 85 Min., sw

Ginger Ted ist ein fauler Hund. Er lebt, »ninethousand miles away from home and mother«, auf einer kleinen Insel im Pazifik, läßt sich die Sonne auf den Bauch scheinen, arbeitet nicht und läßt sich von den Frauen verwöhnen. Das geht so lange gut, bis er sich mit Schwester Martha, der Missionarin des Ortes, anlegt, die natürlich ganz andere Moralvorstellungen hat. Ted, wegen Verführung Minderjähriger angeklagt, wird verurteilt und für drei Monate auf eine einsame Insel verbannt. Doch der Gouverneur hat Ted gern, und so ist die Insel das reinste Paradies: Es gibt noch mehr Sonne, Frauen und Essen. Auch das geht natürlich nur gut, bis Martha und ihr Bruder auftauchen. Martha nimmt Ted wieder mit, um ihn nun richtig bestrafen zu lassen, doch auf dem Rückweg fällt der Motor des kleinen Bootes aus, und die beiden müssen, begleitet von einem Kapitän, auf einer kleinen Insel notlanden. Ted erweist sich als netter Mensch, und die ersten Vorurteile der Schwester bröckeln ab. Schließlich gehen Ted und Martha gemeinsam zu den Wilden im Dschungel, die Martha heilen und bekehren will. Doch die Mission schlägt fehl. Bei einer gemeinsamen Abwehrschlacht kommen sich

›Ninethousend miles away from home and mother‹: Laughton und Robert Newton in ›Vessel of Wrath‹ (1938).

183

die beiden näher – Schnitt: ein Pub in England, hoch respektabel. Die Gäste gehen heim, Martha, ganz offensichtlich eher Ehefrau denn fromme Schwester, zählt das Geld, Ted komplimentiert die Gäste hinaus. Dann kommt er zu Martha und knöpft ihr zärtlich und ein wenig streng zugleich den obersten Knopf ihres Kleides zu ... Lanchester und Laughton liefern sich eine wilde Schauspieler-Ehepaar-Schlacht, die Elsa klar gewinnt: Sie hat aber auch eine Rolle, während Laughton nur sich, seine Gelassenheit und seine Lust am Spielen hat. Man sieht, daß Laughton diesen Film gerne gemacht hat, doch warum er unbedingt den Ted spielen mußte, bleibt leider ein Rätsel. Einer wie Mitchum hätte diese Art von Charakter wohl besser gespielt, was er später ja auch in einer ähnlichen Geschichte, in *Der Seemann und die Nonne,* bewies. Am besten in *Vessel of Wrath* aber ist der Regisseur Tyrone Guthrie, der spindeldürr und völlig vergeistigt als Marthas Bruder durch den Film wandelt – er lohnt das Ansehen allemal.

ST. MARTIN'S LANE

Großbritannien 1938 (US-Titel: Sidewalks of London)
Regie: Tim Whelan, *Drehbuch:* Clemence Dane, *Kamera:* Jules Kruger, *Schnitt:* Robert Hamer und Hugh Stewart, *Musik:* Arthur Johnson und Eddie Pola
Besetzung: CHARLES LAUGHTON (Charles), Vivien Leigh (Libby), Rex Harrison (Harley), Larry Adler (Constantine), Tyrone Guthrie (Gentry), Gus McNaughton (Arthur), Marie O'Neil (Mrs. Such), David Burns (Hackett) und The Luna Boys
Produktion: Erich Pommer für Mayflower Pictures; 102 Min., sw

Aschenbrödel in London: Die Diebin Libby lernt bei einem Diebstahl den Straßensänger Charlie kennen, der sich in sie verliebt und sie bei sich aufnimmt. Doch bald darauf meldet sich der Bestohlene, dem Charlie das Diebesgut wieder hat zugehen lassen, und will sich bei dem ehrlichen Finder bedanken. Nun verliebt sich Libby in ihn, und Gott sei Dank ist Harley darüber hinaus auch noch Theaterautor und kann ihre Karriere fördern. Libby verläßt und vergißt Charlie, der immer ärmer wird und langsam in die Gosse gleitet. Rechtzeitig zum Probesingen für ein Musical, bei dem Libby der Star sein wird, taucht er wieder auf und versucht sein Glück – doch er wird abgelehnt. Libby hat ihn erkannt und versucht, ihre alten Schulden bei ihm zu begleichen: Doch Charlie kehrt auf die Straße zurück, tut sich wieder mit seinen alten Partnern zusammen und bleibt Straßenmusikant. Lieber arm und ein guter Schauspieler, wird er sich gesagt haben, als reich und doof ...

Spielen hat Vivien Leigh erst nach diesem Film gelernt: mit Laughton in ›St. Martin's Lane‹ (1938).

Leider ein völlig mißlungener Laughton-Film, der sich manchmal auf der Stufe seiner frühen Stummfilme bewegt. Nichts stimmt hier: weder der Cockney-Akzent der meisten Schauspieler noch die Geschichte, weder die Besetzung noch die Inszenierung. Laughton ist völlig verschwendet in seiner Rolle, und Vivien Leigh ist einfach grauenvoll: Sie kann weder tanzen noch singen, und spielen muß sie auch erst später gelernt haben. Das einzige, was stimmt, sind die Beobachtungen auf den Londoner Straßen: Sie haben Authentizität, sie sehen aus wie tatsächlich dokumentarisch gedrehtes Material – was sie wohl oft auch sind. Daraus resultierend stimmen bei Laughton gelegentlich die kleinen Gesten: die Zeitungen, die er sich gegen die Kälte um den Bauch wickelt, die Zärtlichkeit, mit der er eine Katze streichelt und mit ihr das wenige teilt, was er selbst besitzt, die Verhältnisse, in denen er wohnt. Von dem Augenblick an, in dem Vivien Leigh im Bild ist, ist aber auch Laughton rettungslos verloren: Selbst Hund und Katze spielen nun völlig neben der Rolle. Kaum zu glauben, daß Selznick nach Ansicht dieses Films (er soll's getan haben) ausgerechnet sie als Scarlett haben wollte!

JAMAICA INN (Riff-Piraten)
Großbritannien 1939
Regie: Alfred Hitchcock, *Drehbuch:* Sidney Gilliat, Joan Harrison,
Alma Reville, J. B. Priestley nach dem Roman von Daphne du
Maurier, *Kamera:* Harry Stradling und Bernard Knowles, *Regieassi-
stenz:* Thomas Morahan, *Schnitt:* Robert Hamer, *Musik:* Eric Fenby
Besetzung: CHARLES LAUGHTON (Sir Humphrey Pengaltan), Horace
Hodges (Chadwick), Leslie Banks (Joss), Marie Ney (Patience),
Maureen O'Hara (Mary), Robert Newton (Trehearne), Herbert
Lomas, Basil Radford, Emlyn Williams, George Curzon (Bandi-
ten), Hay Petrie (Diener), Frederick Piper (Makler)
Produktion: Erich Pommer für Mayflower Productions; 108 Min.,
sw

*Die Symphonie der Bedrohungen: Marie Ney bedroht Laughton und
Robert Newton ...*

... Laughton bedroht Maureen O'Hara, mit Robert Newtons Pistole im Rücken ...

Der letzte Film Hitchcocks vor seiner amerikanischen Karriere: ein Film, dem man leider ansieht, daß Sir Alfred mit den Gedanken schon in Hollywood war, zumal *Jamaica Inn* eine für Hitchcock eher untypische Geschichte erzählt: Mary, eine irische Waise, kommt nach Cornwall, um zu ihrer Tante Patience und ihrem Onkel Joss zu ziehen. Schon auf der Reise munkeln die Kutscher Mysteriöses und weigern sich, nahe an dem von Patience und Joss betriebenen Gasthaus zu halten – mit Recht, wie Mary bald erfährt: Denn das Jamaica Inn ist der Aufenthaltsort einer Schmugglerbande, die mit falschen Lichtsignalen Schiffe auf die Klippen lockt, sie ausraubt und die Besatzung tötet. Mary ist entsetzt, zumal sie bald Zeuge einer Erhängung wird. Sie kann das arme Opfer jedoch losschneiden und gemeinsam mit ihm fliehen – zum Friedensrichter, den Laughton mit falscher Nase, erhobenem Kopf und näselndem Eton-Akzent ausstattet. Ihm vertraut der Bandit Trehearne seine wahre Identität an: Er ist ein Geheimdienstler, der die Machenschaften der Bande auf-

187

… und schließlich bedroht Laughton den Zuschauer: kein Wunder bei einem so schlappen Film wie ›Jamaica Inn‹ (1939).

klären und ihren Chef überführen soll. Leider ist er da – was nur der Zuschauer weiß – bei Laughton an den Falschen geraten: Denn ausgerechnet der ist der Kopf der Bande. Laughton exekutiert mit theatralischer Ironie alle Attribute eines selbstgefälligen, selbsternannten Klein-Königs: Er ist grob und arrogant, liebt wie Caligula sein Pferd und verkehrt mit seinen Dienern nur brüllend. Sir Humphrey leitet nun scheinheilig die Untersuchungen ein, warnt in Wirklichkeit aber seine Bande und ist bemüht, sich Trehearnes und Marys zu entledigen. Schließlich kommt es zu einem höchst dramatischen Finale: Wieder einmal hat Sir Humphrey seiner Bande übermittelt, daß ein Schiff die gefährlichen Klippen passiert. Wieder will die Bande das Schiff auf die Klippen lenken, doch Mary kann dies verhindern. Trehearne wird inzwischen von Laughton gefesselt, kann sich jedoch befreien. Joss und seine Frau erkennen ihr Unrecht und sühnen es mit dem Tod. Soldaten dringen im Jamaica Inn ein und verhaften die Bande. Sir Humphrey, von Trehearne inzwischen als der wahre Bösewicht erkannt, kann jedoch mit Mary als Geisel fliehen. Von den Soldaten auf einem Schiff, mit dem er mit Mary nach Amerika auswandern wollte, gestellt, stürzt er sich von der Takelage wie ein heulender Vampir in die Tiefe. Mary und Trehearne schließen sich in die Arme. Happy-End.

Laut Donald Spoto soll Hitchcock am meisten Spaß bei jener Szene gehabt haben, in der er Maureen O'Hara an einen Pfeiler binden und knebeln konnte. Ansonsten hat er ganz offensichtlich wirklich wenig Spaß gehabt: Die Geschichte ist schwerfällig erzählt, hat nur wenig Witz und beginnt schon nach kurzer Zeit, zumal man den Bösewicht kennt, ziemlich zu langweilen. Hitchcock sagte später über Laughtons Rolle, daran habe ihn vor allem »die Jekyll-und-Hyde-Mentalität« interessiert: Das wiederum ist heute nicht mehr so besonders spannend. Witzig ist dagegen die völlig übertriebene Art, in der Laughton seine Rolle spielt – und sie damit auch von den Darstellungen der anderen Schauspieler (von denen nur O'Hara und Banks einigermaßen mithalten können) abhebt. Laughton ist fleischgewordenes Klischee eines englischen Landedelmanns: wieder einmal eine Figur, die Laughton hassen mußte, um sie spielen zu können. Agate jedoch war nicht allzu beglückt über Laughtons Darstellung: Er fand, sie sei nicht Ausdruck von Sir Humphreys Selbstdarstellungstrieb, sondern von Laughtons Gefallen an seiner eigenen Schauspielerei.

THE HUNCHBACK OF NOTRE DAME
(Der Glöckner von Notre Dame)
USA 1939
Regie: William Dieterle, *Drehbuch:* Sonya Levien und Bruno Frank nach dem Roman von Victor Hugo, *Kamera:* Joseph H. August, *Regieassistenz:* Van Nest Polglase, Darrell Silvera, *Schnitt:* William Hamilton und Robert Wise, *Musik:* Alfred Newman, *Maske:* Perc Westmore
Besetzung: CHARLES LAUGHTON (Quasimodo), Maureen O'Hara (Esmeralda), Cedric Hardwicke (Claude Frollo), Edmond O'Brien (Gringoire), Alan Marshall (Phoebus), Walter Hampden (Claude), Harry Davenport (Ludwig XI.), Thomas Mitchell (Clopin), Katharine Alexander (Mme. de Lys), Arthur Hohl (Olivier), Rod La Rocque (Phillipo), Curt Bois (»Statist«)
Produktion: Pandro S. Berman für RKO; 115 Min., sw

Paris, Ende des 15. Jahrhunderts. Während des Dreikönigsfestes besucht König Ludwig XI., der volkstümliche König, eine Buchdruckerei. Auf der Straße feiert das Volk das Narrenfest. Der Student

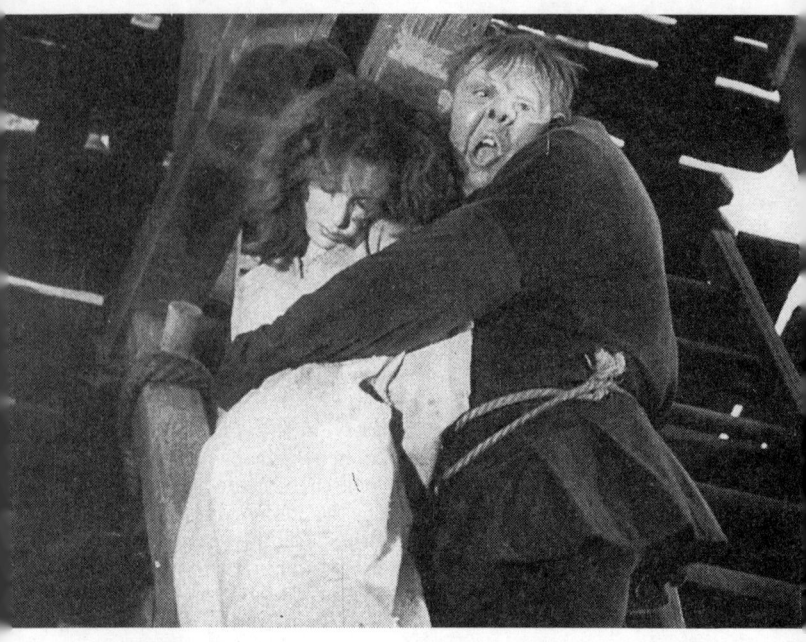

›The Hunchback of Notre Dame‹ (1939): Laughton in schockieren-
der Maske, die bewußtlose Maureen O'Hara im Arm.

Gringoire führt ein Mysterienspiel auf, doch das Volk will lieber
einen Narrenkönig wählen: Und so wird der verkrüppelte und taube
Glöckner von Notre Dame, Quasimodo, zum König erkoren. Doch
Quasimodos Herr, Claude Frollo, versteht keinen Spaß und schickt
ihn in die Kirche zurück. Dorthin hat sich auch die illegal in die Stadt
eingedrungene Zigeunerin Esmeralda vor der Stadtwache geflüchtet. Frollo verliebt sich in sie und glaubt zugleich, sie sei eine Hexe.
Als Esmeralda Quasimodo entdeckt, erschrickt sie und flieht erneut. Quasimodo verfolgt sie auf Frollos Befehl, doch die Stadtwache und ihr Chef Phoebus sind schneller: Esmeralda wird von ihnen
in Obhut genommen, Quasimodo aber verhaftet. Inzwischen ist
Gringoire auf einer nächtlichen Sauftour ins Viertel der Diebe und
Mörder geraten und von ihnen gefangengenommen worden. Er
muß nun auch Gauner werden oder sterben. Gringoire wählt den
Tod, doch Esmeralda bewahrt ihn davor, indem sie ihn heiratet: eine
weitere Möglichkeit, dem Galgen zu entrinnen.

Quasimodo wird an den Pranger gestellt und gegeißelt. Esmeralda, die Mitleid mit ihm hat, läßt ihre Hochzeitsnacht sausen und bringt ihm Wasser. Kurz darauf gesteht Frollo Esmeralda endlich seine Liebe, doch sie weist ihn ab – in Wirklichkeit liebe sie Phoebus, sagt sie. Frollo ersticht, rasend vor Eifersucht, den Nebenbuhler und schiebt den Verdacht auf Esmeralda. Esmeralda wird verurteilt und

›The Hunchback of Notre Dame‹: Großes, pathetisches Kino, manchmal fast an der Grenze zum Kitsch.

landet auf dem Schafott – doch Quasimodo, der ihren Dienst nicht vergessen hat, befreit sie, wie Tarzan an einem langen Glockenseil von den Türmen der Kirche hinunterschwingend. Frollo und die Zigeuner versuchen aus verschiedenen Beweggründen, Esmeralda zu befreien. In der Kirche kommt es zu einem Kampf, bei dem Quasimodo Frollo vom Kirchturm stürzt. Der König erklärt Esmeralda für unschuldig und läßt sie und die anderen Zigeuner frei. Esmeralda und Gringoire schließen sich in die Arme. Quasimodo bleibt alleine zurück.

Ein ungeheuerliches, exotisch-effektvolles Spektakel mit allen Zutaten: Auf den mittelalterlichen Straßen von Paris ist ständig etwas los, alle Figuren befinden sich ununterbrochen in höchsten Erregungszuständen, und die Handlungsführung peitscht nur so voran. Grausamkeit und Kitsch wechseln sich ab, und alles in allem ist *The Hunchback* großes Kino. Dieterle knüpft wieder einmal an die Traditionen des deutschen Expressionismus an: mit ständigem Halbdunkel der Bilder, scharfen Lichtkanten, bizarren Dekors und rhythmisch durchchoreographierten Massenszenen. Laughton geistert durch den Film in einer wahrlich schreckerregenden Maske: Er ist zunächst kaum zu erkennen, doch nachdem man den ersten Schock überwunden hat, beginnt man tatsächlich, ihn (wie den *Elephantman*) zu mögen und zu bemitleiden. Es gelingt ihm tatsächlich, trotz des entstellenden Make-ups eine schauspielerische Leistung zu bieten, die dieses Make-up vergessen läßt. Laughton ist einfach Mensch: eine arme, leidende Kreatur auf der Suche nach Zuneigung und Liebe. *The Hunchback of Notre Dame* gehört ganz sicher zu den besten Filmen, die Laughton gedreht hat. »A super thriller-chiller«, schrieb die *Times*.

THEY KNEW WHAT THEY WANTED
USA 1940

Regie: Garson Kanin, *Drehbuch:* Robert Ardrey nach einem Stück von Sidney Howard, *Kamera:* Harry Stradling, *Regieassistenz:* Van Nest Polglase und Darrell Silvera, *Schnitt:* John Sturges, *Musik:* Alfred Newman
Besetzung: Carole Lombard (Amy Peters), CHARLES LAUGHTON (Tony Patucci), William Gargan (Joe), Harry Carey (Doktor), Frank Fay (Vater McKee), Joe Bernard (R. F. D.), Janet Fox (Mildred), Karl Malden (Red)
Produktion: Erich Pommer für RKO Radio; 90 Min., sw

Pommers letzte Produktion mit seinem ehemaligen Partner Charles Laughton: Doch der war nicht so besonders glücklich über den Tony

Laughton und Carole Lombard kämpfen um das ›top billing‹ in ›They Knew What They Wanted‹ (1940). Sie wußte es sehr genau.

Patucci, wenngleich er ihm die Möglichkeit gab, sich für einige Zeit nur mit italienischer Kultur zu beschäftigen.

Tony Patucci, ein Weinbauer im Napa Valley, läßt sich über eine Anzeige eine junge Ehefrau vermitteln: Amy, eine Kellnerin aus San Francisco. Sie willigt in die Ehe aufgrund eines Photos ein, das Tony von seinem Vorarbeiter Joe geschickt hat, und so ist sie natürlich nicht übermäßig erfreut, bei ihrer Ankunft im Napa Valley anstatt eines jungen Ehemannes den dicken Laughton vorzufinden. Unglücklicherweise stürzt Tony während einer Fiesta zu Ehren der Braut und bricht sich beide Beine. Amy nützt die Bewegungsunfähigkeit ihres künftigen Mannes und läßt sich mit Joe ein. Als sie ein Kind von Joe erwartet, der sie aber nicht heiraten will (»I owe no man nothing – or no woman!«), geht sie zu Tony zurück. Tony schlägt sich mit Joe und verzeiht seiner Frau. Sie verläßt die Farm, um das Kind zur Welt zu bringen, und wird danach zurückkehren.

193

Trotz guter Ansätze leider nur ein mäßig überzeugender Film. »Charles Laughtons Verkörperung des Tony Patucci war beinahe eine Karikatur aller teuflischen Italiener«, schrieb das offizielle RKO-Filmbuch. »Irgendwo scheint Regisseur Kanin die Kontrolle über die Handlung verloren zu haben.« Doch zur Entstehungszeit des Films waren die Kritiken voll des Lobes: »Kanin ist ein Sentimentalist, doch er verfügt ebenso über einen Realismus, der auf der Beobachtung und dem Verständnis der einfachen Menschen basiert«, schrieb *The Spectator.* Laughton selbst kämpfte diesmal nicht nur mit der Rolle, sondern auch mit der Zensur, die sich mit dem versöhnlichen Ende nicht zufriedengeben wollte, und mit Carole Lombard, die, anders als in *White Woman,* hier »top billing« erhielt. Laughton »was not amused«.

IT STARTED WITH EVE (Die ewige Eva)
USA 1941
Regie: Henry Koster, *Drehbuch:* Norman Krasna und Leo Townsend nach einer Geschichte von Hans Kraly, *Kamera:* Rudolph Mate, *Regieassistenz:* Jack Otterson, *Schnitt:* Bernard W. Burton, *Musik:* H. J. Salter, Dvorak, Tschaikowsky u. a.
Besetzung: Deanna Durbin (Anne Terry), CHARLES LAUGHTON (Jonathan Reynolds), Robert Cummings (Jonathan Reynolds jr.), Guy Kibbee (Bischof), Margaret Tallichet (Gloria Pennington), Catherine Doucet (Mrs. Pennington), Walter Catlett (Dr. Harvey), Charles Coleman (Roberts), Irving Bacon und Gus Schilling (Leichenbestatter), Leonard Elliott (Stebbins)
Produktion: Joe Pasternak für Universal Pictures; 93 Min., sw

Ein Freundschaftsdienst von Laughton für Deanna Durbin – und ein alles in allem vergnüglicher Film. Er beginnt wie ein Remake von *Citizen Kane:* mit dem Sterben eines reichen Mannes. Schon sitzen die Leichenbestatter im Flur, die Reporter auf der Straße (»He dies for me!« streiten sie) und die Zeitungsredaktionen auf Kohlen (»Please let him go before nine twenty«, bittet einer der Chefredakteure), doch Jonathan Reynolds läßt warten: Er will erst die unbekannte Verlobte seines Sohnes sehen. Der Sohn rast ins Hotel, doch die reiche Gloria ist aushäusig – und so packt Cummings das Garderobenmädchen Durbin und schleppt sie als Substitut vor seinen Vater, natürlich im Glauben, der würde schnellstens sterben. Doch Reynolds überlegt es sich anders: Und damit beginnen die Probleme. Denn nun muß Cummings Durbin, die mit dem Geld nach Hause fahren wollte, wieder aus dem Zug holen, damit der Vater ihr Juwelen schenken kann, er muß seine richtige Verlobte vertrösten, und er gerät ins Schwitzen. Währenddessen freunden sich Durbin und Laughton an. Sie singt ihm vor, und er steht zum Entsetzen seines Arztes wieder auf. Laughton ist für seine Verhältnisse spindeldürr, und die viel zu großen Anzüge schlottern um seinen Körper. Wäh-

›It Started with Eve‹ (1941): Laughton probiert seine Slapstickein-lagen aus – beim Griff in die Zigarrenkiste ...

... und beim Ritt über die Sessellehne.

rend Laughton immer gesünder wird, sein Arzt immer kränker und
Cummings immer nervöser, eskalieren die Ereignisse – denn Laugh-
ton, der das falsche Spiel seines Sohnes ahnt, möchte ihm nun die
von ihm für die Richtige befundene Durbin aufs Auge drücken. Und
Durbin, die Cummings liebt, will das auch. Schließlich gerät alles ins
Lot: Durbin wird Cummings heiraten, Gloria ist abgereist, und
Laughton hüpft vergnügt durch das Haus. Nur der Arzt liegt krank
im Bett.
Einer der ersten Filme, in denen Laughton trotz der sichtbaren Tat-

sache, daß er die ganze Geschichte nicht sonderlich ernst nimmt, ganz ausgezeichnet ist. Seine Zuneigung zu Deanna Durbin ist deutlich erkennbar und führt auch bei Durbin zu einer völlig entspannten Darstellung. Wenn beide gegen Ende in einem Nachtclub zusammen tanzen, dann fliegen wahrlich die Fetzen. Zugleich fand Laughton in Durbin und Henry Koster wieder Partner, die ihn bei seinen Slapstickeinlagen unterstützten: Und so kam Laughton zu einer seiner gelungensten, in der er, wie in *Singing in the Rain,* ein Sofa und dessen Rückenlehne benützt. Mag *It Started with Eve* auch heute etwas altbacken wirken, so besitzt er doch noch immer Charme.

TALES OF MANHATTAN (Sechs Schicksale)
USA 1942
Regie: Julien Duvivier, *Drehbuch:* Ben Hecht, Ferenc Molnar, Donald Ogden Stewart, Samuel Hoffenstein, Alan Campbell, Ladislas Fedor, Lamar Trotti, L. Vadnai, L. Gorog, Henry Blankford, *Kamera:* Joseph Walker, *Regieassistenz:* Richard Day und Boris Leven, *Schnitt:* Robert Bischoff, *Musik:* Sol Kaplan
Besetzung: Charles Boyer (Paul Orman), Rita Hayworth (Ethel Halloway), Thomas Mitchell (John Halloway), Ginger Rogers (Diane), Henry Fonda (George), Cesar Romero (Harry Wilson), Roland Young (Edgar), CHARLES LAUGHTON (Charles Smith), Elsa Lanchester (Elsa Smith), Victor Francen (Arturo Bandini), Edward G. Robinson (Browne), George Sanders (William), James Gleason (Vater Joe), Paul Robeson (Luke), Ethel Waters (Esther), Eddie Anderson (Lazarus)
Produktion: Boris Morros und S. P. Eagle (Sam Spiegel) für 20th Century-Fox Pictures; 119 (126) Min., sw

Die Geschichte eines Fracks, der, verschiedene Episoden durchlaufend, aus der Gesellschaft der Reichen in die der ganz Armen gerät und sich dabei vom Unheilsbringer zum Glücksboten wandelt:
1: Der erste Träger, Paul Orman, wird in ihm bei seiner Geliebten überrascht und von deren Ehemann angeschossen;
2: der Playboy Harry läßt in ihm verhängnisvolle Briefe stecken, die zur Auflösung seiner Verlobung führen;
3: Mr. Smith erhält in ihm die Chance seines Lebens als Konzertdirigent, blamiert sich und wird erst durch das Ausziehen des Fracks gerettet;
4: ein Tramp gewinnt in ihm Achtung und Job zurück;
5: ein Einbrecher verliert in ihm seine Beute;
6: und ein kleines Dorf mit schwarzen Einwohnern erfährt ihn als Geschenk des Himmels, da er die Taschen voller Geld hat.

Laughton spielt den kleinen Orchestermusiker Smith, der eines Tages die große Chance erhält, ein eigenes Werk zu dirigieren. Elsa als Mrs. Smith kauft im Leihhaus den Frack, doch der ist zu klein – und als Laughton beim Konzert in Emphase dirigiert, zerreißt er. Laughton wird ausgelacht und bricht zusammen, da er glaubt, es handele sich um seine Musik. Doch Bandini, der große Dirigent, rettet ihn: In einer hinreißenden Szene zieht zuerst er, dann das gesamte männliche Publikum den jeweiligen Frack aus, so daß am Schluß alle (auch Laughton) in weißen Oberhemden im Konzert sitzen. Laughton spielt außerordentlich bewegend, einfach und gut: Wieder einmal hat ihn wohl eine Rolle interessiert.

Tales war damals ein großer Erfolg: »Exzellent!« schrieb *Motion Picture Herald*.

THE TUTTLES OF TAHITI
USA 1942
Regie: Charles Vidor, *Drehbuch:* S. Lewis Meltzer, Robert Carson
und James Hilton nach einem Roman von Charles Nordhoff und
James Norman Hall
Besetzung: CHARLES LAUGHTON (Jonas), Jon Hall (Chester), Peggy
Drake (Tamara), Victor Francen (Dr. Blondin), Gene Reynolds
(Ru), Florence Bates (Emily Taio), Curt Bois (Jensen), Adeline de
Walt Reynolds (Mama Ruau)
Produktion: Sol Lesser für RKO Radio Pictures; 89 Min., sw

Charles Laughton als Oberhaupt einer großen Familie auf Tahiti, die
sich in ständigem Streit mit einem Nachbar-Clan befindet und ansonsten die Zeit (die eigene und die des Zuschauers) mit Singen und
Tanzen, Fischen und Raufen verschwendet. »Die Mißgeschicke dieses Clans hängen vor allem von seiner Unfähigkeit ab, im entschei-

*Charles Laughton, Jon Hall (l.) und Gene Reynolds in › The Tuttles of
Tahiti‹ (1942).*

denden Moment Benzin im Tank des Fischerboots zu haben.«
(Times). Das Mißgeschick dieses Films ist, laut *Times,* daß er eine
halbe Stunde zu lang ist und der (wenn überhaupt) vorhandene Spaß
am Ende ziemlich ausgedünnt erscheint. Curt Bois erzählt in seiner
Biographie, Laughton habe ihm während der Drehpausen immer
Gedichte vorgelesen. Vermutlich wäre eine Verfilmung dieser Pau-
sen spannender gewesen als der existierende Film.

STAND BY FOR ACTION
USA 1943 (US-Titel: Cargo of Innocents)
Regie: Robert Z. Leonard, *Drehbuch:* George Bruce, John L. Bal-
derstone und Herman J. Mankiewicz nach Erzählungen von Cpt.
Harvey Haislip und R. C. Sherriff, basierend auf einer Geschichte
von Laurence Kirk, *Kamera:* Charles Rosher, *Schnitt:* George
Boemler, *Spezialeffekte:* Arnold Gillespie und Don Jahraus
Besetzung: Robert Taylor (Lt. Gregg Masterson), CHARLES LAUGH-
TON (Rear Admiral Stephen Thomas), Brian Donlevy (Lt. Comm.
Martin J. Roberts), Walter Brennan (Chief Yeoman Henry John-
son), Marilyn Maxwell (Audrey Carr), Henry O'Neill (Comm.
Stone), Marta Linden (Mary Collins), Chill Wills (Chief Boatswain's
Mate Jenkins), Richard Quine (Ensign Lindsay)
Produktion: Robert Z. Leonard und Orville O. Dull für Metro-
Goldwyn-Mayer; 109 Min., sw

Einer jener gutgemeinten Kriegsunterstützungsfilme, die die Moral
der Daheimgebliebenen stärken und die kämpfende Truppe in bestem Licht erscheinen lassen sollten: Laughton spielt mit vielen kleinen Manierismen und Ticks einen in San Francisco stationierten Admiral, der seinen aristokratisch arroganten Adjutanten Taylor als ersten Offizier eines erfahrenen Haudegens zur See schickt. Natürlich
raufen sich die beiden völlig unterschiedlichen Männer zusammen,
retten eine Bootsladung von Babys und Kleinkindern, bilden die
Crew zu Ammen aus und versenken schließlich mit ihrem kleinen
Zerstörer und tatkräftiger Unterstützung von Laughton, der inzwischen auch die hohe See erreicht hat, ein riesiges japanisches
Schlachtschiff. Am Ende darf Laughton dann alle auszeichnen, und
erneut geht's auf zu glorreichen Taten auf stürmischer See.
»Es wäre besser – wenn man nur könnte –, man würde diesen Film
auslachen. Doch zu viele Leute werden ihn ernst nehmen, und das
ist das Bedauerliche. Denn dies ist ganz genau die Art von Kriegsfilm, die Selbstzufriedenheit hervorbringt. Dies ist die Art von lächerlich gemachtem Heldentum, das unsere Soldaten beleidigt.«
(Times)

Mit starrem Blick aufs Baby: Laughton, Robert Taylor, Brian Don-levy und Walter Brennan in ›Stand by for Action‹ (1943).

FOREVER AND A DAY (Für immer und einen Tag)
USA 1943
Regie: René Clair, Edmund Goulding, Cedric Hardwicke, Frank Lloyd, Victor Saville, Robert Stevenson, Herbert Wilcox, *Drehbuch:* C. S. Forrester, W. P. Lipscomp, John van Druten, Peter Godfrey, Christopher Isherwood, R. C. Sherriff, Claudine West, James Hilton, Donald Ogden Stewart u. a., *Kamera:* Robert de Grasse, Lee Garmes, Russell Metty, Nicholas Musuraca, *Musik:* Anthony Collins

Besetzung: Brian Aherne (Jim Trimble), Robert Cummings (Ned Trimble), Sir Cedric Hardwicke (Klempner), Buster Keaton (Klempner), Elsa Lanchester (Mamie), CHARLES LAUGHTON (Butler), Ida Lupino (Jennie), Herbert Marshall (Kurator), Jessie Matthews (Mildred Trimble), Ray Milland (Bill), Merle Oberon (Marjorje), Claude Rains (Ambrose), C. Aubrey Smith (Eustace Trimble), Kent Smith (Gates Pomfret), Dame May Whitty (Mrs. Trimble), Roland Young und Gladys Cooper (Ehepaar)
Produktion: RKO Radio Pictures; 112 Min., sw

Eine andere Variante der »Kriegs-Moral-Filme«: Dieser sollte für England als zuverlässigen Verbündeten werben und führte deshalb eine große Anzahl von englischen Stars unter dem Kommando von Cedric Hardwicke zusammen. Eine episodische Struktur ist um die Geschichte eines Hauses gewoben, das 1804 gebaut und bis zum Tag seiner Zerbombung abwechselnd von den Trimbles und den Pomfrets bewohnt wurde. Ein Pomfret – Kent Smith – führt durch die Episoden, in deren Mittelpunkt C. Aubrey Smith, Claude Rains, Jessie Matthews, Ida Lupino, Gladys Cooper und Roland Young stehen. Laughton spielt nach *Ruggles of Red Gap* seinen zweiten Butler – wieder einmal in einer Slapstick-Geschichte um den Einbau einer Badewanne im viktorianischen England: die einzige wirklich gute und außerordentlich komische Episode, zu deren Qualität auch das von Buster Keaton und Hardwicke dargestellte Klempnerpaar beitragen. Laughton eiert fast die ganze Zeit leicht angetrunken durch den Film, versteckt seine Weinflaschen in Blumenvasen und geizt nicht mit blöden Bemerkungen: Als Matthews ihn fragt, ob ihre Gebete betreffs einer günstigen Reaktion ihres Ehemannes auf die Badewanne wohl erhört würden, sagt Laughton nur: »Not with this noise going on« und blickt sorgenvoll zur Treppe, wo wieder einmal Buster Keaton alles fallen läßt. »Die Story erzählt nichts Besonderes, außer, daß alte englische Häuser feine Geister haben und daß es ein England geben wird, solange ein einziger Sentimentalist übriggeblieben ist.« *(Times)*

THIS LAND IS MINE (Dies ist mein Land)
USA 1943
Regie: Jean Renoir, *Drehbuch:* Dudley Nichols und Jean Renoir, *Kamera:* Frank Redman, *Regieassistenz:* Eugene Lourie, Albert S. D'Agostino, Walter E. Keller und Darrell Silvera, *Schnitt:* Frederic Knudtson, *Musik:* Lothar Perl
Besetzung: CHARLES LAUGHTON (Albert Lory), George Sanders (Georges Lambert), Maureen O'Hara (Louise Martin), Walter Sle-

Lory verehrt Louise – und das führt zum Widerstand. Laughton und Maureen O'Hara in Renoirs ›This Land Is Mine‹ (1943).

zak (Major von Keller), Kent Smith (Paul Martin), Una O'Connor (Emma Lory), Philip Merivale (Prof. Sorel), Thurston Hall (Henri Manville), George Couloris (Ankläger), Nancy Gates (Julie Grant) *Produktion:* RKO Radio Pictures; 103 Min., sw

»Irgendwo in Europa« – im von der deutschen Armee besetzten Frankreich. Deutsche Soldaten kontrollieren die Plätze und Straßen der kleinen Stadt, der Bürgermeister und viele seiner Angestellten kollaborieren mit den Besatzern. Major von Keller, ein freundlicher und ungefährlich wirkender Soldat, versucht auch der Schule seinen Stempel aufzudrücken: Anstößige und aufrührerische Passagen in Büchern müssen entfernt werden. Albert Lory, ein Lehrer, unverheiratet und unter der Fuchtel seiner Mutter, fügt sich der Anordnung widerspruchslos, doch die von ihm verehrte Kollegin Louise und der Direktor seiner Schule, Professor Sorel, zeigen deutlich, daß sie diese allgemeine Kollaboration mißbilligen. Louises Bruder Paul ergreift sogar härtere Gegenmaßnahmen: Er beteiligt sich an Attentaten der Résistance gegen die verhaßte Fremdherrschaft. Aus Rache für umgestürzte Züge und getötete Soldaten werden die Lehrer der

*Der ›Schulbub‹ und die Unterdrückung: Laughton sammelt – noch –
Kraft für den Kampf gegen die Nazis. ›This Land Is Mine‹ (1943).*

Schule verhaftet – auch Lory. Falls sich die Täter nicht freiwillig melden, sollen sie hingerichtet werden. Lorys Mutter, die ahnt, daß Paul für die Résistance arbeitet, berichtet dies George Lambert, dem Verlobten von Louise. Lambert ist Chef der Eisenbahnstation, Pauls Vorgesetzter und ein Kollaborateur: Er verrät Paul an von Keller. Bei seinem nächsten Attentatsversuch wird Paul beobachtet, verfolgt und erschossen. Lory wird aus dem Gefängnis entlassen. Seine Kollegen und Louise glauben, er habe Paul denunziert. Lory aber erkennt die Zusammenhänge – zum erstenmal nimmt er sich ein Herz und will Lambert zur Rede stellen. Doch Lambert ist tot – er hat aus Scham Selbstmord begangen. Lory wird irrtümlich wegen Mordes verhaftet. Von Keller schlägt ihm einen Handel vor: Wenn er ein pro-nazistisches Plädoyer vor Gericht hielte, dann gäbe er dem Richter einen Brief Lamberts, mit dem sich dessen Selbstmord nachweisen ließe. Lory will gerade nachgeben, da wird er Zeuge der Exekution von Sorel, der ihm noch im letzten Augenblick fröhlich lachend zuwinkt: Nun ist Lorys Entscheidung gefallen. Er wird die Schuld auf sich nehmen und ein flammendes Plädoyer gegen die Unterdrükkung halten. In einer zehnminütigen Rede bewegt Lory die Richter und die Geschworenen – er wird freigesprochen. Lory kehrt als Held in die Klasse zurück und beginnt, die amerikanische »Declaration of Rights« zu verlesen. Bei Artikel fünf (»Das Gesetz hat allein das Recht, Handlungen zu verbieten, die der Gesellschaft schaden können«) wird Lory von deutschen Soldaten verhaftet und abgeführt. Louise bringt die Schulstunde zu Ende.

Ein trotz aller Naivität (oder vielleicht auch gerade deswegen) beeindruckender und bewegender Film Renoirs, der zu Unrecht in den französischen Kritiken nach dem Krieg als einer der schlechtesten Filme von Renoir angesehen wurde. Natürlich ist hier eine real existierende Situation vereinfacht worden und die darin auftretenden Figuren haben etwas stark Archetypisches, doch Renoir und Dudley Nichols wollten ganz offensichtlich etwas anderes als die Abbildung der Realität: Sie wollten aufmerksam machen auf eine Gefährdung der freien Welt, sie wollten ihre Angst und ihre Besorgnis herausschreien, und dafür haben sie extreme Mittel gewählt. *This Land is Mine* ist eine Art Gegenentwurf zu Lubitschs *To Be or Not to Be:* Was dieser mit Humor entlarvt, versucht jener durch Pathos zu überhöhen. Zweifelsohne ist Lubitschs Film besser (und wirkungsvoller), doch die guten Absichten (und ihre teilweise Verwirklichung) sind auch Renoir nicht abzusprechen. Wie immer, versucht er jeder Figur, selbst den »Bösen«, plausible Beweggründe für ihr Verhalten zu geben: Das läßt dem Zuschauer die Möglichkeit, deren Motive nachzuvollziehen und selbst seinen Platz zwischen Gut und Böse zu wählen. So wächst auch Laughton von einer zunächst unsympathischen, weinerlichen Figur zu einem Koloß von ungeahnter Größe, der am Ende mit großer Emphase seine Rede an die Welt hält: an eine Welt, die noch nicht von den Nazis besetzt war und es auch nie werden durfte. Hier ähneln Renoirs Film und Laughton Charles Chaplin in *The Great Dictator:* Wie seine Schlußrede hat auch diese Rede keine realistische Funktion mehr, sondern nur eine aufklärerische. In diesen zehn Minuten ist Laughton großartig: Hier ist er konzentriert, einfach und besessen. Ansonsten neigt er hier oftmals zu einer leichten Übersteigerung der Gefühle: Wenn er Angst hat, dann bibbert und sabbert er wirklich extrem, wenn er schüchtern ist, führt er sich wie ein Schulbub auf. Verglichen mit den eher geradlinigen Darstellungen von Walter Slezak, Maureen O'Hara, George Segal und vor allem Kent Smith (ein offenbar völlig unterschätzter und vergessener Schauspieler), wirkt Laughton merkwürdig barock – doch korrespondiert dies gut mit der noch übertriebeneren und nahezu hysterischen Darstellung von Una O'Connor als seine Mutter. Alles in allem ist *This Land is Mine* ein durchaus faszinierender Film: ein bißchen altmodisch vielleicht, aber doch packend und bewegend.

THE MAN FROM DOWN UNDER
USA 1943
Regie: Robert Z. Leonard, *Drehbuch:* Wells Root und Thomas Seller nach der Erzählung von Bogart Rogers und Mark Kelly
Besetzung: CHARLES LAUGHTON (Jocko Wilson), Binnie Barnes (Aggie Dawlins), Richard Carlson (Nipper Wilson), Donna Reed (Mary Wilson), Christopher Severn (Nipper als Kind), Clyde Cook (Ginger), Horace McNally (Dusty Rhodes), Arthur Shields (Vater Polycarp)
Produktion: Robert Z. Leonard und Orville O. Dull für Metro-Goldwyn-Mayer; 103 Min., sw

Wie Laughton in diesen Film geraten ist, war offensichtlich auch ihm selbst ein Rätsel: Er spielt, als sei er ununterbrochen auf der Suche danach, aber ohne Hoffnung, jemals die Lösung zu finden. Laughton ist ein Soldat, der nach dem Krieg mit zwei verwaisten Kindern nach Australien zurückkehrt. Er zieht die Kinder auf, die, halbwegs erwachsen, entdecken, daß sie mehr als geschwisterliche Gefühle füreinander hegen. Doch die achtziger Jahre und *Fool for Love* sind fern, und so kommt schließlich alles ins Lot: Die Kinder – keine Geschwister – kriegen sich, die Mutter taucht wieder auf. »In dieser

Laughton küßt Katherine Howard (Binnie Barnes), seine Königin – doch diesesmal in Australien. ›The Man from Down Under‹ (1943).

seltsamen, ungeschickten und merkwürdig unlebendigen Geschichte ist selbst Mr. Laughtons außergewöhnlich sprudelnder Geist lustlos und gezähmt. Vielleicht ist dies sein Kommentar zu der Naivität der Geschichte, denn zum erstenmal in seinem Leben liefert Mr. Laughton eine Darstellung, die schlichtweg durchschnittlich ist. Leider hat der Film auch darüber hinaus nichts zu bieten.« *(Times)*

THE CANTERVILLE GHOST (Das Gespenst von Canterville) USA 1944
Regie: Jules Dassin, Norman Z. MacLeod, *Drehbuch:* Edwin Harvey Blum nach der Erzählung von Oscar Wilde, *Kamera:* Robert Planck, *Regieassistenz:* Edward Carfagno, *Schnitt:* Chester W. Schaeffer, *Musik:* George Bassman
Besetzung: CHARLES LAUGHTON (Sir Simon of Canterville – der Geist), Margaret O'Brien (Lady Jessica), Robert Young (Cuffy Wil-

liams), William Gargan (Benson), Reginald Owen (Lord Canterville), Rags Ragland (Big Harry), Una O'Connor (Mrs.
Umney), Peter Lawford (Anthony), Donald Stuart (Sir Valentine)
Produktion: Arthur L. Field für Metro-Goldwyn-Mayer; 95 Min.,
sw

Der MGM-*Ghost* hat leider nur sehr entfernte Verwandtschaft mit
Oscar Wildes »Ghost«: Wieder einmal wußte ein schlauer Drehbuch-
schreiber alles besser und massakrierte so eine wunderbare Geschichte. Dabei beginnt die ganze Sache eigentlich gut: Laughton,
noch kein Geist, beweist in einem Duell mit Reginald Owen, daß er
ein jämmerlicher Feigling ist und wird zur Strafe hinter die Mauern
des Schlosses verbannt, wo er (nun geisterhaft) so lange spuken
muß, bis einer seiner Adelslinie die von ihm angerichtete Schmach
durch eine mutige Tat gesühnt hat. 339 Jahre später lagert ein Trupp
amerikanischer Soldaten im Cantervilleschen Schloß, nichts Böses
ahnend, als der Geist durch die Wand schreitet und sich vorstellt:
Leider hat noch immer niemand ihn erlöst. Doch alle Versuche von
Sir Simon, die Soldaten zu erschrecken, sind fruchtlos: Amerikaner
haben keine Angst vor Geistern, da sie vermutlich gar nicht wissen,
was ein Geist ist … Lady Jessica, die Letzte der Cantervilleschen
Linie, ist ein sechsjähriges Kind – sie freundet sich mit Cuffy Williams, einem der Soldaten, an, und der verspricht, ihr bei der »Erlösung« des Geistes zu helfen. Glücklicherweise entdeckt Sir Simon
bei ihm ein untrügliches Merkmal der eigenen Familienlinie, und so
stellt sich heraus, daß Cuffy eigentlich ein Nachkomme von Sir Marmaduke of Canterville ist. So kann er die Mutprobe bestehen, was er
auch, nach einem kurzfristigen, schockartigen Nachlassen allen
Mutes, am Ende schafft, indem er eine Bombe entschärft. Cuffy
wird ein Held, und Sir Simon darf endlich sterben.
Ein toller Anfang, den schon Dassin zu verantworten hatte, ein
süßes Kind (Margaret O'Brien, die Shirley Temple von MGM), ein
paar ungewöhnliche Auftritte von Laughton, der etwas desinteres-
siert wirkt, und eine anfänglich interessante Konstellation im Schloß
– doch dann ist dem Schreiberling Blum offensichtlich nichts mehr
eingefallen. »Schlag nach bei Wilde«, sagt ein altes deutsches Sprichwort, oder so ähnlich … Hätte er's doch getan!

THE SUSPECT (Unter Verdacht)
USA 1944
Regie: Robert Siodmak, *Drehbuch:* Bertram Millhauser und Arthur
T. Horman nach einer Erzählung von James Ronald, *Kamera:* Paul

Ivano, *Regieassistenz:* John B. Goodman und Russell A. Gausman,
Schnitt: Arthur Hilton, *Musik:* Frank Skinner
Besetzung: CHARLES LAUGHTON (Philip Marshall), Ella Raines
(Mary Grey), Dean Harens (John Marshall), Stanley C. Ridges
(Huxley), Henry Daniell (Mr. Simmons), Rosalin Ivan (Cora Mar-
shall), Molly Lamont (Mrs. Simmons), Raymond Severn (Merri-
dew), Eve Amber (Sybil), Maude Eburne (Mrs. Packer), Clifford
Brooke (Mr. Packer), Keith Hitchcock (Crummitt)
Produktion: Islin Auster für Universal Pictures; 85 Min., sw; *Urauf-
führung:* 26.1.1945

London, 1902. Philip Marshall, ein gewöhnlicher englischer Bürger,
kommt von der Arbeit nach Hause und wird Zeuge des Auszugs seines einzigen Sohnes, der die Temperaments- und Haßausbrüche sei-

*Die zwei Gesichter des Prokuristen: eisige Kälte vor dem Mord (mit
Ehefrau Rosalin Ivan in ›The Suspect‹, 1944) ...*

... und Gelächter mit der Geliebten Ella Raines nach der vollbrachten Tat. ›The Suspect‹ (1944).

ner Mutter nicht mehr mitansehen kann. Philip zieht nun zum Entsetzen seiner Frau in Johns Zimmer: Als Cora ihm mit den Nachbarn und der Moral drohen will, kann man plötzlich die Kälte und den unter der polierten Oberfläche von Philips guten Manieren verborgenen Haß aufbrechen sehen. Der äußere Schein einer guten Ehe wird auch weiterhin gewahrt, bis Philip kurze Zeit später die junge Mary trifft, die sich in seinem Büro für einen Job vorstellt. Philip, ein im Grunde gutmütiger und freundlicher Mensch (Laughton macht dies mit kleinen Nummern im Büro deutlich: Nachdem er den Boy beim Diebstahl ertappt hat, entläßt er ihn nicht, putzt dem Weinenden sogar mit dessen Taschentuch sorgfältig die Nase), fühlt sich von ihrer Zärtlichkeit und Jugend angezogen: Gemeinsam gehen sie essen, dann in den Zirkus. Eine Affäre beginnt. Seiner Frau (über die ein Kollege sagt: »Sharp as a knife«) verheimlicht Philip die Affäre, doch dann erträgt er selbst die Belastung nicht mehr: Er trennt sich von Mary. Während er nun zu Hause wieder das Verhältnis zu Cora verbessern will, konfrontiert ihn diese mit ihren Kenntnissen über Mary: Sie beleidigt und demütigt ihn. In Philip steigt der Haß auf, er ergreift einen schweren Stock und geht die Treppe hinauf ... Drei Tage später wird Cora begraben. Alle glauben an einen tragischen Unglücksfall, nur Huxley, ein Inspektor von Scotland Yard, tut das nicht: Er demonstriert Philip bei einem nächtlichen Besuch eindrucksvoll, wie er Cora umgebracht hat. Die Kamera begleitet dabei nur den Stock in seiner Hand, fährt mit ihm die Treppe hinauf, sieht den schreckensbleichen Laughton am Fuß, der genau dann, als der Inspektor (die imaginäre) Cora erschlagen will, schreit: »No!« Von nun an wird Philip überwacht, doch nach angemessener Trauerzeit kann er Mary heiraten. Lebendigkeit und helles Licht ziehen nun in das alte muffige Haus ein – es ist manchmal fast etwas zuviel für den alten Laughton. Noch immer spioniert ihm Huxley nach und greift schließlich zu einem Trick: Er besticht einen Nachbarn Philips, den Säufer Gilbert, Philip zu erpressen. Doch Philip wird auch mit dieser Situation fertig: Er bringt auch Gilbert um und wirft ihn in den Kanal. Um dem Gerede über ihn und Mary endlich zu entgehen, ergreift Philip die Flucht nach vorne: Sie werden England verlassen und nach Kanada gehen. An Bord des Auswandererschiffes trifft Philip noch einmal Huxley: Der sagt ihm, man habe die Leiche von Gilbert gefunden und verdächtige nun dessen Frau des Mordes. Als das Schiff ablegt, ist Philip plötzlich an Land: Sein Gewissen läßt nicht zu, daß eine Unschuldige für ihn büßen muß. Einsam wandert er die nächtlichen Straßen entlang, auf dem Weg zu Scotland Yard. Ein außerordentlich spannender Siodmak, der seine inhaltlichen Unglaubwürdigkeiten mit Verve und Lässigkeit überspielt und selbst aus dem Entsetzen noch Komik zieht: Als Laughton seinen Nachbarn vergiftet hat und dieser wie eine langsamer werdende Schallplatte eingeschlafen ist, versteckt er ihn hinter dem Sofa. John, seine Freundin Sibyll und Mary kommen von einem Ausflug nach Hause und toben ausgelassen durchs Haus, während Laughton nur daran denken kann, wie er sich der Leiche entledigt. Die kleine Katze spielt mit dem Schlüssel von Gilbert, und Laughton kann gerade noch verhindern, daß irgend jemand es sieht. Sibyll setzt sich aufs Sofa und erschrickt, als plötzlich etwas nach ihr greift: Doch wieder ist es nur die Katze! Laughton wird langsam hysterisch, und so dreht er am Ende einfach das Licht aus, was alle anderen als Aufforderung zum Versteckspiel ansehen ... »Eine dumpfe Dämmerwelt menschlicher Insekten, durch die Charles Laughton wie ein behäbig bürgerlicher Käfer kriecht. Die Verstrickung des ehrsamen Prokuristen ist mit sparsamsten Mitteln und breitester Wirkung dargestellt. Selten sind Mord, Erpressung und sonstige Niedertracht so liebe- und gemütvoll behandelt worden.« (*Neue Zeitung*, 1950) Niederträchtig ist der Schluß: Gefaßt zu werden ist das letzte, was man als Zuschauer dem armen Laughton wünschen würde.

CAPTAIN KIDD (Unter schwarzer Flagge)
USA 1945
Regie: Rowland V. Lee, *Drehbuch:* Norman Reilly Raine nach einer Erzählung von Robert N. Lee, *Kamera:* Archie Stout und Lee Zavitz, *Schnitt:* Jos Smith, *Musik:* Werner Janssen
Besetzung: CHARLES LAUGHTON (William Kidd), Randolph Scott (Adam Mercy), Barbara Britton (Lady Anne), Reginald Owen (Cary Shadwell), John Carradine (Orange Povy), Gilbert Roland (William Moore), John Qualen (Bart Blivens), Sheldon Leonard (Boyle), Abner Biberman (Blades)
Produktion: Benedict Bogeaus für United Artists; 89 Min., sw, *Uraufführung:* 27.7.1945

Leben und Sterben des Piraten William Kidd: zuerst Freibeuter, dann Pirat im Dienst des Königs, eigentlich, um Schiffe vor Überfällen zu schützen, gejagt (vom Helden, der natürlich eine Liebschaft mit der schönen Lady Anne hat), schließlich gefaßt und hingerichtet am Galgen. Umgeben mit all den Dingen, die man auch sonst in Piratenfilmen liebt: Lagerfeuer, Mondscheinromantik, geblähte Segel, große Schiffe, Entergänge und ordentliche Schlachten.
Die Kritiken begrüßten Laughtons Bligh-Revival und fanden damals allerlei Ergötzliches an diesem Film. Simon Callow findet vor allem die Auseinandersetzungen von Laughton und Owen (schon einmal in gemeinsamem Duell in The Canterville Ghost) gut: Er meint, in diesen Kämpfen zwischen gebildetem Diener (Owen) und ungeschlachtem Herrn seien schon die Einflüsse der Brechtschen Schulung Laughtons erkennbar, und verweist auf ähnliche Szenen in »Arturo Ui« und »Galilei« (die Ankleideszene des Papstes findet sich hier in anderer Form wieder). »Laughtons Kidd ist meisterlich zentriert – der stringenteste Charakter neben dem Henry VIII, den er je kreiert hat: stark, klar, mächtig und gefährlich.« Selbst Agate, der sonst kaum mehr ein gutes Haar an Laughton ließ, zeigte sich begeistert: »Laughton zeigt wieder einmal allererste Qualität als Schauspieler – mit jener Überzeugungskraft, die es unmöglich macht, daß man die Augen von ihm abwendet.« (Übrigens: Von Captain Kidd kommt tatsächlich der Ausdruck »Kidd-napped«).

Wer hat Angst vorm schwarzen Mann: Laughton als böser Pirat in ›Captain Kidd‹ (1945).

BECAUSE OF HIM
USA 1945

Regie: Richard Wallace, *Drehbuch:* Edmund Beloin nach einer Story von Beloin und Sig Herzig, *Kamera:* Hal Mohr, *Schnitt:* Ted Kent, *Musik:* Miklos Rosza

Besetzung: Deanna Durbin (Kim Walker), Franchot Tone (Paul Taylor), CHARLES LAUGHTON (John Sheridan), Helen Broderick (Nora), Stanley Ridges (Charlie Gilbert), Donald Meek (Martin), Charles

Halton (Mr. Dunlap), Regina Wallace (Schwester), Douglas Wood (Hapgood), Lynn Whitney (Martha Manners)
Produktion: Felix Jackson für Universal Pictures; 82 Min., sw

Eigentlich nur ein Deanna-Durbin-Programmer, aber was für einer: Gute Vorahnungen sind gleich zu Beginn berechtigt, als Laughton, wie in den meisten seiner guten Filme, einen Auftritt wie im Theater hat – diesmal sogar richtig auf der Bühne. Laughton alias Sheridan, ein berühmter »ham«, hat gerade die letzte Vorstellung des Cyrano de Bergerac (mit Sicherheit ein privater Joke Laughtons!) gespielt und schminkt sich ab. Hinter der langnasigen Maske kommt ein ganz normaler Laughton zum Vorschein: völlig übertrieben, launisch, wahnsinnig, ständig von einer Rolle in die andere fallend. Vor dem Theater warten die kreischenden Fans, und Laughton, ganz großer Zeremonienmeister im schwarzen Umhang (wie Orson Welles in *F for Fake*), gibt Autogramme. Auch Durbin will eins, doch bevor sie an ihn rankommt, verschwindet Laughton im Taxi. Enttäuscht hastet Durbin zurück zur Arbeit in einem kleinen Restaurant, wo sie schon längst überfällig ist. Doch das Schicksal meint es gut mit ihr – denn Laughton taucht plötzlich auf und bestellt etwas zu essen. Er ist so ins Gespräch vertieft, daß er Durbins Autogrammwunsch nur mit halbem Ohr hört und sofort zwischen Salz und Pfeffer ein bereitgelegtes Papier unterschreibt. Das aber stellt sich nach Entfaltung als Empfehlungsschreiben für die Möchtegern-Schauspielerin Durbin heraus, das er nun mit seinem Segen versehen hat ...
Mit Laughtons Empfehlung gelangt Durbin ins Büro eines wichtigen Agenten, wo sie sofort für eine Hauptrolle an Laughtons Seite vorgesehen wird – der Agent mutmaßt sogar, sie sei vielleicht Laughtons Freundin. Der hinzukommende Autor, Paul Taylor, durchschaut Durbin zwar, doch da Laughton im Urlaub weilt, muß die Entlarvung verschoben werden. Die kommt jedoch schneller, als es Durbin lieb sein kann: Denn Laughtons Angelurlaub ist völlig verregnet, und seine beiden Angelkumpane haben die ständigen Tiraden aus dem »Lear« auch satt. Also fährt er zurück und platzt gerade in eine Party in seinem eigenen Haus, die für Durbin, die sich inzwischen zu seiner Braut gemausert hat, gegeben wird. Es kommt zu einem hinreißenden Showdown zwischen Laughton und Durbin, der mit Durbins gespielter Ohnmacht endet. Laughton, ganz Schauspieler, weckt Durbin im Schlafzimmer wieder auf und erklärt ihr sofort, wie man eine Ohnmacht richtig spielt. Als er erfährt, daß sie bisher nur in der Highschool gespielt hat, will er sie jedoch – trotz seiner sofortigen Zuneigung für sie – wieder aus seinem Stück raus haben. Er bringt sie nach Hause. Durbins Mitbewohnerin denkt sich einen

neuen Trick aus: Durbins angeblicher Selbstmordversuch wird an die Presse gegeben. Laughton entdeckt die Nachricht am Frühstückstisch und spielt wieder eine Szene: »Akt II, Szene 3«, sagt der Diener. Als Laughton Durbin besucht, kommt jedoch alles wieder ins Lot: Er verzeiht ihr, lehrt sie, Schauspielerin zu sein, und akzeptiert sie schließlich als seine neue »leading lady«. Doch nun ist der Autor Taylor beleidigt: Er will Durbin nicht in seinem Stück, zumal er sich heimlich in sie verliebt hat. Beide Männer konkurrieren den Rest des Films um Durbin, die wiederum Rolle und Taylor haben will. Schließlich siegt Taylor – und Laughton verzichtet großmütig: »All's well that ends well« – zumindest auf der Bühne.

Ein wunderbarer Film und ein Laughton in absoluter Superform. Besser als hier kann ein Schauspieler, ein »ham«, wohl kaum noch

›Because of Him‹ (1945), Akt II, Szene 2: Laughton erklärt Deanna Durbin, wie man eine Ohnmacht richtig spielt.

spielen. Laughton stattet den John Sheridan mit allen möglichen Ticks und Tricks aus, die ein Schauspieler überhaupt haben kann: Atemlos steht man vor dem großen Zauberer Laughton, der seine Trickkiste öffnet und den Zuschauer in das Reich einer magischen Kunst einführt. Selbstironisch und nahezu autobiographisch zeigt Laughton sich hier als »Laughton, Beruf: ›Ham‹«, benützt Teile des eigenen Lebens (»Cyrano«, »Lear«, der noch folgen sollte) für ein Modell des archetypischen Theaterstars schlechthin. Auch Durbin und Regisseur Wallace ziehen am selben Strang: *Running gags* wie der mit Laughtons Diener, der immer dann, wenn er glaubt, sein Herr habe ihn in wichtigen Dingen übergangen, die Koffer packt, und selbst die obligatorischen Gesangseinlagen von Deanna Durbin fügen sich makellos ein in das Gesamtkonzept. Mit *Because of Him,* einem völlig unterschätzten und vergessenen Film, hat sich Laughton – wie später Orson Welles mit *F for Fake* – ein Denkmal gesetzt, das vor Vitalität und Lebenslust funkelt und dringend wiederentdeckt werden sollte. Ganz sicher einer der besten Filme Laughtons.

THE BIG CLOCK (Spiel mit dem Tode)
USA 1948
Regie: John Farrow, *Drehbuch:* Jonathan Latimer und Harold Goldman nach dem Roman von Kenneth Fearing, *Kamera:* John F. Seitz und Gordon Jennings, *Regieassistenz:* Hans Dreier, Roland Anderson und Albert Nozaki, *Schnitt:* Gene Ruggiero, Eda Warren, *Musik:* Victor Young, Jay Livingstone und Ray Evans, *Maske:* Wally Westmore
Besetzung: Ray Milland (George Stroud), CHARLES LAUGHTON (Earl Janoth), Maureen O'Sullivan (Georgette Stroud), George Macready (Steve Hagen), Rita Johnson (Pauline Johnson), Elsa Lanchester (Louise Patterson), Harold Vermilyea (Don Klausmeyer), Dan Tobin (Roy Cordette), Douglas Spencer (Bert Finch)
Produktion: Richard Maibaum für Paramount; 93 Min., sw, *Uraufführung:* 9.4.1948

Laughtons einziger richtiger Film des *»Film Noir«*-Genres: Er beginnt ganz klassisch mit einem langen Schwenk über eine nächtliche Stadt, der in eine langsame Zufahrt auf eine riesige Uhr mündet, in sie hineinfährt und George Stroud entdeckt, der sich dort versteckt und beginnt, in einer langen Rückblende seine Geschichte zu erzählen. Sie beginnt in der Redaktion des »Crimeways Magazine«, einer der vielen Publikationen des Zeitungszaren Earl Janoth. Stroud ist Chefredakteur dieser Zeitung und berühmt dafür, daß er mit Hilfe eines riesigen »clueboards« Verbrecher aufspürt, die der Polizei ent-

Ray Milland und Charles Laughton in ›The Big Clock‹ (1948).

gangen sind. Janoth und Stroud sind vor allem deswegen gefürchtet, weil sie über eine psychologische Täteranalyse den Weg vom Opfer zum Täter zurückverfolgen können. Über seiner Arbeit hat Stroud jedoch sein Privatleben vergessen, und seine Frau Georgette droht mit Scheidung. Stroud verspricht ihr deshalb, die Hochzeitsreise nachzuholen. Doch am Tag seiner Abreise läßt ihn Janoth holen und übergibt ihm einen neuen, wichtigen Fall. Stroud aber weigert sich, und als Janoth insistiert, reicht er seine Kündigung ein. Erleichtert und gleichzeitig erschöpft vergißt er über einem Bier in der Bar seinen Termin mit Georgette. Aus Angst vor den Konsequenzen dieses Fehlers setzt er gleich noch einen drauf: Er verbringt die Nacht mit einer blonden Schönheit, Pauline, die jedoch, ohne daß Stroud dies weiß, die Geliebte von Janoth ist. Als Janoth in der Nacht bei ihr auftaucht, sieht er gerade noch, daß ein Mann ihr Appartement verläßt. Wütend stellt er sie zur Rede und erschlägt sie schließlich im Affekt.

In Panik beichtet Janoth den Mord seinem Vertrauten Hagen, der vorschlägt, man solle doch Stroud den Mann suchen lassen, der vor Janoth in Paulines Appartement war – und ihn zum Mörder machen. Stroud, der inzwischen doch bei seiner Frau im Flitterwochenurlaub angekommen ist, wird telephonisch zurückgeholt: Und er geht, denn schließlich geht es um seinen Kopf. In einer verzweifelten Suche nach dem richtigen Mörder, während sich gleichzeitig die Schlinge um ihn selbst zuzieht, entdeckt Stroud endlich Janoth als Täter. Janoth, der sich vorher noch des Mitwissers Hagen entledigt hat, jagt Stroud durch das riesige Gebäude und fällt schließlich selbst in einen Aufzugschacht. Stroud kehrt zu Georgette zurück.

Charles Laughton als eine übergroße, barocke Monsterfigur in einem ansonsten klaren und stringenten *Film Noir.* Farrows Regie betont die »Bigger than life«-Statur von Laughton überdies durch extreme Großaufnahmen, die zudem mit einem verzerrenden Weitwinkelobjektiv aufgenommen worden sind und sich im Laufe des Filmes immer weiter verstärken. Noch besser als Laughton war aber Elsa Lanchester in *The Big Clock:* »Miss Lanchester is truly delicious with her mad pace and her wild, eccentric laugh. A leg on ›somebody's Oscar‹ is won by her with this role«, schrieb die *Times.* 1987 drehte Roger Donaldson unter dem Titel *No Way Out* ein Remake von *The Big Clock,* in dem Gene Hackman die Rolle von Laughton übernahm.

ARCH OF TRIUMPH (Triumphbogen)
USA 1948
Regie: Lewis Milestone, *Drehbuch:* Lewis Milestone und Harry Brown nach einem Roman von Erich Maria Remarque, *Kamera:* Russell Metty, *Regieassistenz:* William Cameron Menzies, *Schnitt:* Mario Castegnaro, *Musik:* Louis Gruenberg
Besetzung: Ingrid Bergman (Joan Madou), Charles Boyer (Dr. Ravic), CHARLES LAUGHTON (Haake), Louis Calhern (Morosow), Roman Bohnen (Dr. Veber), Stephan Bekassy (Alex), Curt Bois (der tätowierte Kellner), J. Edward Bromberg (Hoteldirektor), Michael Romanoff (Alidze), William Conrad (Detektiv)
Produktion: David Lewis für Enterprise-United Artists; 120 (114) Min., sw

Paris, 1939. Ravic, ein aus Deutschland emigrierter Chirurg, rettet auf einer Brücke die Sängerin Joan Madou vor dem Selbstmord. Beide sind gefallene Existenzen: Ravic, der für wenig Geld »Ghost«-Chirurgentätigkeit für andere Ärzte übernimmt, um sich das Geld für einen falschen Paß zu verdienen, Joan, die sich in zwielichtigen Nachtclubs mit eindeutigen Tätigkeiten ihren Lebensunterhalt verdient. Beide klammern sich wie Ertrinkende aneinander, um schließlich doch gemeinsam unterzugehen. Ravic erdrosselt den Nazi-Agenten Haake, der vor Jahren in Österreich seine Geliebte getötet hat. Joan, deren Lebenswandel zu einer dauerhaften emotionalen Instabilität geführt hat, wendet sich von Ravic ab und läßt sich von einem reichen Playboy aushalten, der sie schließlich aus Eifersucht erschießt. Am 1. September 1939, dem Tag des Kriegsausbruchs, stirbt sie in Ravics Armen. Der hätte sie zwar noch retten können, doch er läßt sie lieber sterben. »Diese ironische End-Drehung spiegelt die zentrale Ironie des Titels; es gibt keinen Triumph in der gefallenen Welt des modernen Europa« (Joseph R. Millichap). Leider eine ziemlich mißglückte Remarque-Verfilmung, ausgerechnet von Milestone, der *All Quiet on the Western Front* noch zu einem großen Triumph geführt hatte. Der trat beim *Arch* leider nicht ein: Dafür stimmten schon die Ausgangsbedingungen nicht. Weder

Zwei Ertrinkende in einem Boot: Charles Boyer und Laughton kurz vor dem Mord. ›Arch of Triumph‹ (1948).

Boyer noch Bergman waren die richtige Besetzung für die beiden Hauptrollen: »Es sollte ein realistischer Film werden, er hatte aber zwei große Stars in den Hauptrollen«, hat Milestone selbst dazu bemerkt. »Und wenn man zwei so große Stars hat, dann ist die Hälfte der Realität schon zum Fenster rausgeschmissen.« Auch die kleineren Rollen fallen unter dieses Verdikt: Laughton als Nazi und Calhern als Russe wirken geradezu lächerlich. Laughton wirkt ganz einfach so, als habe er weder Lust noch Interesse an diesem Film gehabt. »In diesem langsamen, teuren Film ist Charles Laughton völlig absurd als der Nazi-Bösewicht«, schrieb Bosley Crowther in der *Times*.

THE PARADINE CASE (Der Fall Paradine)
USA 1948
Regie: Alfred Hitchcock, *Drehbuch:* David O. Selznick und Alma Reville nach einem Roman von Robert Hichens, *Kamera:* Lee Garmes, *Regieassistenz:* Thomas Morahan und Joseph McMillan, *Schnitt:* Hal C. Kern und John Faure, *Musik:* Franz Waxman
Besetzung: Gregory Peck (Anthony Keane), Anne Todd (Gay Keane), CHARLES LAUGHTON (Lord Horfield), Ethel Barrymore (Lady Horfield), Charles Coburn (Sir Simon Flaquer), Louis Jourdan (André Latour), Alida Valli (Maddalena Anna Paradine), Leo G. Carroll
Produktion: David O. Selznick für Selznick International; 110 (112/131) Min., sw

Zwei Filme hat Laughton mit Hitchcock gedreht, und beide gehören zu den schlechteren Filmen Sir Alfreds. In *The Paradine Case* spielte Laughton seine zweite »echte« Nebenrolle nach *Arch of Triumph:* den Richter Horfield, einen selbstgefälligen, unangenehmen Mann, der der Verhandlung gegen Mrs. Paradine vorsitzt. Sie ist angeklagt, ihren Mann ermordet zu haben, um ihr Verhältnis mit ihrem Liebhaber legalisieren zu können. Ihr Anwalt Keane verliebt sich im Laufe der Untersuchung in sie und vernachlässigt darüber seine eigene Frau, die sich wiederum der Avancen von Richter Horfield erwehren muß. Verärgert darüber, daß er bei ihr nicht hat landen können, behindert Horfield Keanes Arbeit und gewinnt schließlich, weil Keane vor Gericht jämmerlich versagt.
Hitchcock selbst hat die falsche Besetzung seiner Hauptrollen zugegeben und Truffaut zugestimmt, als dieser fand, Laughton und Barrymore wären die besten Darsteller des Films. Obwohl Laughton nur wenige Szenen in *The Paradine Case* hat, ist er doch ungeheuer präsent: Die lüsterne Art, in der er auf die nackte Schulter von

Vollendete Schamlosigkeit: Laughton ergreift die Hand von Anne Todd – öffentlich. › The Paradine Case‹ von Alfred Hitchcock (1948).

Keans Frau blickt und in aller Öffentlichkeit ihre Hand ergreift, sowie der Ton, in dem er seine Frau als dumme Gans abkanzelt, lassen einem wirklich für Sekunden den Atem stocken. Am spannendsten ist die aus allen verfügbaren Kamerawinkeln gefilmte Gerichtsverhandlung, die Laughton wie eine dicke Qualle überwacht und dirigiert: Hitchcock hatte für diese Sequenz einen komplett eingerichteten Set bauen lassen, in dem die Schauspieler lange Szenen ohne Unterbrechung durchspielen konnten. Hier endlich gewinnt der Film jenes Tempo und jene Spannung, die ihm im ersten Teil völlig fehlen. Obwohl Alida Valli sehr gut ist (trotz Hitchcocks anderslautendem Urteil), ist es schade, daß Hitchcock für diese Rolle nicht Greta Garbo zum Comeback überreden konnte – *The Paradine Case* wäre zweifelsohne interessanter geworden, als er es nun ist.

GIRL FROM MANHATTAN
USA 1948
Regie: Alfred E. Green, *Drehbuch:* Howard Estabrook, *Kamera:* Ernest Laszlo, *Regieassistenz:* Jerome Pycha jr., *Schnitt:* James E. Smith, *Musik:* Heinz Roemheld

Besetzung: Dorothy Lamour (Carol Maynard), George Montgo-
mery (Tom Walker), CHARLES LAUGHTON (Bischof), Ernest Truex
(Homer Purdy), Hugh Herbert (Aaron Goss), Constanze Collier
(Mrs. Brooke), William Frawley (Mr. Bernouti), Sara Allgood (Mrs.
Beeler)
Produktion: Benedict Bogeaus für United Artists; 80 Min., sw

Ein »Dorothy-Lamour-Programmer«, über dessen Handlung man
am besten den Mantel des Schweigens breitet: Irgendwie geht es um
einen Pfarrer, der aus seinen eigenen Ersparnissen den Grund und
Boden für eine Kirche kauft und damit den Bösewicht ausmanövriert, um eine Pension, um Dorothy Lamour, ein New Yorker Modell, das sich irgendwie auch in diese Geschichte gemogelt hat, und
um eine ganze Anzahl weiterer Leute, die auch alle in diesem Film
vorkommen. »*The Girl from Manhattan* ist eine der schwächlichsten
Schwestern, die seit langer Zeit aus Hollywood herübergekommen
sind«, meinte die *Times:* »Der Cutter James E. Smith hat gut daran
getan, die Länge auf achtzig Minuten herunterzukürzen.« Über
Laughton heißt es schlicht und einfach: »Laughton overacts.«

ON OUR MERRY WAY
USA 1948 (auch: A Miracle Can Happen)
Regie: King Vidor, Leslie Fenton, John Huston und George Stevens
(ohne Credit), *Drehbuch:* Laurence Stallings, Lou Breslow, John
O'Hara nach einer Geschichte von Arch Oboler, *Kamera:* John F.
Seitz, Ernest Laszlo, Joseph Biroc, *Regieassistenz:* Duncan Cramer
und Ernst Fegte, *Schnitt:* James E. Smith, *Musik:* Heinz Roemheld
Besetzung: James Stewart (Slim), Paulette Goddard (Martha
Pease), Burgess Meredith (Oliver Pease), Henry Fonda (Lank), Do-
rothy Lamour (Gloria Manners)
Produktion: Benedict Bogeaus und Burgess Meredith für Miracle
Productions; 107 Min., sw

Hatte der Cutter James E. Smith schon den letzten Film Laughtons
ordentlich kurzgeschnitten, so eliminierte er ihn hier dankenswer-
terweise ganz aus dem Film. Gerüchten zufolge soll Laughton aber
in diesem Episodenfilm eine Szene mit einem Baby gespielt haben,
das während der Dreharbeiten ununterbrochen schrie – worauf
Laughton es mit einer gemurmelten Version der Gettysburgh-Rede
in den Schlaf versetzte. »Sie hat einen so beruhigenden Charakter«,
meinte er. Selznick bot nach Besichtigung der Endfassung von *On
Our Merry Way* an, die geschnittene Laughton-Episode aufzukaufen
und den Rest zu vernichten, doch Produzent Bogeaus überging
diese wahrhaft großzügige Offerte. Schade.

MAN ON THE EIFFEL TOWER (Der Mann vom Eiffelturm)
USA 1949
Regie: Burgess Meredith, Irving Allen, Charles Laughton und Franchot Tone (alle ohne Credit), *Drehbuch:* Harry Brown nach einem Roman von Georges Simenon, *Kamera:* Stanley Cortez, *Regieassistenz:* René Renoux, *Schnitt:* Louis H. Sackin, *Musik:* Michel Michelot
Besetzung: CHARLES LAUGHTON (Inspektor Maigret), Franchot Tone (Radek), Burgess Meredith (Huertin), Robert Hutton (Bill Kirby), Jean Wallace (Edna), Patricia Roc (Helen Kirby), Belita (Gisella), William Phipps (Janvier), George Thorpe (Comelieu), Wilfrid Hyde-White (Grollet) sowie die Stadt Paris
Produktion: Irving Allen und Franchot Tone für A&T Productions – RKO; Farbe (Ansco Color)

»Dieser Thriller ist weitgehend aus gedämpften Aufregungen zusammengestellt: Denn es geht nicht darum, wer der Schuldige ist, sondern wie Georges Simenons kraftvoller Inspektor Maigret genug Beweise sammeln kann, um den Mörder unter die Guillotine zu bringen. Der Fiesling ist Radek, ein manisch-depressiver tschechischer Emigrant, der sich ständig im Café Des Deux Magots mit Joghurt vollstopft. Er killt wegen einer Million Francs eine reiche Amerikanerin und deren Dienerin. Und dann, um sein Ego aufzubauen, versucht er, Inspektor Maigret an der Nase herumzuführen. Doch der läßt sich nicht durch einen unschuldigen, halbblinden Messerschleifer, den ihm der Psychopath als Mörder präsentiert, beirren und kann am Ende, nach vielerlei Katz-und-Maus-Manövern, seinen Mann fassen. Im Laufe dieser atemberaubenden Jagd fangen die Farbkameras die Seine und ihre wunderbaren Brücken und Ufer ein, sie klettern über die Dächer und Schornsteine von Paris, den Boulevard St. Germain, die Place Pigalle und durch solch unterschiedliche Kneipen wie das Café Des Deux Magot und das Monseigneur. Und schließlich sogar die Eisenträger des Turmes hinauf, um ein wunderbares Panorama der Stadt zu bekommen. Hätten die Produzenten nicht die Stadt Paris in die Besetzungsliste aufgenommen, dann hätten sie sich aller Arten von Verbrechen schuldig gemacht.« (*Times*)

Trotz des relativen Mißerfolges dieses Filmes war *Man on the Eiffel Tower* insofern wichtig für Laughton, als er hier zum erstenmal seine nun schon auf der Bühne erprobten Regiefähigkeiten im Film anwenden konnte. Der Erfolg machte ihm Mut, denn die einzigen allseits gelobten Szenen waren ausgerechnet seine eigenen: der Beginn des Films, in dem Meredith in das Haus der Ermordeten stolpert

Maigret traut seinen Augen nicht: Laughton in ›Man on the Eiffel Tower‹ (1948).

und die Leichen entdeckt, sowie das Ende, die abenteuerliche Jagd über die Straßen von Paris, hinauf auf den Eiffelturm. Während der Arbeit an diesen Sequenzen lernte Laughton den Kameramann Stanley Cortez kennen, der unter anderem Orson Welles' Film *The Magnificent Ambersons* mit einer atemberaubenden Lichtführung versehen hatte. Cortez sollte später in Laughtons einzigem eigenen Film eine wichtige Rolle übernehmen.

THE BRIBE (Geheimaktion Carlotta)
USA 1948
Regie: Robert Z. Leonard, *Drehbuch:* Marguerite Roberts nach einer Geschichte von Frederick Nebel, *Kamera:* Joseph Ruttenberg, *Regieassistenz:* Cedric Gibbons und Malcolm Brown, *Schnitt:* Gene Ruggiero, *Musik:* Miklos Rosza, Nacio Herb Brown und William Katz
Besetzung: Robert Taylor (Rigby), Ava Gardner (Elisabeth Hinton), CHARLES LAUGHTON (J. J. Bealer), Vincent Price (Carwood), John Hodiak (Tug Hinton), Samuel S. Hinds (Dr. Warren), John Hoyt (Gibbs), Toto Renaldo (Emilio Gomez), Martin Garralaga (Pablo Gomez)
Produktion: Pandro S. Berman für Metro-Goldwyn-Mayer; 98 Min., sw, *Uraufführung:* 13.2.1949

Merkwürdigerweise schon Laughtons dritter Film mit Robert Z. Leonard – merkwürdig deshalb, weil schon die vorangegangenen zwei Filme *(Stand by for Action* und *The Man from Down Under)* ziemliche Flops gewesen waren und Laughton hätten warnen müssen. Hier ist es leider nicht viel anders: Zwar beginnt der Film wie *Apocalypse Now* in einem Zimmer mit einem unglücklichen, zweifelnden, schwitzenden Robert Taylor, doch dann begibt er sich schnurstracks hinab in die Niederungen des Malay-Gin-and-Heat-B-Picture-Genres. Es geht um Taylor, einen US-Geheimagenten, der einen Motorenschmuggel auf einer Karibikinsel aufklären soll. Dummerweise verliebt er sich gleich zu Anfang in Ava, die Frau seines Hauptverdächtigen, und schafft sich so mehr Probleme, als ihm lieb sein kann. Laughton und Price sind die beiden Bösewichter, wobei Laughton heftigst zwischen allen Seiten hin und her wechselt und sich so seinen Vorteil sichert. Price hingegen bringt ein paar Leute um und segnet schließlich selbst das Zeitliche. Laughton trinkt weiter Gin, und Taylor und Ava gehen zusammen ins Bett – vermutlich der einzig vernünftige Gedanke in diesem Film.
Simon Callow dürfte einer der wenigen sein, der *The Bribe* für einen guten Film hält – seine Beurteilung von Laughtons Darstellung hingegen scheint richtig: Wieder einmal spielt Laughton eine verlorene Seele, die sich mit kleinen Betrügereien und Tricks über Wasser hält und am Ende gerade noch so ihren Kopf retten kann. Ansonsten meinte selbst Pandor S. Berman, der Produzent: »Wir hätten diesen Mist niemals machen sollen. Es war ein lausiger Film, und jeder spielte ganz schrecklich darin.« Doch für einige hatte der Film auch sein Gutes: »Ava Gardner ist besser für die Sehschärfe als jede vom Gesundheitsdienst verordnete Brille«, schrieb ein britischer Fan.

Gruppenbild mit zwei Babys: Laughton, ein unbekanntes Baby und Jane Wyman in ›The Blue Veil‹ (1951).

THE BLUE VEIL (Das Herz einer Mutter)
USA 1951
Regie: Curtis Bernhardt, *Drehbuch:* Norman Corwin nach einer Story von François Campaux, *Kamera:* Frank Planer, *Regieassistenz:* Albert S. D'Agostino und Carrol Clark, *Schnitt:* George J. Amy, *Musik:* Franz Waxman

Besetzung: Jane Wyman (Louise Mason), CHARLES LAUGHTON (Fred K. Begley), Joan Blondell (Annie Rawlins), Richard Carlson (Gerald Kean), Agnes Moorehead (Fleur Palfrey), Don Taylor (Dr. Robert Palfrey), Audrey Totter (Helen Williams), Cyril Cusack (Frank Hutchins), Everett Sloane (Staatsanwalt), Natalie Wood (Stephanie Rawlins), Warner Anderson (Bill Ashworth), Alan Napier (George Carter)

Produktion: Jerry Wald, Norman Krasna und Raymond Hakim für RKO Radio Pictures; 113 Min., sw, *Uraufführung:* 26.10.1951

»It was a tear-jerker from beginning to end«, sagt Curtis Bernhardt selbst über seinen Film, und er hat ein bißchen recht damit, selbst wenn er einschränkt: »But I didn't shoot it as such. I tried to stay away from very teary scenes.« Rudolf Thome meint, *The Blue Veil* erzähle eine Lebensgeschichte. »Für Liebesgeschichten hat Bernhardt eine Vorliebe, weil sie fast unvermeidlich mit ihren Höhen und tragischen Tiefen Tränen provozieren. Hier ist es die Lebensgeschichte von Louise Mason, deren Mann im Ersten Weltkrieg in Frankreich gefallen ist.« Louise hat kein Glück: Nicht nur der Mann ist tot, auch ihr Baby stirbt noch, bevor sie es zu Gesicht bekommen hat. Zurück bleibt eine unheilbare Wunde: die Wunde der Kinderlosigkeit, die sich im Mutterkomplex widerspiegelt. Also wird Louise Säuglingsschwester: zunächst bei einem reichen Witwer, der sich in sie verliebt und sie heiraten will. Doch Louise ist ehrlich und deshalb nicht in der Lage, einen ungeliebten Mann zu heiraten – prompt wird sie von der dann zur Ehefrau Erkorenen kurze Zeit später aus dem Haus geworfen. Auch der nächste Versuch schlägt fehl: Diesmal liebt zwar Louise, doch der Erwählte, ein Lehrer, ist sich nicht sicher. »Von jetzt an muß sich Louise damit begnügen, immer edler, immer demütiger zu werden und immer mehr auf alles Eigene zu verzichten.« (Thome) Nach zwei weiteren mütterlichen Fehlschlägen wird schließlich doch alles gut: Der Arzt, der ihr wegen einer Augenschwäche die Arbeit untersagt, ist ihr erster Pflegesohn, und so wird er sich, als er sie endlich erkennt, um sie kümmern – zusammen mit allen anderen Kindern ihres Lebens.

»Bernhardt zeigt Figuren, so wie sie sich jedermann vorstellt: eindimensional, glatt, ohne irgendeine Unregelmäßigkeit, mit einem Wort, ohne Leben. Die Unbefangenheit, mit der er Klischees benutzt, macht mich bei manchen seiner Filme fast sprachlos«, schreibt Thome. »Seine Filme, in denen hervorragende Schauspieler versuchen, seinen Figuren Leben zu geben, leisten beim Sehen keinen Widerstand.« In gewisser Weise stimmt dies auch für den von Charles Laughton gespielten Witwer, doch Laughton versucht, anders als Jane Wyman, die ganz schlicht und nahezu wie eine Kataly-satorfigur für die Bedürfnisse des Zuschauers spielt, seiner Figur mit vielen kleinen *sidesteps* wieder einmal mehr Kontur zu verleihen. Dazu gehört die leichte und geradezu schwebende Art, in der er sich bewegt, die unglaublich hinreißende Verlegenheit, in die er manch-mal gerät, und die Präzision, mit der er Begleys Leben und Begley sein eigenes Leben eingeteilt haben. Laughton ist wieder mal *das* große Baby – hätte Jane Wyman dies erkannt, wäre der Film schon nach der ersten Episode ein anderer geworden: Dann hätte sie näm-lich den späteren Augenarzt heiraten und für das Baby Charles sor-gen können.

THE STRANGE DOOR (Die merkwürdige Tür)
USA 1951
Regie: Joseph Pevney, *Drehbuch:* Jerry Sackheim nach einer Erzäh-lung von Robert Louis Stevenson, *Kamera:* Irving Glassberg, *Regie-assistenz:* Bernard Herzbrun und Eric Orbom, *Schnitt:* Edward Cur-tiss, *Musik:* Joseph Gershenson, *Maske:* Bud Westmore
Besetzung: CHARLES LAUGHTON (Alan de Maletroit), Boris Karloff (Voltan), Sally Forest (Blanche), Richard Stapley (Denis de Beau-lieu), Paul Cavanagh (Edmond), William Cotrell (Corbeau), Mi-chael Pate (Talon), Alan Napier (Grassin), Morgan Farley (Ren-ville)
Produktion: Ted Richmond für Universal-International; 81 Min., sw, *Uraufführung:* Dezember 1951

Laughtons dritter Horrorfilm, und leider auch sein schlechtester: nach dem naiven Guten im ersten, dem zwielichtigen Wissenschaft-ler im zweiten, spielte er hier, im dritten Film, einen öligen Böse-wicht, »mehr lächerlich als böse«, wie die *Times* unfreundlich an-merkte. Es geht in diesem »Horrorfilm für arme Leute« *(Times)* um den französischen Adeligen de Maletroit, der aus zurückgestoßener Liebeslust seinen eigenen Bruder einkerkert und dessen Tochter Blanche – gezeugt mit der von de Maletroit vergebens geliebten Frau, die im Kindbett gestorben ist – aufzieht. Um seine Rache zu vollenden, will er sie mit einem adeligen Nichtsnutz verheiraten, doch der entpuppt sich als edel und gut und verliebt sich in Blanche. De Maletroit, erzürnt, kerkert nun auch das Liebespaar in einem ganz speziellen Verlies ein, dessen Wände sich langsam aufeinander zu bewegen und aus allem, was sich dazwischen befindet, ein Sand-wich machen. Doch bevor alles mit einem großen Hamburger endet, greift Boris Karloff, de Maletroits Diener, ein und rettet das Liebes-paar.

›The Strange Door‹ (1951), ein Horrorfilm für Arme: ein ewig grinsender Laughton an der Seite von Boris Karloff.

Laughton zieht Grimassen, torkelt unkontrolliert durch dunkle Gänge und Verliese, drückt sich einige Happen Essen in den Rachen und gibt sich alle Mühe, ein richtiger »ham« zu sein. Offensichtlich hatte er überhaupt kein Interesse an diesem Film, der sich zwischen seine Lesungen geschlichen hatte. Und Geld war schließlich auch mit einem schlechten Film zu verdienen. »I'm not impressed«, sagt der junge Held zu ihm, und er hat recht.

O HENRY'S FULL HOUSE (Vier Perlen)
USA 1952
Regie: Henry Koster (Laughtons Episode), Jean Negulesco, Henry Hathaway, Howard Hawks, Henry King, *Drehbuch:* Lamar Trotti, Richard Breen, Ivan Goff und Ben Roberts, Nunnally Johnson, Walter Bullock, *Kamera:* Lloyd Ahern, Lucien Ballard, Milton Krasner,

*Marilyn Monroe wird vom ›most sexy man I ever met‹ belästigt: von
Laughton in ›O. Henry's Full House‹ (1952).*

Joe MacDonald, *Schnitt:* Nick DeMaggio, William B. Murphy, Barbara MacLean, *Musik:* Alfred Newman
Besetzung: CHARLES LAUGHTON (Soapy), Marilyn Monroe (Straßenmädchen), David Wayne (Horace) sowie Richard Widmark, Dale Robertson, Anne Baxter, Jean Peters, Gregory Ratoff, Fred Allen, Oscar Levant, Jeanne Crain, Farley Granger, Sig Ruman
Produktion: André Hakim für 20th Century-Fox; 19 Min. (Laughtons Episode), Farbe

Wieder ein Episodenfilm Laughtons, und wie in fast allen vorherigen ist seine Episode die beste: *The Cop and the Anthem* erzählt die Geschichte des Landstreichers Soapy. Der hat zwar kein Geld, dafür aber Manieren und Eleganz. Mit seinem Freund Horace versucht er, sich für den Winter ein warmes Quartier, sprich: das Gefängnis, zu organisieren. Doch seine Strategie, der Polizei aufzufallen, schlägt fehl: Selbst sein Versuch, eine Dame zu belästigen, mißlingt, denn die Dame ist ein Strichmädchen. Schließlich setzt sich Soapy erschöpft von all den Fehlschlägen in eine Kirche, um sich aufzuwärmen und ein wenig Musik zu hören. Er denkt über sein Leben nach und kommt zu dem Schluß, sich nun doch eine Arbeit zu suchen und seßhaft zu werden. Doch während er noch sein neues Leben plant, holt das alte ihn ein: Ein Polizist verhaftet ihn wegen Landstreicherei und steckt ihn ins Gefängnis. Alles fängt wieder von vorne an.

Laughton ist wieder einmal in Bombenform: ein alter, etwas verknautschter Mann mit einer Nelke im Knopfloch, der sich voller Würde durch die Straßen schleicht, immer mit einem leichten Lächeln in den Augen. Seine Begegnung mit der Monroe treibt einem die Tränen in die Augen angesichts der Vorstellung, die beiden hätten vielleicht einmal einen ganzen Film miteinander gedreht – möglichst noch mit Laughton als Regisseur. Doch auch so ist diese Szene schon den Kauf eines Videorecorders wert – eine Perle, wie der deutsche Titel ausnahmsweise einmal treffend bemerkt.

ABBOTT AND COSTELLO MEET CAPTAIN KIDD
USA 1952
Regie: Charles Lamont, *Drehbuch:* Howard Dimsdale und John Grant, *Kamera:* Stanley Cortez, *Regieassistenz:* Daniel Hall, *Schnitt:* Edward Mann, *Musik:* Raoul Kraushaar, Bob Russell und Lester Lee
Besetzung: Bud Abbott (Rocky Stonebridge), Lou Costello (Oliver Johnson), CHARLES LAUGHTON (Captain Kidd), Hillary Brooke (Captain Bonney), Bill Shirley (Bruce Martingale), Leif Erickson (Morgan), Fran Warren (Lady Jane)
Produktion: Alex Gottlieb für Wooley Productions – Warner Bros.; 70 Min., Farbe (Supercinecolor)

»The Revival of Captain Kidd meets the A & C-Programmer«: das sagt eigentlich schon alles. Handlung im eigentlichen Sinne gibt es nicht, A & C suchen lieber nach den abstrakten Werten des nichtgegenständlichen Filmemachens. A & C spielen zwei Landstreicher, die auf einer Pirateninsel gelandet sind und dort die Bekanntschaft von Captain Kidd, einer Schatzkarte, Captain Bonney, einem Liebesbrief, Lady Jane und vielen Räubern machen. Irgendwie geht alles durcheinander, und schließlich sind A & C auf der Flucht vor allen und jedem. Ab und zu bleiben alle unvermittelt stehen, irgendeiner singt ein so schönes Lied wie »North of Nowhere« oder »Away Aye-Ay-Aye-O«, und dann rennen alle wieder weiter. »Laughton hams delightfully«, meinte die *Times* und hatte wohl recht: Laut Simon Callow muß Laughton sich sehr wohl gefühlt haben bei den Dreharbeiten, die wenig Anstrengung von ihm verlangten. Außerdem war wieder einmal Stanley Cortez (!) an der Kamera dabei, und das gemeinsame Projekt konnte nebenbei besprochen werden.

SALOME (Salome)
USA 1953
Regie: William Dieterle, *Drehbuch:* Harry Kleiner nach einer Origi-
nalgeschichte von Harry Kleiner und Jesse L. Lasky, *Kamera:*
Charles Lang, *Regieassistenz:* John Meehan, *Schnitt:* Viola Law-
rence, *Musik:* George Dunning (Morris Stoloff)
Besetzung: Rita Hayworth (Salome), Stewart Granger (Claudius),
CHARLES LAUGHTON (Herodes), Judith Anderson (Herodias), Sir
Cedric Hardwicke (Caesar Tiberius), Alan Badel (Johannes der Täu-
fer), Basil Sydney (Pontius Pilatus), Maurice Schwartz (Ezra), Rex
Reason (Marcellus Fabius), Arnold Moss (Micha)
Produktion: Buddy Adler für Columbia Pictures; 105 Min., Farbe
(Technicolor)

Auch mit Oscar Wilde hatte Laughton nicht das Glück, das er aufgrund von Wildes Talent und einer ähnlich gelagerten privaten Pro-
blematik eigentlich hätte haben müssen. Das lag sowohl bei *The
Canterville Ghost* als auch nun, bei *Salome,* hauptsächlich daran,
daß Wilde in Hollywood nicht mehr Wilde war – seine Geschichten
blieben zwar rudimentär erkennbar, doch der Geist seiner Dialoge
war allzu fern. Der Hayssche Moralkodex hatte Hollywood eine völlige Umgestaltung des Salome-Stoffes anempfohlen: Cohn hatte
zwar mit Lasky einen alten DeMille-Mitarbeiter engagiert, doch
waren die Zeiten seiner Orgien und Milchbäder endgültig vorbei:
Prüderie herrschte nun in den Studiohallen. Ein Jammer, bedenkt
man, was alles mit Rita Hayworth hätte angestellt werden können.
So aber ist Salome ein braves Mädchen, das aus Rom aufgrund sittli-
cher Verfehlungen verbannt (!) und zu ihren Eltern nach Galiläa zu-
rückgeschickt wird. Dort aber herrscht wüstes Treiben: Herodes
fühlt das Nahen eines neuen Messias und gerät in neurotische Zuk-
kungen, Johannes der Täufer predigt den Aufstand gegen die alte
Ordnung, und Herodias will seinen Kopf. Dies weiß Herodes zunächst zu verhindern, doch seine Schwäche für Salome führt schließlich zum Eklat: Zwar tanzt Salome für ihn einen Schleiertanz, um
den Kopf des Johannes zu retten (!!!), doch bewirkt sie damit genau
das Gegenteil, Herodias bringt den Kopf auf einem Tablett, just, als
Salome nur noch einen Schleier hätte fallen lassen müssen. Entsetzt
zieht sie sich wieder an. Mit ihrem römischen Geliebten Claudius
verläßt sie kurz darauf die Stadt, um dem neuen Messias, Jesus von
Nazareth, entgegenzuziehen.
Über Laughtons innere Beteiligung an diesem Film gibt es wider-
sprüchliche Berichte: Dieterle, der selbst mit seinem (schlechten)
Horoskop kämpfte, schrieb, Laughton habe mit seinen Partnern ge-

*Noch ist Rita Hayworth züchtig hochgeschlossen, doch Herodes bie-
tet ihr schon ›güldenes‹ Geschmeide für den Schleiertanz: ›Salome‹
(1953).*

probt und versucht, das schlechte Drehbuch besser zu machen. Stewart Granger hingegen fand, Laughton habe alles nur wenig ernst
genommen: Oftmals habe er angekündigt, den Set zu verlassen und
aus der Bibel zu lesen, worauf alle die Arbeit niederlegten und zu-
hörten. Granger fand dies zum Haareraufen und meinte: »Laughton
mochte keine ›leading men‹ und versuchte alles, um mich aus dem
Konzept zu bringen. Sosehr ich auch seine Schauspielerei bewunderte, sowenig war ich in der Stimmung, seine Tricks hinzunehmen,
und so sagte ich ihm, er solle damit aufhören, denn andernfalls
würde ich ihm in die Eier treten. Er hörte auf.« DeMille-Mitarbeiter
Lasky fand, das alte Schauspielerprofi-Kamel Ruby, das schon Marlene Dietrich und Eddie Cantor durch den Sand von Palm Desert ge-
schaukelt hatte und nun Rita Hayworth tragen durfte (mußte?),
würde die wohl beste schauspielerische Leistung von *Salome* bieten.

YOUNG BESS (Die Thronfolgerin)
USA 1953
Regie: George Sidney, *Drehbuch:* Jan Lustig und Arthur Wimperis
nach einem Roman von Margaret Irwin, *Kamera:* Charles Rosher,
Schnitt: Ralph E. Winters, *Musik:* Miklos Rosza
Besetzung: Jean Simmons (Young Bess), Stewart Granger (Thomas
Seymour), Deborah Kerr (Catherine), CHARLES LAUGHTON (Henry
VIII), Kay Walsh (Mrs. Ashley), Guy Rolfe (Ned Seymour), Cecil
Kellaway (Mr. Parry), Kathleen Byron (Ann Seymour), Rex Thompson (Edward), Robert Arthur (Barnaby), Leo G. Carroll (Mr.
Mums), Alan Napier (Robert Thyrwhitt), Dawn Addams (Kate Howard)
Produktion: Sidney Franklin für Metro-Goldwyn-Mayer; 111 (112)
Min., Farbe (Technicolor), *Uraufführung:* 24.4.1953

»The Private Life of Queen Elizabeth«, so könnte dieser Film in Anlehnung an den zwanzig Jahre zurückliegenden Erfolg des *Henry
VIII*-Films auch heißen. Laughton spielt zum drittenmal Henry
VIII, und er spielt ihn ernster und weniger selbstironisch als vor
zwanzig Jahren. Das liegt natürlich auch am Film, der sich insgesamt
ernster nimmt als sein Quasi-Vorgänger. Erzählt wird, als eine Rückblende, die Geschichte der jungen Elizabeth, von ihrer Geburt als
Tochter Anna Boleyns bis zu ihrer Krönung zur Königin. Darin eingewoben sind Episoden mit ihrem launischen Vater, ihre Verbannung nach Hartfield House bis zum fünfzehnten Lebensjahr, dem
Jahr, in dem Catherine Parr die letzte Frau Henrys wurde. Deborah
Kerr macht aus der Parr eine viel schönere und elegantere Frau als
die resolute Everly Gregg, und so paßt es gut zu ihr, daß sie Elizabeth wieder nach Hampton House zurückholt. Als Henry VIII stirbt,
ermutigt Bess ihre geliebte Stiefmutter zu einer neuen Ehe mit Thomas Seymour, den sie selbst auch liebt. Thomas, obwohl nun verheiratet, kann einer Affäre mit Bess nicht widerstehen und verliert
dafür auf Geheiß des neuen, kränklichen Königs Edward (Bess' Bruder) seinen Kopf. Doch auch Edward stirbt kurze Zeit später, und
Bess, von der der Vater in Kordas Film noch sagte: »Elizabeth will
never learn to rule so much as a kitchen!«, wird zur neuen Königin
gekrönt.

Ein unpompöser, angenehmer Film, den Laughton jedoch schon relativ schnell wieder verläßt. Ein bißchen sentimental, ein bißchen
nostalgisch, tränenrührig und dennoch gelungen. Allein Deborah
Kerr ist normalerweise schon den Besuch eines Filmes wert, von
Jean Simmons gar nicht zu reden: Sie ist, zumindest zu jener Zeit,
einfach unglaublich schön gewesen – eine Vivien Leigh, nur ohne

deren prätentiöse Art. Manchmal können 111 Minuten gar nicht lang genug sein.

HOBSON'S CHOICE (Herr im Haus bin ich)
Großbritannien 1954
Regie: David Lean, *Drehbuch:* David Lean, Norman Spencer und Wynyard Browne nach einem Stück von Harold Brighouse, *Kamera:* Jack Hildyard, *Regieassistenz:* Wilfred Shingleton, *Schnitt:* Peter Taylor, *Musik:* Malcolm Arnold
Besetzung: CHARLES LAUGHTON (Henry Hobson), John Mills (Willie Mossop), Brenda de Banzie (Maggie Hobson), Daphne Anderson (Alice Hobson), Prunella Scales (Vicky Hobson), Richard Wattis (Albert Prosser), Derek Blomfield (Freddy Beenstock), Helen Haye (Mrs. Hepworth), Joseph Tomelty (Jim Heeler)
Produktion: David Lean und Norman Spencer für London Films; 107 Min., sw, *Uraufführung:* 24.2.1954

Mit *Hobson's Choice* wagte sich David Lean auf ein für ihn ungewohntes Terrain: das der Komödie, das ihm jedoch eher zur Farce als zu einem leichtgewichtigen Spaß geriet. Leans Film und Laughtons Darstellung haben etwas von einer mutwilligen Tour de Force an sich: Es soll alles einfach um jeden Preis komisch werden. Schon zu Anfang werden alle Mittel eingesetzt: Der Wind pfeift, die Ladenschilder klappern im Takt, jedes im Laden von Hobson vorgeführte Requisit wird mit einer lautstark kommentierenden Musik unterlegt. Dann bricht Laughton durch die Tür: als betrunkenes, schnaufendes Monster, das durch den Laden eiert, die Treppe hinaufrast und schließlich krachend ins Bett fällt. Henry Horatio Hobson ist ein kleiner, bürgerlicher Tyrann: Das erzählt Lean auch am nächsten Morgen, wenn er die Mitglieder der Familie Hobson vorstellt. Neben dem Hausherrn sind dies die drei Töchter Maggie, Alice und Vicky, die den von Hobson etablierten Schuhladen nun gemeinsam führen, sowie der im Keller arbeitende (und manchmal meint man auch: lebende) Geselle Willie Mossop. Hobson ist »die perfekte marxistische Verkörperung eines Kapitalisten« (Anderegg): Er beutet sowohl seine Töchter als auch seine Angestellten aus, hat auf ihren Rücken ein unangefochtenes Monopol errichtet und genießt es nun, indem er sein Geld versäuft und den großen Geschäftsmann rauskehrt – die Daumen im Gürtel, die Hände in die Hüften gestemmt, den Bauch aus der Hose gedrückt und die Stimme ständig in voluminöser Lautstärke. Irgendwie ähnelt Laughton als Hobson auch dem Shakespeareschen Falstaff: Schade, daß er ihn auf der Bühne nie spielen wollte. Während Hobson also schon am Morgen wieder im

›Hobson's Choice‹ (1954) von David Lean: Maggie (Brenda de Banzie) leitet mit der Konfrontation zwischen ihrem Vater und Willie Mossop (John Mills) ...

Schiffsmaatsgang über die viktorianischen Straßen von Salford, Lancashire, marschiert, schmeißt Maggie den Laden, und Alice und Vicky turteln mit ihren Freunden. Leider hat Hobson für sie aber andere Pläne: Aus Kostengründen verbietet er ihnen nach seiner morgendlichen Besprechung im Pub die Heirat. Während noch die große Heulerei im Gange ist, fordert Maggie auch für sich einen Mann: Hobson tobt vor Lachen. Maggie, diese alte, dreißigjährige Schachtel? Unglaublich. Doch Maggie, eine von Leans aggressiv-kämpferischen Frauen der Frühzeit (Ann Todd, Katherine Hepburn), erwacht nun erst recht zu rebellischem Leben: Mit zielsicherem Blick guckt sie sich Willie Mossop, den besten Schuhmacher der Stadt, der sich von Hobson ausbeuten läßt, zum Ehemann aus, verführt ihn und bricht seine Verlobung – kurz, sie überrennt ihn mit ihrer Kraft. Mossop ist genau das, was sie braucht: »You're a business idea in the shape of man«, erklärt sie ihm. »My brains and your hands will make a working partnership!« Gesagt – getan, und während Hobson noch lacht, ist er schon ausmanövriert: Maggie stellt ihn vor die Alternative, entweder ihre Entscheidung zu akzeptieren oder ohne sie beide weiterzumachen … Natürlich ist Hobson dickköpfig, und so machen Willie und Maggie mit Hilfe eines privaten Darlehens einen eigenen Laden auf. Damit beginnt Hobsons Fall, der gleich von Lean überdeutlich gezeigt wird: Auf einer nächtlichen Sauftour stürzt Laughton, nachdem er versucht hat, den sich in Pfützen spiegelnden Mond zu fangen, in einen tiefen Kohlenkeller, wo er laut schnarchend liegenbleibt. Hier ist Leans Film wirklich zu einer Farce dege-

… den tiefen Fall von Henry Hobson ein: Laughton treibt dies mit den Mitteln der Groteske …

... bis zu einem völlig verkaterten Ende.

neriert: wenn auch zu einer, der man seltsamerweise noch immer mit Faszination zuschaut. Es ist wohl dieselbe Faszination, die Kinder im Zirkus befällt: Staunend ob der dargebotenen Wunder, hofft und fürchtet man gleichzeitig, daß der Artist vom Hochseil fallen könne ... Mit Hobsons tiefem Sturz in den Kohlenkeller ist sein Schicksal besiegelt: Maggie erpreßt ihn und ringt ihm die eigene Heirat sowie auch die ihrer beiden Schwestern ab. Großmäulig verkündet Laughton: »I have been suffering for years, but now I'm a free man from today!« – doch Freiheit ist auch Einsamkeit. Hobson trinkt, sieht im Delirium tremens Mäuse und Fliegen und bricht schließlich zusammen: Und so muß er am Ende akzeptieren, daß Willie Mossop sein Partner wird, sein Laden »Mossop & Hobson« heißt und er ein alter Mann geworden ist. Noch immer weht der Wind durch die Straßen, noch immer klappern die Ladenschilder, doch alles ist anders geworden.

Hobson's Choice ist eigentlich eine Operette: Alles hat einen wahren Kern, ist dann jedoch so überspitzt und ins Lächerliche gezogen, daß es aussieht wie eine Karikatur. Höhepunkt dieser karikierenden Weltsicht ist, ganz wörtlich, die Szene, in der Laughton versucht, den Mond in Pfützen zu fangen. Zu einer donnernden Musik hüpft und grimassiert er sich durch die Szene – wird dabei noch durch schiefe Blickwinkel und ungewohnte Einstellungen unterstützt – und rast schließlich mit aufgerissenen Augen und Mund auf einer Kohlenrutsche zu Tal (als Rückprojektion). Das ist Daumier und das Land des Lächelns zugleich. »Laughton macht den Henry Hobson, der von Brighouse als konventioneller mächtiger Vater porträtiert worden war, zu einer unglaublichen Groteske«, schreibt Michael A. Anderegg in seiner brillanten Lean-Analyse dazu. »Gelegentlich einem gestrandeten Wal ähnelnd, spielt Laughton wie ein Eindringling aus einer gänzlich anderen Geschichte: vielleicht wie King Lear. Er stürzt sich in jeden Schauspielertrick, zieht jede erdenkliche Grimasse, benützt jede ihm zur Verfügung stehende Geste, mit der er eine Szene an sich reißen kann. Indem er Brighouses geradlinige Psychologie ignoriert, wirft er eine ganze Reihe von Subtext-Fragen auf, die sich niemals zu einer verständlichen Charakterisierung zusammenfügen. Laughton mißlingt es, Sympathie für Hobsons Lage zu gewinnen: Willie und Maggie bleiben – wie sie es auch sollten – der emotionale Mittelpunkt des Films. Dennoch ist es faszinierend, Laughtons Darstellung zu beobachten: Es ist eine übermächtige, von keiner Beschränkung zurückgehaltene Darstellung, die man nur selten auf der Leinwand antrifft.« Es ist wie die Zähmung einer Herde Löwen – nur ohne die Löwen. Ganz allein steht der Dompteur in der Manege, und die Illusion seiner Löwen mißlingt. »Ein höchst ungleichmäßiger Film, zugleich komisch und grotesk, melancholisch und leichtfüßig, psychologisch tiefgreifend und voller Klischee-Charaktere in Klischee-Situationen.« Alles in allem: lieber ein ungleichmäßiger Film als ein langweiliger – denn das ist *Hobson's Choice* ganz bestimmt nicht.

THE NIGHT OF THE HUNTER (Die Nacht des Jägers)
USA 1955
Regie: CHARLES LAUGHTON, *Drehbuch:* CHARLES LAUGHTON und James Agee nach dem Roman von David Grubb, *Kamera:* Stanley Cortez, *Regieassistenz:* Hildyard Brown, *Schnitt:* Robert Golden, *Musik:* Walter Schumann
Besetzung: Robert Mitchum (Prediger Harry Powell), Shelley Winters (Willa Harper), Lillian Gish (Rachel), Evelyn Warden (Icey), Peter Graves (Ben Harper), Billy Chapin (John), Sally Jane Bruce (Pearl), James Gleason (Birdie), Don Beddoe (Walt), Gloria Castillo (Ruby)
Produktion: Paul Gregory für United Artists; 91 Min., sw

Laughtons einzige Regiearbeit – und das sieht man jeder Einstellung an: So viel Mühe mit selbst dem unbedeutendsten Bild (gerade deshalb gibt es keine unbedeutenden Bilder in diesem Film) gibt sich nur jemand, der seine Geschichte, seine große Chance und seinen Beruf bis zur Selbstaufgabe liebt.
Night of the Hunter ist ein Märchen: eines, das zugleich mit den Mitteln des *Film Noir* und der Naivität eines Kindes erzählt wird. Die Titel werden über den Sternenhimmel eingeblendet, dazu erklingt (zumindest in der deutschen Synchronfassung) das Kinderlied »Schlafe mein Liebling, schlaf ein«; Lillian Gish erscheint als Vignette vor dem Sternenhimmel und erzählt ein (eben *das*) Märchen: »Nehmt euch in acht vor falschen Propheten, denn in ihrem Inneren sind sie reißende Wölfe ...«, und so rät sie: »An ihren Früchten sollt ihr sie erkennen!«
Prompt entdecken spielende Kinder auf einer Wiese, irgendwo in den Südstaaten, die Frucht des Bösen in einer Scheune: eine tote Frau, eine Witwe, wie man gleich durch den Mörder, den Prediger Harry, erfährt, der gutgelaunt mit einem klapprigen Ford davonrattert. Harry, der ein Gesicht wie ein Engel und eine Seele wie Luzifer hat, redet mit seinem Gott: Er fragt ihn, was er noch vorhabe mit ihm – noch eine Witwe vielleicht? Harry ist ein Fanatiker: Sein Eifer richtet sich gegen alles Fleischliche, das für ihn die personifizierte Sünde ist. Folgerichtig findet man ihn sofort in einer billigen Show

*›The Night of the Hunter‹ (1955): Der Prediger (Robert Mitchum),
mit einem Gesicht wie ein Engel und einer Seele wie der Teufel, hat die
Dualität auf den Händen: Love/Hate.*

wieder, wo er sich einen Beinahe-Striptease ansieht, der ihm im
wahrsten Sinne des Wortes das Messer in der Hose aufklappt. Doch
die Wege des Herrn sind wunderbar, und so landet Harry erst einmal
im Gefängnis, als Zellengenosse eines Räubers, der wegen Mordes
gehängt werden soll – und Laughton erzählt dem Zuschauer, wie in
einem richtigen Märchen, erst noch dessen Geschichte: wie Ben vor
den Augen seiner Kinder verhaftet wird, zuvor aber das gestohlene
Geld (zehntausend Dollar) in der Puppe seiner Tochter versteckt
und seinen Sohn John schwören läßt, daß er nichts verraten würde.
Ebenso wie der Sohn verrät auch er selbst nichts, sondern nimmt das
Geheimnis mit in den Tod. Doch Harry weiß genug – und so macht
er sich auf den Weg zu seiner nächsten Witwe … und den Kindern.
Um das Unheil anzukündigen, benutzt Laughton zunehmend ex-
pressionistische Mittel: Die Witwe Willa Harper verkündet gerade,
keinen Mann mehr zu wollen, da schneidet Laughton auf die
schwarze Dampflokomotive, in der Mitchum sitzt und die wie das

241

Fahrzeug des Teufels durch die Landschaft dampft; John erzählt seiner Schwester Pearl eine biblische Geschichte, als sich passend zu seinem Satz »Da kamen die bösen Männer zurück« hinter seinem Schatten ein viel größerer (der von Mitchum natürlich) an die Wand projiziert. Natürlich kommt alles, wie es kommen muß: Mit seiner simplen, aber eindrucksvollen Love/Hate-Philosophie und ihrer »faustischen« Demonstration (auf der linken Faust hat Harry das Wort »Hate«, auf der rechten »Love« stehen – und er läßt beide Hände miteinander kämpfen, wenn er seine Philosophie illustriert) gewinnt der Prediger die Dorfbewohner, mit seinem guten Aussehen das Herz (oder besser: das sexuelle Verlangen) von Willa Harper. Bei einer Landpartie, bei der Mitchum schon wegen seines schwarzen Anzugs aus der Masse der weißlich-beigen Dörfler heraussticht, wird die Hochzeit beschlossen. Auf Willas Erklärungen, sie habe das von Ben gestohlene Geld nicht, lügt Harry ihr und den Kindern vor, Ben habe ihm erzählt, das Geld läge auf dem Meeresgrund. John und Pearl wissen es besser. Doch da sich John kurze Zeit später fast verplappert, weiß auch Harry, daß er auf der richtigen Spur ist. Fleischliche Gelüste seiner Frau weist Harry als unkeusch ab, und so kanalisiert Willa ihre sexuelle Frustration im Engagement als fanatisches weibliches Prediger-Pendant zu Harry. Eines Abends aber wird sie Zeugin, wie Mitchum versucht, das Geheimnis des versteckten Geldes aus Pearl herauszupressen. Sie stellt Harry ganz ruhig zur Rede – denn nichts kann ihren Glauben erschüttern, Harry sei ihr gesandt worden, um sie zu erlösen. Doch ihre Erlösung ist der Tod: Harry schneidet ihr die Kehle durch und versenkt sie mitsamt dem Auto im Fluß. Bevor er dasselbe auch mit den Kindern anstellt, können Pearl und John auf einem Boot fliehen: Vorbei an Hasen und Kröten, an Eulen und Schafen treiben sie durch ein wunderbares Märchenland flußabwärts, immer begleitet vom Gesang des Predigers, der ihnen folgt. Schließlich geraten John und Pearl in die Hände von Lillian Gish, die ein kleines Waisenhaus am Fluß führt und wie eine Glucke über ihre Kinder wacht: Und sie, die kleine, zarte, aber resolute Frau, weiß sich auch des Predigers zu erwehren. Wenn es sein muß, schießt sie auch auf ihn, um dann aber, in einer anderen Situation, gemeinsam mit ihm »Ruh in Jesu« zu singen: eine wunderbare Szene, in der Gish mit dem Gewehr auf der Terrasse, Mitchum in Schwarz im Garten sitzt und lauert, ob Gish einschläft. Natürlich bleibt die gottesfürchtige Gish Siegerin dieses Duells, und am Ende wird Mitchum verhaftet und zum Galgen geschleppt. Gish aber beendet ihr Märchen so, wie sie es begonnen hat.

Mit *Night of the Hunter* hat Laughton einen Erstlingsfilm geschaffen, wie er nun wirklich nicht alle Tage entsteht: Vollgepackt mit Freudschen Bildern und ungewöhnlichen Szenen, die unter dem Mantel des Kinderfilms ganz andere Dinge erzählen, hat er dabei eigentlich vor allem einen ganz ehrlichen Film über sich selbst zustande gebracht. Das beginnt bei seiner eigenen Liebe zum Erzählen (auch die Figuren seines Films tun dies immer wieder), setzt sich fort in seinem heimlichen Wunsch, Kind sein zu können, und endet beim Prediger, der mit seinem Ekel vor der fleischlichen Vereinigung mit Frauen ein seltsames, verzerrtes Abbild Laughtons selbst sein

Mit den Mitteln des Expressionismus ein Märchen erzählt: Robert Mitchum und Sally Jane Bruce in ›The Night of the Hunter‹.

könnte, mit dessen eigener Angst vor Frauen und dem daraus resultierenden Schuldgefühl. Optisch und inhaltlich ist Laughtons Film eine Reminiszenz an die Filme des deutschen Expressionismus: Riesige schwarze Schatten dominieren die Szene, werden vor allem in dramaturgisch exponierten Augenblicken eingesetzt (wie beim ersten Auftauchen des Predigers als Schatten im Schlafzimmer der Kinder) und prägen die geheimnisvoll-gespenstische Stimmung des Films. Diese Schwarzweiß-Dramaturgie, die auch abstrakt auf den ganzen Film übertragbar ist (alles ist so, wie es erscheint), setzt sich in der Kleidung des Predigers fort: Er wirkt wie ein schwarzer Teufel inmitten weißer Schafe, und so verhält er sich dann auch. Optische Höhepunkte in der an Wundern reichen Photographie Stanley Cortez' sind die vielen Schattenriß-Szenen der Flucht, die Tiefenschärfe bei den Szenen mit den verschiedensten Tieren im Vordergrund vor dem dahingleitenden Boot und vor allem die Unterwasseraufnahme der toten Mrs. Harper, die, am Steuer ihres Wagens sitzend, von Algen umweht, wie eine aus nasser Tiefe aufgestiegene Seenixe erscheint. Immer wieder durchreißen harte Lichtlinien die Räume, bilden neue Räume und Strukturen, in denen die Menschen wie Gefangene erscheinen: Das ist ganz besonders eindrucksvoll in jenem Augenblick, in dem Mitchum – wie ein Süchtiger – seine Kraft zum Morden aus dem Anblick des Mondes zu beziehen scheint, um sich dann über die wie in ekstatischer Trance daliegende Shelley Winters zu stürzen. Auch optische Ähnlichkeiten setzen Laughton und Cortez immer wieder ein, um Bezüge zu schaffen: bei den Verurteilungen von Harry und Ben ebenso wie bei ihren Verhaftungen, die in Harrys Fall eine nervöse Überreaktion Johns auslösen, die sich psychologisch über die optische Gleichheit der Situation erklären läßt. Über seine optischen Qualitäten hinaus ist *Night of the Hunter* aber auch ein Film, der die soziale Realität seiner Geschichte nicht aus den Augen verliert: Das wird ganz besonders deutlich in der präzisen Art, in der das kleine Dorf am Fluß und die in ihm existierenden menschlich-gesellschaftlichen Abhängigkeiten gezeichnet werden. Da spart Laughton nicht mit Kritik: Die gottesfürchtigen und harmlosen Dörfler werden unter dem Einfluß von Harry zunächst zu fanatischen Sektierern, um dann, kaum ist der Mord an Willa entdeckt, mit ebensolchem Fanatismus seinen Lynch-Tod zu fordern …

Night of the Hunter läßt den Zuschauer zunächst Bedauern darüber empfinden, daß Laughton nur diesen einzigen eigenen Film drehen konnte. Bei einem genaueren Blick auf diesen Autorenfilm kann man jedoch auch den Eindruck gewinnen, Laughton habe hier fast alles hineingepackt, was er an intuitiven Emotionen und wahren Gefühlen für eine öffentliche Besichtigung zur Verfügung gehabt hat. So gesehen, ist *Night of the Hunter* wirklich ein *einmaliges* Meisterwerk.

WITNESS FOR THE PROSECUTION (Zeugin der Anklage)

USA 1957
Regie: Billy Wilder, *Drehbuch:* Billy Wilder, Harry Kurnitz und Larry Marcus nach einem Roman und einem Stück von Agatha Christie, *Kamera:* Russell Harlan, *Regieassistenz:* Alexandre Trauner, *Schnitt:* Daniel Mandell, *Musik:* Matty Malneck
Besetzung: Tyrone Power (Leonard Vole), Marlene Dietrich (Christine Vole), CHARLES LAUGHTON (Sir Wilfrid Robarts), Elsa Lanchester (Miß Plimsoll), John Williams (Brogan-Moore), Henry Daniell (Mayhew), Ian Wolfe (Carter), Una O'Connor (Janet McKenzie), Torin Thatcher (Mr. Meyers), Francis Compton (Richter), Norma Varden (Mrs. French)
Produktion: Arthur Hornblow jr. für United Artists; 116 (114) Min., sw, *Uraufführung:* 27.11.1957

Sir Wilfrid Robarts, ein berühmter Londoner Strafverteidiger, der auf die Verteidigung nahezu aussichtsloser Fälle spezialisiert ist, kehrt nach einem Krankenhausaufenthalt nach seinem Herzanfall nach Hause zurück. Er soll sich schonen: Zu diesem Zweck hat der Arzt ihm eine Krankenschwester – Miß Plimsoll, ein wahrer Besen – mitgegeben und in seinem Haus einen kleinen Ein-Mann-Aufzug einbauen lassen, den Sir Wilfrid mit unverhohlenem Mißtrauen betrachtet. Auch Alkohol und Zigaretten fallen unter das Verdikt, über dessen Einhaltung Miß Plimsoll mit eiserner Strenge wacht. Doch mit der geplanten Ruhe ist es nicht weit her: Schon bald erhält Sir Wilfrid Besuch von seinem Freund und Partner Mayhew, der ihm erneut einen aussichtslosen Fall präsentiert. Leonard Vole ist angeklagt, seine Gönnerin und Bekannte Emily French ermordet zu haben, um dann das ihm vermachte Erbe zu kassieren. Obwohl oder vielleicht gerade weil Leonard wie der einzig mögliche Täter (da durch den Tod begünstigt) aussieht, übernimmt Sir Wilfrid zum Entsetzen seiner Betreuerin den Fall. Der wird um so komplizierter, als Voles Frau Christine, eine Deutsche, gemeinsam mit Scotland Yard auf der Suche nach Vole in seinem Büro auftaucht. Während Vole verhaftet wird, gibt Christine zu, sie halte ihren Mann für den Täter. Dennoch erklärt sie sich bereit, ihrem Mann ein Alibi zu liefern: aus Dankbarkeit dafür, daß er sie während der Nachkriegszeit geheiratet und aus Deutschland weggebracht habe. Die Gerichtsverhandlung läuft zunächst zu Sir Wilfrids Zufriedenheit ab: Nachdem Leo-

Der Glaube an die unfehlbaren Instinkte: Sir Wilfrid und sein Monokeltest. ›Witness for the Prosecution‹ (1957).

nard seine Unschuld erklärt hat, gelingt es Sir Wilfrid, die einzige Belastungszeugin, Mrs. Frenchs Haushälterin, zu widerlegen. Dann jedoch trifft ihn fast wieder der Schlag: Denn Christine, von der

Staatsanwaltschaft als Zeugin aufgerufen, erklärt, sie sei nie recht-
mäßig mit Leonard verheiratet gewesen und könne deswegen gegen
ihn aussagen. Er sei der Mörder von Mrs. French, die er aus Habgier
umgebracht habe: Ergebnis einer »parasitären ödipalen Beziehung,
die durch Gier und Mitleid motiviert« war (Stephen Faber). Leonards Unschuldsbeteuerungen verhallen ungehört, der Fall scheint
gelaufen ... Doch dann wendet sich noch in derselben Nacht das
Blatt dramatisch: Kaum zu Hause angelangt, erhält Sir Wilfrid einen
anonymen Anruf, der ihm neues Beweismaterial verheißt. Nach
einem kurzen Zögern – »I'm too old for this« – schießt Laughton
wieder los, zur Eaton Station, wo eine billige Prostituierte ihm
Briefe übergibt, die beweisen sollen, daß Christine mit einem Lieb-

Gier und Mitleid: Laughton und sein Klient, Tyrone Power.

haber liiert ist und deswegen gegen Leonard ausgesagt hat. Am nächsten Tag unterbreitet Sir Wilfrid sein neues Material dem Gericht, ruft Christine erneut in den Zeugenstand und erschüttert ihre Aussage. Leonard wird freigesprochen. Nachdem sich der Gerichtssaal geleert hat, muß Sir Wilfrid jedoch seinen Irrtum erkennen: Denn Christine spielt ihm mit breitestem Cockney-Akzent die falsche Prostituierte vor, und Leonard gesteht, den Mord begangen und gemeinsam mit seiner Frau einen Plan zu seiner Befreiung ersonnen zu haben. Dann aber hintergeht Leonard seine Frau: Er will nun nicht mehr mit ihr, die ihn tatsächlich liebt, zusammenleben, sondern mit einer anderen. Christine ergreift die auf dem Richtertisch liegende Tatwaffe und ersticht Leonard. Sir Wilfrid wird nun auch sie verteidigen – mit Billigung von Miß Plimsoll.

Wie so oft ist nichts bei Wilder so, wie es auf den ersten Blick erscheint: Weder ist Sir Wilfrid so genial, wie er tut, noch sind die bösen Figuren böse und die guten gut. Alles ist in Bewegung. »Sir Wilfrid ist der Typ des Spürhundes, den seine Ermittlungen zu ganz falschen Schlüssen verleiten. Am nächstliegenden ist die Parallele zu Wilders Auffassung von Sherlock Holmes: Beide Figuren werden auf die gleiche Weise durch ihre besonderen Laster und Süchte charakterisiert – Holmes versteckt sein Kokain in einem Aktendeckel, Sir Wilfrid hat statt Kakao Brandy in seiner Taschenflasche und hält seine Zigarren im Spazierstock verborgen, und ihre beiden Aufpasser lassen sich doch keinen Augenblick lang täuschen« (Neil Synyard/ Adrian Turner). Am Ende ergreift dann sogar Schwester Plimsoll, die männlichste aller Frauen, Sir Wilfrids Partei – und offenbart überdies ihre Kenntnis seiner Tricks. Die schlauste von allen Figuren erweist sich einmal mehr als durch den Glauben an die eigene Genialität irregeführt. Ähnlich ist es auch mit Sir Wilfrids unfehlbaren Instinkten, die sich in seinem Monokeltest symbolisieren: Wer dem brennenden Sonnenstrahl in den Augen standhält, lügt nicht und kann also auch nicht der Mörder sein. Prompt ist es am Ende genau umgekehrt. Laughton ist, schon vom Drehbuch und der Regie mit solcherlei Tricks und Ticks ausgestattet, völlig in seinem Element: Ganz sicher ist der Wiefrid neben seinen Darstellungen in *If I Had a Million, Private Life of Henry VIII, Les Misérables, The Hunchback of Notre Dame* und *Because of Him* seine beste Leistung in einem insgesamt überdurchschnittlich guten Film. Wie Wilder mit den Abhängigkeiten und Machtpositionen der Figuren spielt, ist absolut meisterhaft: Besonders deutlich wird dies am Fahrstuhl, den Sir Wilfrid, nachdem er ihn zunächst verächtlich betrachtet hat, schließlich mit Begeisterung benützt. Sowohl beim Auftritt Leonards als auch

Laughton im Fahrstuhl: eine vergleichsweise lächerliche Position. Mit Henry Daniells und Marlene Dietrich in ›Witness for the Prosecution‹ (1957).

bei dem Christines sitzt er gerade wie ein Baby auf diesem seltsamen Gefährt, offenbart also in einer vergleichsweise lächerlichen Position eine Schwäche. Je nach Stand der Diskussion fährt Laughton auf dem Fahrstuhl auf und ab – »eine präzise visuelle Metapher für das, was ihm im Film widerfährt: Er wird von äußeren Kräften vor- und zurückbewegt«. Laughtons Darstellung und Wilders Regie sind voll von diesen kleinen und präzisen Hinweisen auf einen übergeordneten Zusammenhang. Das ist ganz sicher auch der Grund, warum *Witness for the Prosecution* heute noch, trotz bekanntem Plot, eine überaus spannende Seherfahrung ist.

UNDER TEN FLAGS/SOTTO DIECI BANDIERE
(Unter zehn Flaggen)
USA/Italien 1960
Regie: Duilio Coletti, *Drehbuch:* Duilio Coletti und Vittoriano Petrilli, Ulrich Mohr, William Douglas Home

*Mit starrem Blick auf die Kontoauszüge: Laughton spielt fürs Bank-
konto. ›Under Ten Flags‹ (1960).*

Besetzung: Van Heflin (Captain Reger), CHARLES LAUGHTON (Admi-
ral Russell), Mylene Demongeot (Zizi), John Ericson (Lt. Krüger),
Liam Redmond (Cpt. Windsor), Alex Nichol (Knocke), Cecil Parker
(Col. Howard), Gregoire Aslan (Cpt. der Abdullah), Eleonora
Rossi Drago (Sarah), Gian Maria Volonté (Braun), Peter Carsten
(Mohr)
Produktion: Dino de Laurentiis für Paramount Pictures; 92 Min.,
Farbe

»Kaum hat dieses glitschige Drama über die britischen Anstrengungen, den Kreuzer Atlantis zu versenken, im Besprechungsraum in
Whitehall begonnen – mit einem zornesroten Charles Laughton in
Marineuniform, der den Streitereien präsidiert –, da wechselt es
schon irgendwohin in den Südatlantik, auf die Brücke eines britischen Frachters. Dort muß ein überraschter Kapitän mit Schrecken
feststellen, daß ihm ein offensichtlich neutraler Frachter einige

Schüsse vor den Bug donnert. Wir begeben uns auf die Brücke des neutralen Frachters und entdecken Van Heflin, einen so guten deutschen Mann, wie man ihn sich besser gar nicht denken kann. In bestem Amerikanisch ordnet er an: ›Keine Männer töten. Verpestet die Luft, damit sie keine Botschaften aussenden können, versenkt das Schiff, doch tötet die Männer nicht!‹ ›Jawohl, mein Kapitän‹, antwortet John Ericson in heftigster teutonischer Sprechweise – er wird sich bald als Nazi entlarven, und deswegen hat er natürlich einen schweren Akzent. So geht es weiter in diesem Seeabenteuer, vor und zurück über die Meere, einmal auch nach Paris, dann wieder in den Südatlantik – oder den Indischen Ozean: Es ist alles ein bißchen verworren. Schließlich nimmt Van Heflin Gefangene, und unter ihnen ist Mylene Demongeot, eine französische Sprengstoffspezialistin, die die Crew mit ihren nackten Beinen, ihren engen Sweatern und provokativen Reden durcheinanderbringt. Am Ende kriegt dann ein britischer Zerstörer Mr. Heflins Schiff, und das ganze Ding endet auf eine recht erschöpfende, jedoch entschieden heroische Art und Weise.« *(Times)*
Ein Film für Laughtons Bankkonto.

SPARTACUS (Spartacus)
USA 1960
Regie: Stanley Kubrick, *Drehbuch:* Dalton Trumbo nach einem Roman von Howard Fast, *Kamera:* Russell Metty, Clifford Stine, *Regieassistenz/Production Design:* Eric Orbom und Alexander Golitzen, *Schnitt:* Robert Lawrence, Robert Schultz, Fred Chulack, *Musik:* Alex North
Besetzung: Kirk Douglas (Spartacus), Laurence Olivier (Marcus Crassus), Jean Simmons (Varinia), CHARLES LAUGHTON (Gracchus), Peter Ustinov (Batiatus), John Gavin (Julius Caesar), Tony Curtis (Antonius), Nina Foch (Helena), Herbert Lom (Tigranes), John Ireland (Crixus), John Dall (Glabrus), Charles MacGraw (Marcellus), Joanna Barnes (Claudia), Woody Strode (Draba)
Produktion: Edward Lewis und Kirk Douglas für Bryna-United Artists; 184 (196) Min., Farbe (Technicolor)

»Hollywoods Festvorstellung zum Ende der MacCarthy-Ära«, so hat Thomas Allen Nelson *Spartacus* genannt: Sowohl Howard Fast als auch Dalton Trumbo waren in den fünfzehn vergangenen Jahren vom »Ausschuß für unamerikanische Umtriebe« vorgeladen und quasi verbannt worden. *Spartacus* war das erste Drehbuch, das Trumbo nach zehn Jahren auf der »schwarzen Liste« namentlich veröffentlichen konnte, und so schleppt es all seine politischen Rechtfertigungen und die daraus entstandenen Vereinfachungen auf seinen Schultern. Ein bißchen zuviel für einen einzigen Film, zumal es *Spartacus* gelegentlich etwas bemüht erscheinen läßt.

Der thrakische Sklave Spartacus, der in einem libyschen Steinbruch arbeitet, wird wegen Aufsässigkeit zum Tode verurteilt. Der römische Kaufmann Batiatus rettet ihn jedoch, indem er ihn freikauft und in seiner Gladiatorenschule in Italien ausbilden läßt. Dort verliebt sich Spartacus in die Sklavin Varinia, eine speziell für die Gladiatoren gehaltene Prostituierte. Als jedoch der Patrizier Crassus Varinia kauft und sie bei ihrem Abtransport mißhandelt wird, löst Spartacus eine Revolte aus, die schnell auf alle anderen Sklaven und Gladiatoren übergreift. Die Aufständischen bilden in aller Eile eine Armee, die dann sogar ein römisches Heer unter dem Kommando von Crassus' Günstling Glabrus besiegt. Crassus versucht im römischen Senat, in einem Streit mit seinem Widersacher Gracchus, der sich mehr oder weniger aus sozialromantischen Gründen für Spartacus engagiert, für seine Ernennung zum ersten Senator zu werben: Nur in dieser Position könne er Rom von Spartacus befreien. Der hat jedoch gar kein Interesse an Rom: Seine Armee marschiert unterdessen nach Brundusium, um dort an Bord von Piratenschiffen Italien zu verlassen. Doch der Plan mißlingt – die Piraten werden wortbrüchig, und Spartacus' Armee wird von zwei Legionen in die Zange genommen. Gezwungenermaßen marschiert er nun nach Rom, wo er in einer Entscheidungsschlacht gegen den inzwischen zum ersten Konsul ernannten Crassus trotz anfänglicher Überlegenheit schließlich aufgerieben wird. Varinia, inzwischen zu Spartacus zurückgekehrt, gebiert noch auf dem Schlachtfeld einen Sohn und wird von Crassus aufgenommen. Die Gladiatoren verweigern die Identifizierung von Spartacus und werden alle an der Via Appia gekreuzigt. Weil Varinia jedoch die Anträge des Crassus abgewiesen hat, läßt dieser den inzwischen erkannten Spartacus vor einem schreienden Publikum noch gegen seinen besten Freund kämpfen, ehe man auch ihn kreuzigt. Varinia, die nach einer Intervention von Batiatus freigekommen ist, hält auf dem Weg nach Aquitanien noch einmal vor Spartacus' Kreuz und zeigt ihm seinen Sohn, der in Freiheit aufwachsen wird. Langsam rollt ihr Wagen durch das Spalier gekreuzigter Sklaven. Gracchus intrigiert schon mit Julius Caesar gegen Crassus. Das Sklaventum besteht weiter.

Spartacus ist sicherlich Kubricks schwächster Film, doch für einen »Sandalenfilm« ungewöhnlich gut – was wiederum an Kubrick liegen dürfte. Der damals dreißigjährige Regisseur hatte nach einer Woche Drehzeit den Routinier Anthony Mann wegen »künstleri-

Eine Versammlung von Senatoren in Sandalen: Laughton und andere würdige Herren in ›Spartacus‹ (1960).

scher« Differenzen mit Produzent und Hauptdarsteller Douglas abgelöst und somit keinerlei Einfluß mehr auf das Buch gehabt: eine normalerweise wichtige Sache bei Kubrick. So mußte er mit den politischen Simplifizierungen und eindimensionalen Figurenbeschreibungen Trumbos leben, die die Sklaven zu nahezu übermenschlichen, antiseptischen Edelwesen verklärten, während die Patrizier normale Menschen mit Fehlern und unangenehmen Eigenschaften blieben. Das tat dann am Ende nur den Schauspielern der Patrizier gut: Ausnahmslos sind Olivier, Laughton und Ustinov besser als ihre heldenhaften Opponenten. Vor allem die Szenen zwischen den beiden Dicken (Laughton und Ustinov), die im übrigen ihre Dialoge

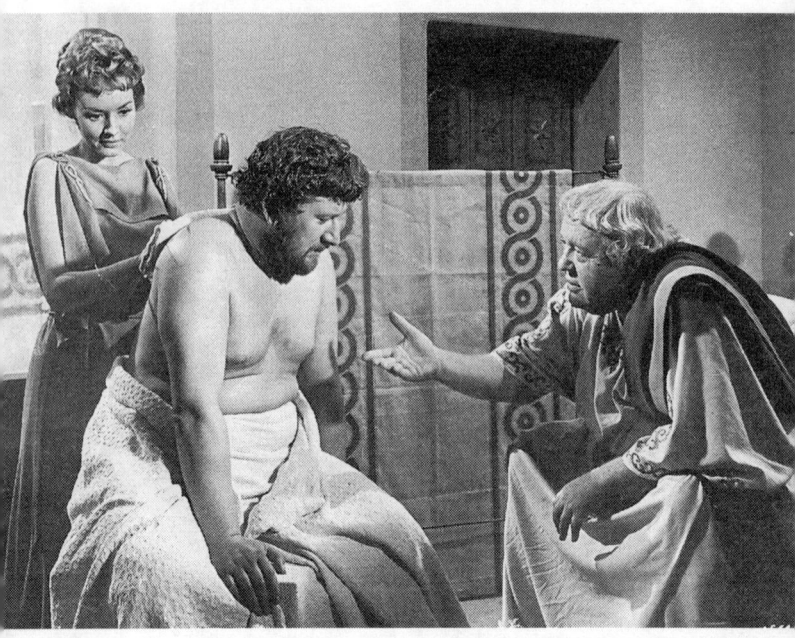

Gracchus und Batiatus, die beiden Dicken, geben Ustinovsche Wahrheiten von sich: Laughton und Peter Ustinov in ›Spartacus‹.

selbst neu geschrieben haben sollen, sind witzig und schlagfertig: Ihre Diskussionen über die eigene Korpulenz und die Vorliebe für Frauen atmen Ustinovsche Wahrheiten. Auch Laughton liebte in *Spartacus* die Frauen – Olivier hatte diesmal den Part des klassischen schwulen Bösewichts übernommen. Unverkennbar aber bleibt Kubricks Handschrift vor allem in den Kampf- und Schlachtszenen: Wenn Spartacus' völlig ungeordnete Horden auf das martialisch anrückende Heer der Römer treffen, dann stockt einem wirklich, wie schon in *Paths of Glory,* der Atem.

ADVISE AND CONSENT (Sturm über Washington)
USA 1962
Regie: Otto Preminger, *Drehbuch:* Wendell Mayes nach einem Roman von Allen Drury, *Kamera:* Sam Leavitt, *Regieassistenz:* Lyle Wheeler, *Schnitt:* Louis R. Loeffler, *Musik:* Jerry Fielding
Besetzung: Henry Fonda (Robert Leffingwell), CHARLES LAUGHTON

(Sen. Cooley), Don Murray (Sen. Anderson), Walter Pidgeon (Sen. Munson), Peter Lawford (Sen. Smith), Gene Tierney (Dolly Harrison), Franchot Tone (Präsident), Lew Ayres (Vizepräsident), Burgess Meredith (Herbert Gelman), Paul Ford (Sen. Danta), George Grizzard (Sen. Van Ackerman), Inga Swenson (Ellen Anderson), Paul McGrath (Hardiman Fletcher), Will Geer (Führer der Senatsminderheiten)
Produktion: Otto Preminger für Alpha-Alpina Production & Columbia Films; 139 Min., Farbe

Laughtons letzter Film: nach dem römischen Senator Gracchus nun der US-Senator Cooley. Zwei Nebenrollen, jedoch von beeindruckender Präsenz. Und noch einmal ein letztes Zusammentreffen mit zwei alten Freunden: Franchot Tone, der – selbst an Krebs erkrankt – einen sterbenden Präsidenten spielte, und Burgess Meredith, der nach seinem halbblinden und -verrückten Messerschleifer nun einen halbverrückten Zeugen spielte.

Der kranke Präsident will mit seiner letzten Amtsentscheidung den umstrittenen Robert Leffingwell zum Staatssekretär ernennen. Das aber stößt auf erbitterten Widerstand des Südstaatensenators Cooley, eines dicken, trägen, quallenartigen Mannes, der Leffingwell in der Anhörung einem gnadenlosen Verhör unterzieht und schließlich einen offensichtlich geistig gestörten Zeugen aufruft, der bestätigt, daß Leffingwell in seiner Jugend einmal der kommunistischen Partei angehörte. Der Präsident, der von dieser Jugendsünde seines Kandidaten weiß, hält dennoch an Leffingwell fest und bestärkt ihn darin, die Vorwürfe abzustreiten: So sagt Leffingwell unter Eid aus, niemals Mitglied der kommunistischen Partei gewesen zu sein. Senator Anderson, der Vorsitzende des Anhörungsausschusses, erfährt jedoch von der Abmachung zwischen Präsident und Kandidat und droht, sein Wissen der Öffentlichkeit mitzuteilen, wenn Leffingwell seine Nominierung nicht selbst zurückzieht. Anderson wird daraufhin von einem anderen Senator, dem faschistoiden Ackerman, mit einer eigenen, homosexuellen Jugendsünde erpreßt. Anderson bringt sich aus Scham über sein Versagen um. Trotz der tragischen Ereignisse kommt es zur Abstimmung, die mit einem Patt endet, das nur der Vizepräsident, ein eher schwacher Mann, mit seiner Stimme lösen kann. Die Nachricht vom Tod des Präsidenten bringt schließlich die Entscheidung: Der Vizepräsident, nun bald Präsident, wird unter dem Druck seines neuen Amtes entscheidungsfreudiger, stimmt gegen seine eigene Partei und erklärt: »I'd prefer to name my own Secretary of State.«

Wenngleich *Advise and Consent* zu seiner Entstehungszeit in den

Noch sind die Gebäude weiß und Cooleys Anzug ist schwarz – bald wird es umgekehrt sein. Der schamlose Blick auf Frauen jedoch bleibt. ›Advise and Consent‹ von Otto Preminger (1962).

Kritiken ziemlich unfreundlich beurteilt wurde, wirkt er doch heute überraschend modern und aktuell. Die Hexenjagd auf Kommunisten, Metapher für andere, vergleichbare Jagden, ist überaus bedrohlich, zumal Laughton mit dem ständig in einem weißen Anzug herumlaufenden Cooley eine ungeheuer starke Gegenfigur zu den vermeintlich Guten entwickelt, deren Bedeutung (vom Bösen zum Guten) sich überdies im Laufe des Filmes entscheidend ändert. In der Symbolik seiner Kleidung ist er Spencer Tracy in Sturges' Film *Bad Day at Black Rock* vergleichbar: So wie dieser in einer hellen Umgebung ständig Schwarz trägt, so trägt Laughton in einer schwarzen Umgebung ständig Weiß. In der Charakterisierung seiner Figur aber geht Laughton viel weiter als Tracy: Ist dieser ein von Anfang an offensichtlich Guter, so stattet Laughton den Cooley mit allen Attributen eines Bösewichts aus: Er ist fett, bewegt sich langsam und träge, lächelt falsch und hinterhältig, schaut ungeniert und völlig ohne Charme den Frauen hinterher, obwohl auch er, ungeachtet seiner offensichtlichen Verachtung aller Schwulen, homosexuelle Untertöne hat. Laughton ist ein Schwein, aber wie alle Schweine ist er schlau – und kommt so zu einem Ziel, das sich am Ende als das richtige erweist. Mit dieser Rollencharakterisierung weist Laughton auf einen anderen Schauspieler voraus, dessen Darstellungen im Alter mit ihren kontrollierten Manierismen und ihrem schauspielerischen Überreichtum an ihn erinnern werden: Marlon Brando. Schauspielerisch hat Laughton sicherlich eine zukünftige Entwicklung vorweggenommen – privat war er eher ein Relikt vergangener Zeiten. Darin war er der Figur des Cooley ähnlich: wenn sie ansonsten auch eine jener Figuren gewesen ist, die er hassen mußte, um sie spielen zu können.

Folgende Doppelseite: Die Stars des Stratford-Festivals 1959: Laughton mit ›Lear‹-Bart, Leslie Caron, Peter Hall, Angela Baddeley, Paul Robeson, Mary Ure, Edith Evans, Glen Byam Shaw, Harry Andrews und Laurence Olivier.

Theaterauftritte

R = Regie, A = Autor, B = Besetzung, P = Premiere

1926

THE GOVERNMENT INSPECTOR (Der Revisor)
London, Barnes; R:Theodore Komisarjevsky; A: Nikolai Gogol; B:
Elliott Seabrooke, James Lomas, Hilda Sims, Claude Rains, Jane
Ellis, CHARLES LAUGHTON (Osip); P: 28.4.1926

PILLARS OF SOCIETY (Stützen der Gesellschaft)
London, Everyman; R: Sybil Arundale; A: Henrik Ibsen; B: Gilbert
Ritchie, Orlando Barnett, Milton Romer, Margaret Carter,
CHARLES LAUGHTON (Rummel); P: 13.6.1926

THE CHERRY ORCHARD (Der Kirschgarten)
London, Barnes; R:Theodore Komisarjevsky; A: AntonTschechow;
B: Douglas Burbridge, Stella Freeman, Dorothy Dix, Martita Hunt,
Josephine Wilson, CHARLES LAUGHTON (Epichodov); P: 28.9.1926

THE THREE SISTERS (Drei Schwestern)
London, Barnes; R:Theodore Komisarjevsky; A: AntonTschechow;
B: Martita Hunt, Josephine Wilson, Margaret Swallow, Dan F. Roe,
Douglas Burbridge, Douglas Jefferies, CHARLES LAUGHTON (Sole-
nyj); P: Oktober 1926

LILIOM (Liliom)
London, Duke of York's; R: Theodore Komisarjevsky; A: Ferenc
Molnár; B: Ivor Novello, Beryl Harrison, Douglas Jefferies, Dan F.
Roe, Fay Compton, CHARLES LAUGHTON (Fiscur); P: 23.12.1926

1927

THE GREATER LOVE
London, Prince's; R: J. B. Fagan und Lewis Casson; A: J. B. Fagan;
B: Charles Bealby, Lawrence Hanray, Sybil Thorndike, Ada King,
CHARLES LAUGHTON (Markeloff); P: 23.2.1927

ANGELA
London, Prince's; R: Lewis Casson, A: Lady Bell, B.: Sybil Thorndike, Lawrence Hanray, Brember Wills, Dora Barton, Lewis Casson, CHARLES LAUGHTON (Sir James Hartley); P: 14.3.1927

NAKED
London, Royalty; R: Theodore Komisarjevsky; A: Luigi Pirandello,
B: Nancy Price, Allan Jeayes, Florence Tyrell, George Relph,
CHARLES LAUGHTON (Cantavalle); P: 18.3.1927

MEDEA (Medea)
London, Prince's; R: Lewis T. Casson; A: Euripides; B: Sybil Thorn-
dike, Lawrence Anderson, Lawrence Hanray, CHARLES LAUGHTON
(Kreon); P: 27.4.1927

THE HAPPY HUSBAND
London, Criterion; R: Basil Dean; A: Harrison Owen; B: Laurence
Grossmith, David Hawthorne, Madge Tetheridge, CHARLES LAUGH-
TON (Frank Pratt); P: 15.6.1927

PAUL I
London, Royal Court; R: Theodore Komisarjevsky; A: D. Merej-
kovsky; B: Lydia Sherwood, George Hayes, Elliot Seabrooke, Carl
Harbord, CHARLES LAUGHTON (Pahlen); P: 4.10.1927

MR. PROHACK
London, Royal Court; R: Theodore Komisarjevsky; A: Arnold Bennett und Edward Knoblock; B: CHARLES LAUGHTON (Prohack),
Hilda Sims, Lydia Sherwood, Carl Harbord, Juliet Mansel; P:
16.11.1927

1928

A MAN WITH RED HAIR
London, Little; R: Theodore Komisarjevsky; A: Benn W. Levy und
Hugh Walpole; B: CHARLES LAUGHTON (Crispin), Ion Swinley, J. H.
Roberts, Gillian Lind, James Whale; P: 27.2.1928

THE MAKING OF AN IMMORTAL
London, Arts Club; R: Robert Atkins; A: George Moore; B: Mal-
colm Keen, Edmund Gwenn, Edward Chapman, Sybil Thorndike,
CHARLES LAUGHTON (Ben Jonson); P: 1.4.1928

RIVERSIDE NIGHTS
London, Arts Club; R: Nigel Playfair; A: Nigel Playfair und A. P.
Herbert; B: Marie Brett-Davies, Elsa Lanchester, CHARLES LAUGH-
TON; P: 24.6.1928

ALIBI
London, Royal; R: Sir Gerald du Maurier; A: Michael Morton und Agatha Christie; B: CHARLES LAUGHTON (Poirot), Lady Tree, Jane Welsh, Basil Loder, Gillian Lind; P: 12.11.1928

MR. PICKWICK
London, Royal; R: Basil Dean; A: Cosmo Hamilton und Frank C. Reilly nach Dickens; B: Delring Wells, Harold Scott, Dennis Mowbray, Kathleen Gelder, Madeleine Carroll, Mary Clare, CHARLES LAUGHTON (Mr. Pickwick); P: 15.12.1928

1929

BEAUTY
London, Strand; R: Felix Edwards; A: Michael Morton nach Jacques Deval; B: Oswald Skilbeck, Lady Tree, Morton Selten, Grace Wilson, Eric Maturin, CHARLES LAUGHTON (Jacques Blaise); P: 16.7.1929

THE SILVER TASSIE
London, Apollo; R: Raymond Massey; A: Sean O'Casey; B: Ian Hunter, Una O'Connor, Emlyn Williams, Sidney Morgan, Beatrix Lehmann, CHARLES LAUGHTON (Harry Heegan); P: 11.10.1929

1930

FRENCH LEAVE
London, Vaudeville; R: Eille Norwood; A: Reginald Berkeley; B: Charles Groves, Madeleine Carroll, James Raglan, Emlyn Williams, CHARLES LAUGHTON (Archibald Root); P: 7.1.1930

ON THE SPOT
London, Wyndham's; R u. A: Edgar Wallace; B: Frank Everart, Roy Emerton, Douglas Payne, Gillian Lind, John Gold, Emlyn Williams, CHARLES LAUGHTON (Tony Perelli); P: 2.4.1930

1931

PAYMENT DEFERRED
London, St. James's; R: H. K. Ayliff; A: Jeffrey Dell nach C. S. Forrester; B: CHARLES LAUGHTON (William Marble), Louise Hampton, Elsa Lanchester, Paul Longuet; P: 4.5.1931

1933

THE CHERRY ORCHARD (Der Kirschgarten)
London, Old Vic; R: Tyrone Guthrie; A: Anton Tschechow; B: Marius Goring, Flora Robson, Elsa Lanchester, Roger Livesey, James Mason, CHARLES LAUGHTON (Lopachin); P: 9.10.1933

HENRY VIII (Heinrich der Achte)
London, Wells/Old Vic; R: Tyrone Guthrie; A: William Shakespeare; B: CHARLES LAUGHTON (Henry), Dennis Arundell, Robert Farquharson, James Mason, Flora Robson, Roger Livesey; P: 7.11.1933

MEASURE FOR MEASURE (Maß für Maß)
London, Old Vic; R: Tyrone Guthrie; A: William Shakespeare; B: Dennis Arundell, Roger Livesey, James Mason, Frank Napier, Flora Robson, Evelyn Allen, CHARLES LAUGHTON (Angelo); P: 4.12.1933

1934

THE TEMPEST (Der Sturm)
London, Wells/Old Vic; R: Tyrone Guthrie; A: William Shakespeare; B: Dennis Arundell, Clifford Evans, Ursula Jeans, Elsa Lanchester, Roger Livesey, James Mason, CHARLES LAUGHTON (Prospero); P: 8.1.1934

THE IMPORTANCE OF BEING EARNEST (Bunbury)
London, Old Vic; R: Tyrone Guthrie; A: Oscar Wilde; B: George Curzon, Roger Livesey, Flora Robson, Athene Seyler (Lady Bracknell), Elsa Lanchester (Miß Prism), CHARLES LAUGHTON (Canon Chasuble); P: 5.2.1934

LOVE FOR LOVE
London, Wells; R: Tyrone Guthrie; A: W. Congreve; B: Dennis Arundell, Roger Livesey, Ernest Hare, Marius Goring, Ursula Jeans, Flora Robson, Elsa Lanchester, CHARLES LAUGHTON (Tattle); P: 6.3.1934

MACBETH (Macbeth)
London, Old Vic; R: Tyrone Guthrie; A: William Shakespeare; B: CHARLES LAUGHTON (Macbeth), Flora Robson, Marius Goring, Ernest Hare, Frank Napier, Roger Livesey, Dennis Arundell; P: 2.4.1934

1936

PETER PAN (Peter Pan)
London, Palladium; R: Stephen Thomas; A: J. M. Barrie; B: Elsa
Lanchester, Clive Baxter, Harold Scott, Peter Murray Hill, CHARLES
LAUGHTON (Cpt. Hook); P: 26.12.1936

1947

LIFE OF GALILEI (Leben des Galilei)
Los Angeles/New York, Coronet/Maxine Elliot; R: Joseph Losey; A:
Bert Brecht; B: CHARLES LAUGHTON (Galileo Galilei), Hugo Haas,
Frances Heflin, Peter Brocco, Bill Phipps; P: 31.7.1947

1949

THE CHERRY ORCHARD (Der Kirschgarten)
Los Angeles; R: CHARLES LAUGHTON; A: Anton Tschechow; B:
CHARLES LAUGHTON (Gaev), Eugenie Leontovich, Maria Bazzi, Ri-
chard Lupino, Belita; P: 1949

1951

DON JUAN IN HELL
New York und Tournee; R: CHARLES LAUGHTON; A: G. B. Shaw; B:
Charles Boyer, Agnes Moorehead, Cedric Hardwicke, CHARLES
LAUGHTON (Teufel); P: 1951

1953

JOHN BROWN'S BODY
New York, New Century und Tournee; R: CHARLES LAUGHTON; A:
Stephen Vincent Benet; B: Tyrone Power, Judith Anderson, Raymond Massey, später Anne Baxter statt Judith Anderson; P:
14.2.1953

1954

THE CAINE MUTINY COURT MARTIAL
Plymouth und Tournee; R: CHARLES LAUGHTON; A: Herman Wouk;
B: Henry Fonda, John Hodiak, Lloyd Nolan, Charles Nolte, Russell
Hicks; P: 21.1.1954

1956

MAJOR BARBARA
New York, Martin Beck's; R: CHARLES LAUGHTON; A: G. B. Shaw;
B: CHARLES LAUGHTON (Undershaft), Cornelia Otis Skinner, Glynis
Johns, Burgess Meredith, Richard Lupino, Eli Wallach; P:
30.10.1956

1958

THE PARTY
London, New Theatre; R: CHARLES LAUGHTON; A: Jane Arden; B:
Ann Lynn, Joyce Redman, Elsa Lanchester, Albert Finney,
CHARLES LAUGHTON (Richard Brough); P: 28.5.1958

1959

A MIDSUMMER NIGHT'S DREAM (Ein Mittsommernachtstraum)
Stratford-upon-Avon, Shakespeare Memorial; R: Peter Hall; A: William Shakespeare; B: Anthony Nicholls, Albert Finney, Vanessa
Redgrave, Cyril Luckham, Julian Glover, Ian Holm, Mary Ure,
CHARLES LAUGHTON (Bottom/Zettel); P: 2.6.1959

KING LEAR (König Lear)
Stratford-upon-Avon, Shakespeare Memorial; R: Glen Byam Shaw;
A: William Shakespeare; B: CHARLES LAUGHTON (Lear), Zoe Caldwell, Stephanie Bidmead, Angela Baddeley, Albert Finney, Ian
Holm, Cyril Luckham, Paul Hardwick; P: 18.8.1959

AUSGEWÄHLTE BIBLIOGRAPHIE

Brown, William. Charles Laughton. New York 1970.

Callow, Simon. Charles Laughton: A Difficult Actor. London 1987.

Higham, Charles. Charles Laughton: An Intimate Biography. London 1976.

Lanchester, Elsa. Charles Laughton and I. London 1936.

Singer, Kurt. The Charles Laughton Story. London 1954.

Althen, Michael. Robert Mitchum. München 1986.

Anderegg, Michael A. David Lean. Boston 1984.

Bazin, André. Jean Renoir. Paris 1971.

Bellafonte, Dennis/Merrill, Alvin H. The Films of Tyrone Power. Secaucus 1979.

Bois, Curt. Zu wahr, um schön zu sein. Berlin 1980.

Bojarski, Richard/Beale, Kenneth. The Films of Boris Karloff. Secaucus 1974.

Bojarski, Richard. The Films of Bela Lugosi. Secaucus 1980.

Conway, Michael & Ricci, Mark. Marilyn Monroe. München 1980.

Dagneau, Gilles. Ava Gardner. Paris 1984.

Daniell, John. Ava Gardner. London 1982.

De Vries, Daniel. The Films of Stanley Kubrick. Grand Rapids 1973.

Dickens, Homer. The Films of Gary Cooper. Secaucus 1970.

Dietrich, Marlene. Nehmt mir mein Leben. Gütersloh 1979.

Downing, David. Robert Mitchum. London 1985.

Dureau, Christian. Rita Hayworth. Paris 1985.

Essoe, Gabe. The Films of Clark Gable. New York 1970.

Everson, William K. Klassiker des Horrorfilms. München 1979.

Harris, Robert A. & Lasky, Michael S. Alfred Hitchcock und seine Filme. München 1980.

Jacobs, Jack. The Films of Norma Shearer. London 1976.

Jordan, René. Gary Cooper. München 1981.

Knorr, Günter. Robert Siodmak. Wiesbaden 1973.

Kobal, John. Rita Hayworth. London 1977.

Korda, Michael. ... und immer nur vom Feinsten. München 1981.

Kulik, Karol. Alexander Korda: The Man Who Could Work Miracles. London 1975.

Milland, Ray. Wide-Eyed in Babylon. London 1974.

Millichap, Joseph R. Lewis Milestone. Boston 1981.

Nacache, Jacqueline. Lubitsch. Paris 1987.

Ott, Frederick W. The Films of Carole Lombard. Secaucus 1972.

Nelson, Thomas Allen. Stanley Kubrick. München 1984.

Pratley, Gerald. The Cinema of Otto Preminger. London 1971.

Preminger, Otto. An Autobiography, New York 1977.

Quirk, Lawrence J. The Films of Frederic March. New York 1971.

Quirk, Lawrence J. The Films of Ingrid Bergman. New York 1970.

Quirk, Lawrence J. The Films of Robert Taylor. Secaucus 1975.

Renoir, Jean. Mein Leben und meine Filme. München 1975.

Ringgold, Gene. The Films of Rita Hayworth. Secaucus 1974.

Seidmann, Steve. Billy Wilder. Boston 1977.

Siclier, Fabien. Jules Dassin. Paris 1986.

Silver, Alain. Film Noir. New York 1979.

Silver, Alain & Ursini, James. David Lean and his Films. London 1974.

Siodmak, Robert. Zwischen Hollywood und Berlin. München 1980.

Slezak, Walter. Wann geht der nächste Schwan? München 1970.

Spoto, Donald. Alfred Hitchcock. Hamburg 1983.

Sternberg, Josef von. Fun in a Chinese Laundry. London 1966.

Swindell, Lars. The Last Hero. New York 1980.

Synyard, Neil/Turner, Adrian. Billy Wilders Filme. Berlin 1980.

Thome, Rudolf. Aufruhr der Gefühle: Die Kinowelt des Curtis Bernhardt. München 1982.

Truffaut, François. Mr. Hitchcock, wie haben Sie das gemacht? München 1973.

Viry-Babel, Roger. Jean Renoir. Paris 1986.

Volkmar, Klaus. Leo McCarey. München 1984.

Die Firmen-Chroniken Paramount Story, Universal Story, RKO Story, Warner Bros. Story
sowie die Filmblätter des DDR-Filmarchivs, Variety und die New York Times Film Reviews.

DANKSAGUNG

Besonderer Dank an Elaine Burrows und Jackie Morris vom National Film Archive, ohne deren Entgegenkommen die Arbeit an diesem Buch viel schwieriger gewesen wäre, an Simon Callow, dessen spezieller Blick auf Charles Laughton, dargelegt in »Charles Laughton: A Difficult Actor«, von unschätzbarem Wert war, an Michael Althen, Sabine Ranftl, Sigrid Narnhammer und Ulrich Kurowski sowie an Gabriele Lauermann fürs tägliche Ertragen Laughtonscher Launen.

Register

270

271